Systemisches Lernen

T0316484

BILDUNG UND ORGANISATION

Herausgegeben von Harald Geißler
und Jendrik Petersen

Band 14

PETER LANG

Frankfurt am Main · Berlin · Bern · Bruxelles · New York · Oxford · Wien

Mark Ackermann

Systemisches Lernen

Individuelle und organisationale Lernprozesse
in Kommunikationsarchitekturen

PETER LANG

Europäischer Verlag der Wissenschaften

Bibliografische Information Der Deutschen Bibliothek
Die Deutsche Bibliothek verzeichnet diese Publikation in der
Deutschen Nationalbibliografie; detaillierte bibliografische
Daten sind im Internet über <http://dnb.ddb.de> abrufbar.

Zugl.: Hamburg, Helmut-Schmidt-Universität, Universität der
Bundeswehr Hamburg, Diss., 2004

Gedruckt auf alterungsbeständigem,
säurefreiem Papier.

Gedruckt mit Unterstützung der
Helmut-Schmidt-Universität/
Universität der Bundeswehr Hamburg.

D 705
ISSN 0945-9596
ISBN 3-631-53329-2

© Peter Lang GmbH
Europäischer Verlag der Wissenschaften
Frankfurt am Main 2005
Alle Rechte vorbehalten.

Printed in Germany 1 2 4 5 6 7

www.peterlang.de

Vorwort des Herausgebers

Die gravierenden Veränderungen der gesellschaftlichen und ökonomischen Umfelder haben die Unternehmen in den letzten Jahrzehnten dazu gezwungen, Lernen nicht mehr nur als etwas zu denken, was sie von ihren Mitarbeitern erwarten, sondern sich selbst als *lernende Organisationen* zu verstehen. Diese Programmatik fand mit dem Erscheinen von Senges „Fünfter Disziplin" zu Beginn der 90-er Jahre in Theorie und Praxis eine begeisterte Rezeption, auch wenn – oder vielleicht gerade weil – der Ruf nach Organisationslernen konzeptionell unscharf und vieldeutig war und deshalb sich als eine ideale Projektionsfläche anbot für unterschiedlichste Vorstellungen und Erwartungen. Auch wenn die Euphorie um Organisationslernen seit dem Ende der 90-er Jahre deutlich abgeklungen ist, hat sich an der grundsätzlichen Lage nicht viel geändert. Das Tempo und die Komplexität gesellschaftlicher und ökonomischer Veränderungen und Umbrüche hat sich nicht entschärft. Mehr denn je müssen Organisationen sich heute kritisch mit sich selbst auseinandersetzen und Schwächen und Fehler des operativen und strategischen Managements sowie ihrer Organisationsstruktur und -kultur klar erkennen und aus ihnen lernen, was letztlich heißt: Sie müssen lernen, das zu sehen, was sie bisher nicht sehen konnten, weil sie es – aus Angst vor radikal ungeschminkter Selbsterkenntnis und der Notwendigkeit der sich daraus ergebenden Konsequenzen – nicht sehen wollten.

In diesem Zusammenhang spielt *Kommunikation* eine zentrale Rolle, d.h. wer an welchen Orten und zu welchen Anlässen mit wem spricht oder nicht spricht bzw. sprechen darf, sollte oder muss oder nicht sprechen darf bzw. sollte; – welche Themen zulässig, erwünscht, Pflicht, unerwünscht oder gar tabuisiert sind; – wie viel oder wie wenig Zeit und andere Ressourcen zur Verfügung stehen; – was mit den Ergebnissen von Besprechungen geschieht bzw. welche Konsequenzen sie (nicht) haben; – und schließlich auch wer die Kommunikation und ihre Folgen beobachtet oder beobachten könnte und welche Rückwirkungen diese Beobachtung auf die Kommunikationspartner und ihre Kommunikations-prozesse hat oder haben könnte.

Kommunikation hat viel mit *Lernen* zu tun: Man bekommt durch sie neue Informationen, lernt andere Sichtweisen und andere Menschen kennen. Und vor allem: Man lernt, wie das organisationale Umfeld, d.h. die Kollegen und Vorgesetzten, darauf reagieren und welche Konsequenzen es (nicht) hat, wenn bestimmte Personen an bestimmten Orten und zu bestimmten Anlässen mit Personen sprechen, mit denen man (nicht) sprechen darf, muss oder sollte; – man lernt, was (nicht) passiert, wenn man mit bestimmten Personen in bestimmten Situationen etwas bespricht, was zulässig, erwünscht, Pflicht, unerwünscht oder tabuiert ist; – man lernt, wie es von wem aufgenommen wird, wenn man sich für das Gespräch mit bestimmten Personen bei bestimmten Anlässen zu wenig oder zu viel Zeit nimmt; – man lernt, ob bzw. welche Konsequenzen von Besprechungen mit bestimmten Personen bei bestimmten Anlässen erwartet werden und welche nicht; – und man lernt, was es bedeutet, wenn bestimmte Personen die Kommunikation zwischen anderen (nicht) beobachten und wenn diese beobachten, wie sie (nicht) beobachtet werden.

Diese Zusammenhänge von Kommunikation und Lernen waren dem Großunternehmen, das der Autor der vorliegenden Studie untersucht hat, bekannt, – und man hat daraus die Konsequenz gezogen, die komplexen Changeprozesse, die Mitte der 90-er Jahre anstanden und die der Autor detailliert beschreibt, mit Hilfe von *Kommunikationsarchitekturen* zu steuern. Wie bei einem Gebäude sollten Informationsveranstaltungen und Kamingespräche, Workshops und Diskussionszirkel, Round Tables, Großgruppenevents und vieles mehr verlässliche Räume sein für die komplexe und risikoreiche Kommunikation über den geplanten bzw. sich vollziehenden Wandel, ohne dabei bereits festzulegen, was in diesen Räumen im Einzelnen geschehen bzw. nicht geschehen sollte.

Es ist das Verdienst von Mark Ackermann, dem erziehungswissenschaftlichen Diskurs über Organisationslernen ein detailliert dokumentiertes Praxisbeispiel eines komplexen Changeprozesses anzubieten, bei dem mit Hilfe derartiger Kommunikationsarchitekturen versucht worden ist, das Paradox der Planung von Unplanbarem und Steuerung des Nichtkalkulierbaren erfolgreich anzugehen. Theoretisch greift er dabei auf den Radikalen Konstruktivismus und die Systemtheorie von Niklas Luhmann zurück und verbindet diese mit Ansätzen verschiedener Lerntheorien. Auf diese Weise liefert er den Beweis für den heuristischen Wert bzw. die praktische Erklärungskraft dieser ansonsten recht abstrakten Theorien.

Prof. Harald Geißler   Hamburg, im September 2004

Vorwort

Lernen kann nicht 'gemacht' werden. Diese Erkenntnis von Galileo Galilei ist für einen Erwachsenenbildner nicht zufriedenstellend. Auf der Suche nach Anhaltspunkten und Theorien, um die eigenen 'Lern'-Erfahrungen einordnen und verifizieren zu können, stieß ich auf den Konstruktivismus und die neuere Systemtheorie. Beide Ansätze bieten innovative Beobachtungsperspektiven und Definitionshorizonte. Kommunikation ist dann nicht nur Vermittlung, sondern Möglichkeits- und Gestaltungsspielraum für Lernprozesse von Systemen. Und das können sowohl Individuen als auch Organisationen sein.

Dissertationen in der Praxis haben den Vorteil, auf zwei Referenzsysteme zurückgreifen zu können: die Universität und die jeweilige Organisation. Beiden Systemen bin ich zutiefst zu Dank verpflichtet, insbesondere
➢ Herrn Prof. Harald Geißler von der Helmut-Schmidt-Universität – Universität der Bundeswehr, Hamburg; und
➢ Frau Christa Schardt, Bereichsleiterin der internen Beratungseinheit 'Management Consulting' in einem Unternehmen der deutschen Automobilindustrie;
➢ den Kollegen im Doktoranden-Kolloquium in Hamburg;
➢ den Beratern des Bereichs 'Management Consulting'.

Darüber hinaus wurde ich von meiner Familie und zahlreichen Freunden und Kollegen unterstützt, im Wesentlichen von Michael Ströter, Bernhard Zipperer, Helge Königs, Dagny Wachs, Alfons Howar, Renate Geiselbrechtinger, Thomas Preuß, Ursula Ackermann und Ute Wolf-Ackermann.
Ihnen allen ein herzliches Dankeschön für ihren Beitrag zu dieser Arbeit.

Mark Ackermann   Stuttgart, im September 2004

Inhaltsübersicht

Inhaltsverzeichnis

1. Einleitung

Organisationen lernen - so die Quintessenz der Literatur der vergangenen zwei Jahrzehnte zum Themenfeld 'Lernende Organisation'. Die Autoren, die mit unterschiedlichen Konzepten zu diesem Ergebnis gelangen, kommen aus den Fachgebieten Betriebswirtschaftslehre, Psychologie, Soziologie sowie Pädagogik und wecken dementsprechend Assoziationen bzgl. der Horizonte, die sich hinter den verschiedenen Konzepten verbergen. Trotz dieser unterschiedlichen Perspektiven ist der Begriff der 'Kommunikation' der Nukleus in allen Ansätzen: Kommunikation als Vermittlung von Informationen und Wissen bzw. Kommunikation als Medium der Abstimmung bei der gemeinsamen Erkundung. Lernen scheint demzufolge ein „Kommunikationsphänomen" (BATESON, 1981, Seite 362) zu sein: Durch den kommunikativen Prozess der Wissensvermittlung und des Lernens schaffen sich Organisationen neue Handlungsmöglichkeiten, um die aktuellen und zukünftigen Herausforderungen zu bewältigen. Erforderlich wird dies durch veränderte Rahmenbedingungen, z.B. durch „Verknappung der Ressource Zeit, Verknappung der Ressource Geld, dramatische Steigerung der Komplexität" (DOPPLER / LAUTERBURG, 1998, Seite 21), durch den „Übergang von der Industriegesellschaft zur Wissensgesellschaft" (WILLKE, 1998, Seite 1), durch die drei Kräfte „Kunden, Wettbewerb und Wandel" (HAMMER / CHAMPY, 1994, Seite 38) sowie durch den „Paradigmenwechsel im Management" (BLEICHER, 1992, Seite 14).

Eine populäre Lösung für diese vielfältigen Herausforderungen ist die lernende Organisation; das entsprechende Mittel heißt 'Kommunikation'. Sofern sich die Autoren diesbezüglich auf die Kommunikationstheorie von SHANNON / WEAVER (Sender-Empfänger-Modell, 1969) beziehen, reduzieren sie allerdings die Lernmöglichkeiten auf ein Niveau, das der Vermittlungsdidaktik unseres Schulsystems entspricht: Die Nicht-Wissenden bekommen die Gelegenheit, die Erkenntnisse von anderen zu übernehmen. Damit ist der Empfänger an die Grenzen des Senders gebunden. Diese Form der Didaktik und des Lernens führt zur Vervielfältigung von Wissen und ist dementsprechend erfolgreich. Allerdings ist es nur ansatzweise ein Lernprozess, in dem neues Wissen generiert wird und neue Handlungsoptionen entstehen. Die zunehmende Verkürzung der Halbwertszeit des Wissens erfordert jedoch einen anderen Umgang mit der Ressource Wissen.

Aus unserer Sicht ist genau dies durch ein anderes Verständnis von Kommunikation möglich, wie es in der systemtheoretisch geprägten Literatur zum organisationalen Lernen vorgezeichnet ist (vgl. GEISSLER, 1995a, 1995b, 1998, 2000; REINHARDT, 1995; ARNOLD, 1995; KASPER, 1990; etc.). Wenn Kommunikation nicht als gegenseitige Vermittlung von bereits vorhandenem Wissen, sondern als gemeinsame Eruierung von Nicht-Wissen bzw. als Prozess der

Realitätsgestaltung zwischen Individuen betrachtet wird, so wird die Unter-
schiedlichkeit der Wirklichkeitsfindung bzw. deren Interpretation deutlich. Im
Prozess des Interpretierens und Verstehens sind Strukturen im Bewusstsein
wirksam, mit deren Hilfe Wahrnehmungen und Wirklichkeiten konstruiert
werden. Diese Strukturen bezeichnen wir als Annahmen und Muster bzw.
Routinen. Sie existieren sowohl auf der individuellen Ebene als auch auf der
Ebene von Gruppen und Organisationen. Sie geben Orientierung, leiten das
Denken und Handeln und führen zur Bestätigung der bisherigen Wahrnehmungen. DEHNBOSTEL beschreibt diese Handlungsmuster als „Erfahrungs-
wissen: darüber wird Handeln gesteuert" (1998, Seite 188). Nach dem Motto
'Flachländer reagieren auf Hügel immer nur als Flachländer' wird Neues durch
das Bestehende selektiert, d.h. das Neue wird innerhalb der bestehenden Muster
interpretiert und demzufolge nur bedingt verstanden. Erst die Berücksichtigung
der Historie, d.h. die Reflektion der Entstehungsgeschichte der aktuell vorhandenen Routinen führt aus dem Dilemma und bietet den Nährboden für etwas
Neues. Für ein Lernen von Organisationen im Sinne der Eruierung relevanten
neuen Wissens ist es dementsprechend erforderlich, die unterschiedlichen
Dispositionen der verschiedenen Beobachter (im Sinne des Konstruktivismus)
zu kennen, die dem System zugrunde liegenden Annahmen und Wirklichkeitskonstruktionen sowie die bestehenden Grenzen transparent zu machen und im
Sinne einer „reflexiven Gestaltung von Kommunikationsprozessen" (EBERL,
1998, Seite 47) bzw. eines „interaktionistischen Lernkonzeptes" (REINHARDT,
1995a, Seite 13) zu reflektieren. Das Ziel ist die Besprechbarkeit der zugrunde
liegenden Muster und damit die Fortsetzung der Kommunikation.
Warum ist die Fortsetzung der Kommunikation wichtig? Organisationen sind
koordinierte Systeme kooperativen Handelns, sie organisieren ihre Prozesse
durch Kommunikation. Diese Auffassung entspricht dem konstruktivistischen
Ansatz der Organisationstheorie: „Organisationen konstituieren sich durch
Kommunikation und Handeln. Sie werden ständig durch Kommunikation inter-
subjektiv interpretiert, auch neu interpretiert, und damit stabilisiert beziehungsweise verändert. Insofern sind Organisationsstrukturen sozial und nicht
technisch konstruiert" (KIESER, 1995, Seite 305). Auch wenn Organisationsmitglieder die Organisation verlassen oder temporär nicht zur Verfügung stehen,
ist es trotzdem erforderlich, dass die Organisation handlungsfähig und entschei-
dungsfähig bleibt. Die Fortsetzung der Kommunikation ist damit die Fortsetzung
der Organisation bzw. des Systems.
Für die Fortsetzung von Standardprozessen haben sich in Organisationen die
oben genannten Muster und Routinen etabliert. Diese Situation wird allgemein
mit dem Begriff 'Betriebsblindheit' umschrieben. Im Rahmen der Überlegungen
zur lernenden Organisation ist es aufgrund der Herausforderungen aus der
Umwelt (z.B. Globalisierung und Dynamisierung der Wirtschaftsprozesse,
Steigerung der Komplexität und Flexibilität) jedoch zunehmend erforderlich,
dass die Organisation nicht nur die bisher erfolgreichen Kommunikationen

weiterführt, sondern zusätzlich innovative Kommunikationen zulässt und daran anschließen kann. Veränderung und Entwicklung geschieht über die adäquate Portion von Widerspruch und Differenz, bzw. über den organisierten Zweifel. Ein System, das primär auf Beharrung und Selbsterhalt ausgerichtet ist, entwickelt nur dann aus sich selbst heraus Veränderungsenergie, wenn die zur Verfügung gestellte Differenz einen Unterschied macht zur aktuellen (Selbst-)Wahrnehmung und gleichzeitig sowohl Erkenntnis als auch Akzeptanz auslöst. „Geht man davon aus, dass es letztlich die Kommunikationen sind, die als zentrale Elemente eines Systems bzw. einer Organisation fungieren und die Selbstreferenz konstituieren, dann setzt jeder Wandel, jede Entwicklung und mithin das Lernen von Organisationen den Wandel von Kommunikations-mustern und -regeln voraus" (ARNOLD, 1995, Seite 356). Lerneffekte im Sinne einer Weiterentwicklung des Systems sind immer dann zu erwarten, wenn Beobachter außerhalb des Systems mit Hilfe von Lernmöglichkeiten nicht das anbieten, was an Repertoire schon vorhanden ist, sondern etwas, das einen Unterschied zum Bisherigen macht und gleichzeitig anschlussfähig ist. Hier stellt sich die Frage, „welche sozialen Aktivitäten, d.h. welche Kommuni-kationsprozesse es denn sind, die die Eigenschaft haben, soziale Einheiten wie z.B. Organisationen konstituieren zu können" (GEISSLER, 1995, Seite 376), d.h. soziale Systeme in einen Prozess des Lernens zu bringen?

Aus unserer Sicht sind dafür spezielle Kommunikationsmöglichkeiten ('system-spezifische Kommunikationsarchitekturen') so zu gestalten, dass Aktion und Reflektion ermöglicht werden. Diese speziellen Kommunikationsarchitekturen sind das Medium, um Prozesse im Sinne der Selbstreflexion der Organisation auszulösen und organisationales Lernen im Sinne der Ermöglichungsdidaktik (ARNOLD, 1996) zu realisieren.
Für ein tieferes Verständnis dieser auf systemtheoretischen Erkenntnissen beruhenden Hypothese wurde ein Anwendungsfeld gesucht, in dem kommuni-kative Lernprozesse beobachtbar und seitens der Organisation gewünscht sind. Die vorliegende Arbeit ist demzufolge einem hermeneutischen Forschungs-ansatz verpflichtet: mittels „qualitativer Forschungsmethoden" (LAMNEK, 1989) sollten Kommunikationen beobachtet und ihre Bedeutung für das Lernen von Individuen und Organisationen eruiert werden. Unsere Ausgangshypothese lautete: Lernen ist ein Kommunikationsphänomen. Die daraus abgeleitete zentrale Frage heißt: Welche Kommunikationen bzw. welche kommunikativen Rahmenbedingungen sind es, die Lernprozesse auslösen und befördern?
Für die Untersuchung dieser Frage trat ich als „Aktionsforscher" (LEWIN, 1963) in ein Unternehmen der deutschen Automobilindustrie ein. Im Rahmen eines Projekts bei der internen Beratungseinheit 'Management Consulting' war es möglich, den Einsatz eines spezifischen Kommunikationskonzeptes zu begleiten, mit dem Manager in einem Veränderungsprozess unterstützt wurden. Aufgrund der Beobachtungen ergaben sich zum einen Schlussfolgerungen für

ein Lernen von Systemen (sowohl von Individuen als auch von Organisationen), zum anderen neue Perspektiven, die schließlich zu einem Umsetzungskonzept zur Ermöglichung von entsprechenden Lernprozessen geführt haben. In der Tradition der 'Gruppendynamik' und der 'Organisationsentwicklung' verfolgen wir das Interesse, „eine qualifizierte Veränderung einer Organisation zustande zu bringen, und zwar dergestalt, dass die Betreffenden lernen, den Entwicklungsprozess in ihrer eigenen Organisation zu leiten und zu beherrschen" (GLASL / DE LA HOUSSAYE, 1975, Seite 4). Dies beinhaltet neben der Thematisierung von zweckrationalen auch die Einbringung von wertrationalen Inhalten in den Veränderungs- bzw. Entwicklungsprozess.

Im Anschluss an die Einleitung gliedert sich die Arbeit in die folgenden Kapitel: **Kapitel 2**: Zu Beginn erläutern wir den für diese Arbeit gewählten theoretischen Hintergrund: den Konstruktivismus (Kapitel 2) und die neuere Systemtheorie (Kapitel 3). Sie beleuchten ein anderes Verständnis von Kommunikationsprozessen und bilden damit die Basis für eine neue Vorstellung von Lernprozessen in Organisationen. Der *Konstruktivismus* beschreibt die Wahrnehmung der Realität als Konstruktion eines Beobachters. Wirklichkeit ist damit an die Vorerfahrungen dieses Beobachters gebunden, aufgrund seiner bisherigen Erfahrungen wird das aktuell Wahrzunehmende selektiert und benannt. Diese Vorerfahrungen etablieren sich im Laufe der Zeit als Wahrnehmungsmuster und Handlungsroutinen. Sie wirken unterstützend bei der Reduktion der wahrnehmbaren Komplexität und bei der Auswahl von Handlungsalternativen. Muster und Routinen sind demzufolge historische Entscheidungen, die für Individuen und Organisationen erfolgreich gewesen sind. Sie wirken nicht nur auf zukünftige Handlungen und Entscheidungen, sondern zusätzlich selektierend auf die Wahrnehmung. Aufgrund von wiederholt bestätigten Gewissheiten entsteht Sicherheit und Orientierung. Diese sich selbst stabilisierende Eigendynamik erschwert letztlich einen ungehinderten Blick auf Neues bzw. auf andere Entscheidungsoptionen. **Kapitel 3**: Die neuere *Systemtheorie* verwendet den Begriff 'System' für eine Einheit von sinnhaft aufeinander verweisenden Elementen. In Organisationen, d.h. in organisierten Sozialsystemen, sind diese Elemente Kommunikationen bzw. Entscheidungen, die sich autopoietisch reproduzieren. Organisationen bzw. Systeme differenzieren sich durch ihre beobachtungsleitenden Unterscheidungen: Wirtschaftsunternehmen beobachten ihre Umwelt anders als Religionsgemeinschaften und diese anders als Sportvereine. Dementsprechend gestaltet sich in den jeweiligen Systemen auch die Kommunikation und damit auch die entsprechende Identität bzw. Kultur. Die unterschiedlichen Dispositionen der verschiedenen Beobachter sind eine entscheidende Komponente für das Verstehen bzw. Nicht-Verstehen in Systemen. Verstehen wird ebenso wie die erlebte Wirklichkeit aufgrund der jeweiligen Dispositionen individuell bzw. systemisch konstruiert: Jedes System beobachtet aufgrund seiner speziellen beobachtungsleitenden Unterscheidung und 'versteht' Informationen aus seiner Sicht. Das Verstehen bzw. die Kommunikation als Prozess der gegenseitigen Abstimmung und Koordination erscheint aus dieser Perspektive als ein Prozess, dem verschieden mögliche Unwahrscheinlichkeiten zugrunde liegen. Die Fortsetzung der Kommunikation ist an die bisherigen Muster geknüpft: Die Systeme entscheiden, welche Informationen sie aus der Umwelt zulassen, d.h. durch welche Informationen sie bereit sind, sich irritieren zu lassen.

Im **Kapitel 4** wird das *Fallbeispiel* im Rahmen der Aktionsforschung bei einem Unternehmen der deutschen Automobilindustrie vorgestellt: Das darin beschriebene Projekt wurde als Veränderungsprozess gestartet, d.h. nicht mit dem Ziel, eine 'Lernende Organisation' zu gestalten, sondern zur Bewältigung einer von Managern als herausfordernd erlebten Situation. Das von der internen Beratungseinheit 'Management Consulting' gestaltete Kommunikationskonzept hat Prozesse initiiert, die im Nachhinein als organisationale und individuelle Lernprozesse zu bezeichnen sind. Die im Rahmen dieser Unterstützung entworfenen 'Kommunikationsarchitekturen' sind Kommunikationsräume bzw. -möglichkeiten, um die bisher in der Organisation nicht möglichen Kommunikationen zu realisieren.

Im **Kapitel 5**: *Systemisches Lernen* werden die theoretischen Überlegungen des Konstruktivismus und der Systemtheorie sowie die praktischen Erfahrungen aus dem Fallbeispiel integriert. Das Ergebnis ist eine neue Vorstellung von Lernprozessen, sowohl von Organisationen als auch von Individuen. Systemisches Lernen beschreibt den Lernprozess einer Gruppe bzw. einer Organisation, die ihre zugrunde liegenden Annahmen und Muster reflektiert, um ihren systemspezifischen Sinn fortzusetzen bzw. neu zu gestalten. Wir werden zeigen, dass neben Gruppen und Organisationen auch Individuen einen Lernprozess im Sinne des systemischen Lernens realisieren können. Sofern das System (Individuum, Gruppe oder Organisation) einen entsprechenden Lernprozess etabliert, führt dies zu einer Weiterentwicklung der Systemidentität, d.h. zur Entstehung und Entwicklung von (Organisations-)Kultur (SCHEIN, 1995).

Kapitel 6: Anhand der beschriebenen Projekterfahrungen wird eine *Organisationsdidaktik*, d.h. ein Konzept zur Umsetzung des 'Systemischen Lernens', entwickelt, um die neuen Vorstellungen des Lernens in Organisationen realisieren zu können. Dies ist nur mittels einer Didaktik möglich, die an Wachstum und Entwicklung aus sich selbst heraus orientiert ist, wie beispielsweise die Ermöglichungsdidaktik nach ARNOLD (1996). Organisationsdidaktik meint „die Verbesserung der Fähigkeit zu individueller Reflexion und gemeinsamer Metakommunikation, um auf diese Weise die Arbeits- und Kooperationskompetenz der Organisationsmitglieder zu verbessern" (GEISSLER, 2000, Seite 57). Hierfür ist eine ausführliche Analyse des Systems notwendig, um systemspezifisch zu entscheiden, welche Methoden schließlich im Rahmen eines Angebots an das System zur Anwendung kommen.

Kapitel 7: Abschließend erfolgt ein *Fazit* und ein *Ausblick*, in dem zum einen die wesentlichen Inhalte der Arbeit zusammengefasst werden, zum anderen die aus unserer Sicht kritischen Punkte beleuchtet werden. Wir verfolgen damit das Ziel, die Kommunikation zum Themenfeld 'Lernende Organisation' erfolgreich fortzusetzen.

2. Konstruktivismus

2.1. Einleitung

Dieses Kapitel stellt die konstruktivistischen Grundlagen des Konzepts zum systemischen Lernen vor. Hierbei beziehen wir uns auf die Ausführungen von V.FOERSTER, MATURANA, V.GLASERSFELD, etc., die den Wandel von einer objektiven Realität zu einer subjektiv konstruierten Welt, d.h. zu einer relativen Wirklichkeit, beschreiben. In diesem Zusammenhang sind vor allem die Begriffe Wahrnehmung, Beobachtung, Muster und Historizität von entscheidender Bedeutung.

2.2. Wahrnehmung

„Wir neigen dazu, in einer Welt von Gewissheit, von unbestreitbarer Stichhaltigkeit der Wahrnehmung zu leben, in der unsere Überzeugungen beweisen, dass die Dinge nur so sind, wie wir sie sehen. Was uns gewiss scheint, kann keine Alternative haben. In unserem Alltag, unter unseren kulturellen Bedingungen ist dies die übliche Art, Mensch zu sein" (MATURANA / VARELA, 1987, Seite 20). Diese Gewissheit ist gebunden an die Vorstellungen von einer objektiven Realität, von einer unabhängig vom Menschen existierenden Welt. Der Konstruktivismus zeigt dagegen auf, dass Realität nicht mit den Sinnen wahrgenommen, sondern mit dem Gehirn konstruiert wird. Diese selbstkonstruierte Wahrnehmung der Realität wird im Folgenden beschrieben.

Für die Wahrnehmung seiner selbst und seiner Umwelt stehen dem Menschen verschiedene Sinnesorgane sowie das Gehirn als zentrale Verarbeitungsstelle zur Verfügung. Die Sinnesorgane dienen der Weiterleitung der neuronalen Erregungen, d.h. der in den Nervenzellen transformierten Reize. Da das Gehirn selber über keine direkte Verbindung zur Außenwelt verfügt, steht ihm „nur das zur Verfügung, was ihm die Sinnesorgane anliefern, und nicht etwa die Umwelt als solche" (ROTH, 1995, Seite 48). Das Gehirn ist also für die Umwandlung der eingehenden Reize verantwortlich. Allerdings geschieht dies nicht durch eine 1:1-Repräsentanz der Umwelt im Gehirn, sondern durch komplizierte Wahrnehmungsprozesse, die auf der operationalen Geschlossenheit des Nervensystems beruhen. Operationale Geschlossenheit bedeutet, dass das Nervensystem selbständig „bestimmt, welche Konfigurationen des Milieus Perturbationen [Verstörungen, Irritationen] darstellen und welche Veränderungen diese im Organismus auslösen" (MATURANA / VARELA, 1987, Seite 185).
MATURANA und VARELA weisen in Bezug auf Objektivität am Beispiel der Farbe darauf hin, dass wir „aufhören müssen zu denken, dass die Farbe der von uns gesehenen Objekte durch die Eigenschaften des von ihnen ausgehenden Lichtes bestimmt ist. Vielmehr müssen wir uns darauf konzentrieren zu

verstehen, auf welche Weise die Erfahrung von Farbe einer spezifischen Konfiguration von Aktivitätszuständen im Nervensystem entspricht, welche durch die Struktur des Nervensystems determiniert wird"; mit anderen Worten: „welche neuronalen Aktivitäten durch welche Perturbationen ausgelöst werden, ist allein durch die individuelle Struktur jeder Person und nicht durch die Eigenschaften des perturbierenden Agens [der treibenden Kraft] bestimmt" (MATURANA / VARELA, 1987, Seite 27).

Wahrnehmung ist also keine Abbildung der Realität, sondern eine *Wechselwirkung* zwischen

> der sinnlichen Repräsentanz der Dinge;

> dem Sinnesapparat, d.h. den fünf Sinnen 'riechen', 'schmecken', 'fühlen', 'sehen' und 'hören'; sowie

> der inneren Struktur (dem Sinn) unseres Erlebens (vgl. die Abbildung 1).

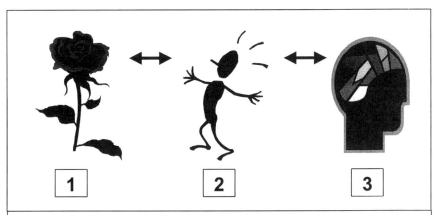

Abb. 1: Wechselwirkungen im Prozess der Wahrnehmung

Je nach Vorerfahrungen stellen sich die wahrgenommenen Objekte für die betrachtende Person unterschiedlich dar. Zu dieser aus verschiedenen Graustufen komponierten Darstellung einer Blume werden individuell auch andere Sinneseindrücke hinzuaddiert: eine Rose, eine rote Rose, ein dorniger Stiel, grüne Blätter, ein intensiver Blütenduft, eine Anekdote, usw., d.h. jede Person sieht das, was ihre individuumsspezifischen Vorerfahrungen sie wahrnehmen lassen.

Je nach Vorerfahrungen wird die Umwelt wahrgenommen und bewertet. „Eine Abbildung im wörtlichen Sinne würde auch gar keinen Sinn machen, denn dann müsste es eine Instanz im Gehirn geben, die diese Abbildung wieder ansieht und so weiter" (ROTH, 1995, Seite 48). Stattdessen lassen sich bezüglich der Informationsverarbeitung zwei Prozesse unterscheiden:

a) Informationsgewinnung

Die Sinnesrezeptoren wandeln die Einwirkungen der Umweltereignisse in neuroelektrische und neurochemische Prozesse, sogenannte „neuronale Einheitscodes" (ROTH, 1995, Seite 50) um, durch welche die Nervenzellen erregt werden. Die Weitergabe erfolgt über „Breitbandrezeptoren, denen ein kombinatorisch-auswertendes System nachgeschaltet ist" (ROTH, 1995, Seite 50). Breitbandrezeptoren erfüllen die Aufgabe, die unterschiedlichen Sinneswahrnehmungen, wie riechen, schmecken, hören, sehen und fühlen, in eine einheitliche systemeigene Sprache zu übersetzen. Sie übermitteln dem Gehirn mit Hilfe der unmittelbar nachgeschalteten Nervenzellen keine Wahrnehmung im Sinne von Realität, sondern verschiedene Erregungs-zustände aufgrund unbestimmter neuronaler Aktivitäten. „Der neuronalen Erregung sieht man also nicht an, ob sie durch visuelle, akustische, geruchliche oder sensomotorische Signale hervorgerufen worden ist" (KNEER / NASSEHI, 1993, Seite 53). Diese Übersetzung erfolgt erst im zweiten Schritt.

b) Informationsintegration

Die über die Nervenfasern geleiteten Informationen werden im zweiten Schritt decodiert und integriert. Wahrnehmung ist dann „das Ergebnis einer parallel-hierarchischen Informationsverarbeitung. Das Gehirn konstruiert unter Zuhilfenahme der Rohdaten der Sinnesorgane und mit Hilfe des ungeheuren internen Vorwissens die Wahrnehmung" (ROTH, 1995, Seite 53). In Zahlen ausgedrückt heißt das: „Das menschliche Gehirn erhält etwa drei bis vier Millionen Nervenfasern aus der Peripherie; dagegen sind es zwischen 100 Milliarden und 1 Billion zentrale Neuronen, welche diese einlaufende Aktivität auswerten. Das heißt, nur ein verschwindend kleiner Teil der Gesamtaktivität des menschlichen Gehirns, nämlich etwa nur ein Hunderttausendstel, kommt aktuell von den Sinnesorganen. Alles andere wird vom Gehirn an interner Information hinzugetan" (ROTH, 1995, Seite 52). Das 'Vorwissen' des Gehirns ist also maßgeblich an der Kon-struktion der Wahrnehmungsinhalte beteiligt.

Die Realität, die wir erleben, konstruieren wir selbst. „Wahrnehmung kann dem-zufolge nicht als adäquate Widerspiegelung der äußeren Welt verstanden werden, vielmehr meint Wahrnehmung die system*interne* Konstruktion einer system*externen* Welt" (KNEER / NASSEHI, 1993, Seite 54). Diese individuelle Konstruktion erzeugen wir durch die Überzeugungen und Vorerfahrungen, die wir im Laufe unseres Lebens sammeln. Wahrnehmung orientiert sich also an unseren inneren Strukturen und Erfahrungen, demzufolge ist sie ein sich selbst bestätigender Vorgang: Wir nehmen das wahr, was wir wahrnehmen können, und damit werden unsere Vorerfahrungen und Überzeugungen bestätigt, oder anders ausgedrückt: „Man sieht nur, was man weiß" (ARNOLD, 1996, Seite 52).

In der Verkaufspsychologie wird diese Disposition aktiv genutzt: Produkte wie z.B. Waschmittel werden in der Werbung präsentiert, um ein Abbild des Produkts im Verbraucher festzusetzen. Beim nächsten Einkauf, wenn der Verbraucher vor dem Regal der entsprechenden Produktgruppe steht, soll ihm das beworbene Produkt (aufgrund des vorhandenen Abbilds) vor allen anderen Produkten auffallen und ihn aufgrund der positiven Konnotationen (das Waschmittel, das noch weißer wäscht) zum Kauf animieren. Ähnlich verhält es sich mit Markenzeichen oder Verpackungsformen und –farben: ein neues Schokoladenerzeugnis in quadratischer Form oder lilafarbener Verpackung wird anders 'entdeckt' als vergleichbare Produkte. Unternehmen, die ein Produkt auf dem Markt platzieren wollen, wissen um die Schwierigkeiten, die Gunst (das Auge) des Kunden zu gewinnen.

2.3. Beobachtung I. und II. Ordnung

Die Sprache ist das Mittel, das Wahrgenommene zu artikulieren, anderen mitzuteilen und dadurch eine gemeinsame Realität zu konstruieren. Durch unsere Sprache bestimmen wir, was wir wahrnehmen, und „durch unsere Sprache wird die Wirklichkeit organisiert und verkörpert, d.h. konstruiert" (ARNOLD, 1996, Seite 55). Das heißt, "dass unsere Welt keine von uns unabhängige Realität besitzt, sondern die einzige Realität darin besteht, dass wir sie durch unser Denken und Kommunizieren (er-)schaffen müssen. Die Welt teilt sich uns nicht mit, sondern sie zeigt sich so, wie wir sie mit unserer Sprache ein-teilen; denn nur durch Teilen, nur durch Verwendung von Differenzen, erkennen wir" (VOGEL, 1994, Seite 11).

Die Existenz des Nervensystems und die Möglichkeiten der Sprache bedeuten die ständige Chance zur Wahrnehmungs- und Erfahrungserweiterung. Da es weder eine objektive Realität noch eine objektive Bezeichnung der Wirklichkeit gibt, bietet jeder Augenblick neue Möglichkeiten der Wahrnehmung und der Benennung. Allerdings ist jede Bezeichnung zunächst nur eine individuelle Bezeichnung, und zwar so lange, bis es eine von mehreren gemeinsam getroffene Vereinbarung über sie gibt. „Alles was gesagt wird, wird von einem Beobachter gesagt" (MATURANA, 1985, Seite 34). Es ist der Beobachter, der die Welt durch Bezeichnungen realisiert. Diese Bezeichnungen werden zum einen aufgrund von Vorerfahrungen gewählt, zum anderen immer wieder neu erschaffen. Erst die Vereinbarung auf einen gemeinsamen Begriff schafft eine gemeinsame Realität. Diese Realitäten sind keine Beweise im Sinne von Gewissheiten, sondern Möglichkeiten von Welten, die durch Vereinbarungen entstehen. Die Welt, die wir sehen, ist „nicht *die* Welt, sondern *eine* Welt, die wir mit anderen hervorbringen" (MATURANA / VARELA, 1987, Seite 263f.). Um aus diesem möglichen Wahrnehmungsrahmen einen erweiterten Handlungsspielraum zu gestalten, bedarf es des 'Gegenübers', des 'Anderen', denn „die Bausteine, die wir zum Aufbau der Welt wählen, bestimmen Grenzen.

Wir erfahren diese Grenzen jedoch nur von 'innen', sozusagen aus der Ziegelsteinperspektive. [...] Was wir erleben und erfahren, erkennen und wissen, ist notwendigerweise aus unseren eigenen Bausteinen gebaut und lässt sich auch nur aufgrund unserer Bauart erklären" (V.GLASERSFELD, 1995, Seite 35). Nur der Andere bzw. unser Gegenüber hat eine Perspektive von 'außen' und kann uns so eine andere Sicht auf die Dinge ermöglichen.

Einteilen und benennen bzw. unterscheiden und bezeichnen sind die Komponenten der Beobachtung. "Etwas kann nur bezeichnet und damit beobachtet werden, wenn es von etwas anderem unterschieden wird. Beobachtung ist somit immer die Bezeichnung einer Seite im Rahmen einer Unterscheidung" (KNEER / NASSEHI, 1993, Seite 97), bzw. die Feststellung eines Unterschiedes, der einen Unterschied ausmacht (vgl. BATESON, 1972, Seite 582). Das heißt, es ist die beobachtende Person, die über die Art und Weise, wie sie beobachtet, festlegt, was sie beobachten kann. Alles, was durch eine Bezeichnung gekennzeichnet ist, muss vor dem Hintergrund betrachtet werden, welcher Beobachter diese Bezeichnung vorgenommen hat. Der Beobachter ist also letztlich der einzige „Bezugspunkt konstruktivistischen Denkens" (VOGEL, 1994, Seite 286). Er bestimmt die Unterscheidung, mit der er beobachtet: die 'beobachtungsleitende Unterscheidung'. Und er bezeichnet die Beobachtung anhand der ihm zur Verfügung stehenden Kommunikationsmöglichkeiten. Das bedeutet, dass „das, was man für die Eigenschaften von Gegenständen gehalten hat, eigentlich die Eigenschaften des Beobachters sind. Zeigt man einem Menschen ein Bild und fragt ihn, ob es obszön sei, dann weiß man, wenn er 'ja' sagt, viel über ihn, aber wenig über das Bild" (V.FOERSTER, 1988, Seite 31). Diese Erkenntnis führte zur Entwicklung des Konzepts der Beobachtung II. Ordnung. Während die Beobachtung eines Sachverhaltes, z.B. die Betrachtung eines Bildes, eine Beobachtung I. Ordnung ist, wird die Beobachtung der Beobachtung, also die Beobachtung des Beobachters beim Betrachten eines Bildes, als Beobachtung II. Ordnung bezeichnet (vgl. die Abbildung 2).

Der Unterschied zwischen der Beobachtung I. und II. Ordnung liegt darin, dass der Beobachter II. Ordnung 'mehr' sieht, als der Beobachter I. Ordnung. Dieses 'mehr' bezieht sich auf die jeweilige Unterscheidung, die bei jeder Beobachtung vorgenommen wird und die für den Beobachter, der aufgrund dieser getroffenen Unterscheidung beobachtet, selbst nicht beobachtbar ist. „Jede Beobachtung benutzt die eigene Unterscheidung als ihren blinden Fleck. Für die Beobachtung ist es unmöglich, die Unterscheidung, die sie verwendet, zu beobachten" (KNEER / NASSEHI, 1993, Seite 100), mit anderen Worten: „Ein Beobachter kann nicht sehen, was er nicht sehen kann. Er kann auch nicht sehen, dass er nicht sehen kann, was er nicht sehen kann" (LUHMANN / FUCHS, 1992, Seite 10). Jeder Beobachter ist an die Grenzen seiner beobachtungsleitenden Unterscheidungen bzw. an seinen blinden Fleck gebunden.

Abb. 2: Beobachtung I. und II. Ordnung
1. Ein Beobachter betrachtet ein Bild (Beobachtung I. Ordnung).
2. Ein zweiter Beobachter beobachtet den ersten Beobachter beim Betrachten eines Bildes (Beobachtung II. Ordnung).

Exkurs: 'Blinder Fleck'

Der Begriff 'blinder Fleck' ist eine Übertragung einer physiologischen Besonderheit des menschlichen Auges in die Beobachtungstheorie des Konstruktivismus. Auf der Netzhaut des Auges gibt es einen Bereich, der aufgrund bestimmter Funktionen für das eintreffende Licht unempfindlich ist. An dieser Stelle werden keine Reize weitergeleitet. Der Bereich lässt sich durch ein einfaches Experiment lokalisieren. Auf ein Blatt Papier werden im Abstand von ca. 25 cm zwei verschiedene Figuren aufgemalt, z.b. ein Kreis und ein Dreieck. Während das Papier in einer Entfernung von ca. 20 bis 40 cm vor dem Kopf bewegt wird, wird das rechte Auge zugehalten und das linke Auge fixiert die rechte Figur, oder das linke Auge wird zugehalten und das rechte Auge fixiert die linke Figur. Bei einer bestimmten (individuell differierenden) Entfernung wird eine Figur aus dem Betrachtungsfeld 'verschwinden'. Hier liegt der jeweilige 'blinde Fleck'. Obwohl das Blatt Papier betrachtet wird, ist nicht alles, was sich auf dem Papier befindet, zu sehen.

Die Übertragung dieser physiologischen Besonderheit in die Theorie des Konstruktivismus bezieht sich auf die Einschränkung des jeweiligen Beobachtungshorizonts. Der 'blinde Fleck' bezeichnet dann die Einschränkungen, die nur Bestimmtes sehen lassen und Anderes außer Acht lassen. Hierunter fällt beispielsweise die als 'Betriebsblindheit' benannte eingeschränkte Wahrnehmung von Individuen, Gruppen und ganzen Abteilungen in Organisationen.

Im Beispiel des zu betrachtenden Bildes wird der Beobachter I. Ordnung aufgefordert, das Bild in Bezug auf die Unterscheidung 'obszön' bzw. 'nicht-obszön' zu beobachten. Aufgrund dieser beobachtungsleitenden Unterscheidung ist er außerstande, zur selben Zeit zu beobachten, dass er im Kontext der komplexen Welt ein einzelnes Bild beobachtet. Diese Unterscheidung ('ein Beobachter befindet sich in einer komplexen Welt und beobachtet ein einzelnes Bild') trifft dann der Beobachter II. Ordnung. Allerdings kann auch er nur unter dieser einen, von ihm gewählten, beobachtungsleitenden Unterscheidung beobachten, d.h. auch der Beobachter II. Ordnung ist durch seine gewählte Unterscheidung und damit durch seinen 'blinden Fleck' eingeschränkt. „Zwischen Beobachtung zweiter Ordnung und Beobachtung erster Ordnung besteht kein hierarchisches Verhältnis. Auch die Beobachtung zweiter Ordnung bleibt an ihren eigenen blinden Fleck gebunden" (KNEER / NASSEHI, 1993, Seite 101).

Die Wahl der beobachtungsleitenden Unterscheidung ist demnach für die jeweilige Beobachtung von zentraler Bedeutung. „Die Wahl der Unterscheidung bestimmt, was überhaupt gesehen werden kann. Mit der Differenz von *gut* und *böse* kann ich – egal wo ich hinschaue – etwas anderes beobachten als mit der Unterscheidung von *reich* und *arm, schön* und *hässlich, neu* und *alt* oder eben *krank* und *gesund*" (V.FOERSTER / PÖRKSEN, 1998, Seite 78). Diese Entscheidung trifft stets der Beobachter, und zwar vor dem Hintergrund seiner persönlichen Disposition und einer situativ unterschiedlich großen Auswahl von Möglichkeiten.

2.4. Triviale und nicht-triviale Systeme

Eine weitere Besonderheit, die ebenfalls die Vorstellungen einer objektiv gegebenen und nach naturwissenschaftlichen Gesetzen funktionierenden Realität hinterfragt, ist in dem „Begriff des *'nicht-trivialen Systems'* zusammengefasst. Damit soll gesagt sein, dass komplexe soziale Systeme nicht adäquat als 'Input-Output-Systeme' verstanden werden können. Denn ein bestimmtes Input-Ereignis führt bei ihnen nicht zu einer durchkalkulierbaren und mithin voraussagbaren Output-Reaktion" (WILLKE, 1992, Seite 26). Das Gegenteil ist der Fall: Der Output wird durch die auf den Input einwirkenden internen Prozesse bestimmt.

Im Gegensatz dazu ist ein 'triviales System' bzw. eine 'triviale Maschine' dadurch gekennzeichnet, dass einer bestimmten Wirkung eine eindeutige Ursache zugeschrieben werden kann. „Zum Beispiel hält man zuerst einen Stein in der Hand und lässt ihn dann los, so fällt er zufolge der Schwerkraft zu Boden. Hier ist 'Gravitation' der Name der trivialen Maschine" (V.FOERSTER, 1988, Seite 23). Während einfache Zusammenhänge, wie etwa das Fallen eines Gegenstandes, durch einfache Ursache-Wirkung-Modelle erklärt werden können, sind bei komplexen Systemen bestimmten Wirkungen keine eindeutigen Ursachen zuzuordnen. Ebenso lässt sich umgekehrt nicht von einer bestimmten Ursache auf eine vorhersagbare Wirkung schließen (vgl. die Abbildung 3).

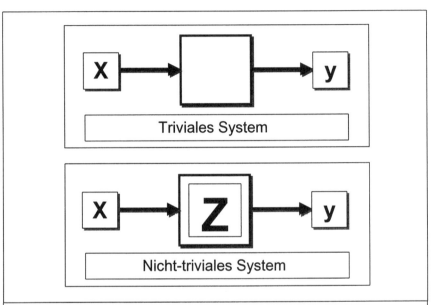

Abb. 3: Triviales und nicht-triviales System

Triviales System: Der Input x führt immer zum Output y.
Beispiel: In einem Abfüllbetrieb werden Bier und Saft in Flaschen abgefüllt. Sofern 'Bier' der Input ist, heißt der Output 'Bier in Flaschen'. Sofern 'Saft' der Input ist, heißt der Output 'Saft in Flaschen'.
Das triviale System ist rekursiv determiniert: Der Output y ist allein abhängig vom Input x.

Nicht-triviales System: Der Input x und der innere Zustand z des Systems führen zum Output y.
Beispiel: Eine Information (x) wird von jedem Menschen bzw. jedem System (z) ganz verschieden wahrgenommen. Das darauf folgende Handeln (y) ist dementsprechend sehr unterschiedlich:
Der Output y ist abhängig vom Input x *und* vom inneren Zustand z der Maschine.

Triviales System	Nicht-triviales System
➤ synthetisch determiniert;	➤ synthetisch nicht determiniert;
➤ analytisch bestimmbar;	➤ analytisch unbestimmbar;
➤ vergangenheitsunabhängig;	➤ vergangenheitsabhängig;
➤ voraussagbar.	➤ unvoraussagbar.

Quelle: FOERSTER, HEINZ V. (1988)

Nicht-triviale Maschinen bzw. nicht-triviale Systeme sind analytisch unbestimmbar, unvoraussagbar und vor allem vergangenheitsabhängig (vgl. v.FOERSTER, 1988, Seite 26), d.h. jedes neue oder wiederkehrende Verhalten einer Person (Input) führt bei anderen Personen je nach Persönlichkeit und Situation zu unterschiedlichen Reaktionen (Output). Der Unterschied zu trivialen Systemen ist, dass sich nicht-triviale Systeme nicht über äußere, d.h. leicht wahrnehmbare Kriterien bestimmen lassen, sondern hierfür die Kenntnis der jeweiligen intern vorhandenen Komplexität notwendig ist.

Diese Komplexität ist innerhalb einer Interaktion zwischen zwei nicht-trivialen Systemen für das jeweils andere System nicht erkennbar. „Was für mich wirklich ist, ist allein für mich wirklich; und was für dich wirklich ist, kann niemals für mich wirklich werden. Ich habe keinen Zugang dazu, wie du die Welt und dich selbst in dieser erfährst – nur wie du diese Erfahrung kommunizierst ist mir erfahrbar. Doch Kommunikation bildet das Bewusstsein nicht ab – kann und soll es auch nicht. Das Bewusstsein einer Person enthält in jedem Augenblick viel mehr, als sie kommunikativ mitteilen könnte" (SCHIMANK, 1986, Seite 7). Eine Auseinandersetzung aufgrund dieser wechselseitigen Intransparenz wird als 'Black-Box'-Interaktion bezeichnet. „Keiner kann in das Innere, das Bewusstsein, die 'Schaltzentrale', die interne Wirklichkeit des anderen schauen und beobachten, nach welchen Operationsregeln der andere arbeitet. Dies ist jedoch nur die eine Hälfte der Ungewissheit. Hinzu kommt, dass etwa ein komplexes Unternehmen als System nicht nur für andere, sondern auch für sich selbst weitgehend unzugänglich ist. In dieser Situation grundlegender Ungewissheit gibt es zwei Möglichkeiten der Bearbeitung des prinzipiell nicht auflösbaren Problems: Beobachtung und Kommunikation" (WILLKE, 1992, Seite 35). Nur durch Beobachtung und Beschreibung der eigenen und der jeweils anderen Realität lässt sich eine gemeinsame Wirklichkeit konstruieren, die dann als Grundlage für gemeinsame Entscheidungen und damit für gemeinsames Handeln dienen kann.

2.5. Beobachtungsmuster

Die Welt erschließt sich mittels der Festlegung auf Begriffe. Erst diese Reduktion der Komplexität ermöglicht die Anknüpfung und Fortsetzung von Interaktionen. Damit wird gleichzeitig der Horizont der möglichen Wahrnehmungen eingeschränkt. Ein Auto wird nach erfolgter Festlegung als Auto beobachtet. Diese 'Definitionen' bilden Beobachtungsmuster: das Gleiche oder auch Ähnliches wird immer wieder mit diesem Begriff verbunden. Beobachtungsmuster sind kognitive Landkarten, „mentale Modelle" (SENGE, 1995, Seite 17) oder „kollektive Vorannahmen" (GEISSLER, 1995, Seite 247), die die Beobachtung leiten. SCHEIN bezeichnet sie als „Denkgewohnheiten, geistige Modelle und/oder linguistische Paradigmen: der gemeinsame kognitive Rahmen, der den Mitgliedern einer Gruppe Wahrnehmungen, Gedanken und Sprache vorgibt und in dem die neuen Mitglieder in einem Sozialisationsprozess unterwiesen werden" (SCHEIN, 1995, Seite 22). Sie reduzieren die Vieldeutigkeit der Welt auf bestimmte Vereinfachungen. Damit erleichtern sie das Erkennen und die Orientierung in unserer Umwelt. Es sind unsere inneren Bilder der Welt, die Schubladen unserer Wahrnehmung bzw. festgelegte „Formalismen, die uns helfen, das Denken zu ersparen: der Formalismus denkt für uns" (v.FOERSTER, 1988, Seite 20). GAGNÉ beschreibt diese Muster der Beobachtung als „Einstellungen" bzw. als „innere Zustände, welche die Auswahl von Handlungs-alternativen beeinflussen" (1980, Seite 219). Er zitiert ALLPORT (1935): „Eine Einstellung ist ein mentaler und neuraler Bereitschaftszustand, der durch Erfahrung organisiert ist und einen direktiven oder dynamischen Einfluss auf das individuelle Verhalten gegenüber allen Gegenständen und Situationen, auf die sie sich bezieht, ausübt" (1980, Seite 219). Im Folgenden werden die verschiedenen Begriffe unter den Begriffen Muster bzw. Beobachtungsmuster zusammengefasst.

Noch ehe wir entscheiden, was wir wie wahrnehmen, erschließen unsere Beob-achtungsmuster uns die Welt. Diese unbewusste Wahrnehmung und Einteilung kann katastrophale Folgen haben: Die Zahl der Verkehrsopfer ist in den fünf östlichen Bundesländern 1990 drastisch gestiegen. Dieser Umstand wird unter anderem auf die rasante Umstellung von den 'sinnlichen' Ost-Autos, wie z.B. dem Trabant (sie sind leicht zu sehen, zu hören und zu riechen), auf sportlich und aerodynamisch gestylte West-Autos, die schneller und leiser sind, zurück-geführt. Die etablierten und erfolgreichen Beobachtungsmuster waren plötzlich nicht mehr adäquat.

2.6. Kommunikationsmuster

Die Komplexität der Welt wird durch einen Austausch über genau diese Welt reduziert. Die Bezeichnung eines Gegenstandes hebt diesen einen Gegenstand aus dem unbegrenzten Möglichkeitsraum in einen bestimmten Definitionsraum. Danach fällt es leichter, sich über diesen Gegenstand und seine Beziehungen zu anderen Gegenständen zu unterhalten. Für die Beschreibung eines Gegenstandes werden Unterscheidungen und Bezeichnungen benutzt, die sich in der Ver-gangenheit bewährt haben. Diese erfahrungsbasierte Fortsetzung der jeweiligen Begriffe führt zu einer Etablierung der bestehenden Begriffe, d.h. zur Ausbildung von Routinen. Diese Kommunikationsroutinen werden ebenfalls als Muster, Grundannahmen oder „Kultur" (SCHEIN, 1995) bezeichnet. Genauso wie die mentalen Modelle unsere Beobachtung leiten, sind sie handlungsleitend für die Kommunikation: Wir verwenden diese Muster automatisch, da sie erfolg-versprechender sind als die Einführung neuer Begriffe. Ebenso erwarten wir, dass unser Gegenüber ebenfalls die bekannten Begriffe benutzt. Erst dadurch, dass die Gesprächspartner gleiche bzw. ähnliche Begriffe verwenden, d.h. indem sie sich gegenseitig glauben machen, dass sie dasselbe meinen, kann Kommunikation entstehen. In solchen Situationen kann sich 'Wahrheit' im Sinne von RORTY etablieren: „Da Wahrheit eine Eigenschaft von Sätzen ist, da die Existenz von Sätzen abhängig von Vokabularen ist und da Vokabularen von Menschen gemacht werden, gilt dasselbe für Wahrheiten" (1991, Seite 49). Als wahr erweisen sich Kommunikationen oder Handlungen demnach, „wenn sie in einem bestimmten sozialen Kontext als legitim akzeptiert und damit Teil der konsensuellen Realität sind" (SIMON, 1998, Seite 121). In diesem Moment wurden sie anerkannt und in die Kultur übernommen. „Das menschliche Bedürfnis nach klugem Kräftehaushalt, Folgerichtigkeit und Sinn formt die gemeinsamen Elemente zu festen Mustern, die man schließlich als Kultur bezeichnet" (SCHEIN, 1995, Seite 23). Diese vereinbarte Sprachregelung hat jedoch nur so lange Gültigkeit, bis sich etwas Neues durchsetzt, d.h. neue Wahrheiten gefunden und neue Realitäten konstruiert werden.

Allerdings sind die bisherigen Realitäten und damit auch die bisherigen Kommunikationen vergangenheitsgeprägt: die verwendeten Begriffe haben sich vor der aktuellen Situation bewährt und etabliert. Aufgrund der erfolgreichen Verwendung und dementsprechend auch der Gewöhnung sind die bestehenden Muster veränderungsresistent. „Wir tendieren dazu, unsere einmal etablierten Grundannahmen nicht mehr zu überdenken und sie stillschweigend vorauszusetzen. Wir drängen sie so in einen gleichsam unbewussten Bereich ab. Und wenn unsere Prämissen dennoch zur Diskussion stehen, dann überprüfen wir sie nicht, sondern verteidigen sie einfach, weil wir emotional mit ihnen verbunden sind" (SCHEIN, 1995, Seite 24f.). Der Etablierung von etwas Neuem steht somit die bisher erfolgreiche Verwendung der Muster und deren emotionale Verankerung gegenüber.

2.7. Strukturdeterminiertheit

Die Muster der Beobachtung und die Muster der Kommunikation bilden eine Einheit. Die Muster der Beobachtung leiten die Kommunikation, und die dabei entstehenden Kommunikationsmuster leiten wiederum die Beobachtung. „Die Konstruktionsabteilung neigt dazu, der Produktion Trägheit und Phantasielosigkeit zu unterstellen, und diese wiederum wirft den Ingenieuren vor, es fehle ihnen am Sinn für Realität und Kosten und sie kümmerten sich viel zu sehr um die Eleganz des Produkts und viel zu wenig um die praktische Umsetzung" (SCHEIN, 1995, Seite 209). Obwohl die vorhandenen Muster für die Prozesse der Beobachtung und der Kommunikation eine zentrale Bedeutung haben, sind sie nur latent präsent. Aus der zweiten Reihe selektieren sie das Wahrzunehmende, leiten unsere Handlungen und schränken unsere Denk- und Handlungsspielräume ein: „Unsere Theorien entscheiden, was wir messen" (EINSTEIN, zitiert nach SENGE, 1995, Seite 214).

Dieses „stabilisierende Eigenverhalten" (v.FOERSTER, 1988, Seite 31) bzw. die Strukturdeterminiertheit der etablierten Muster trifft sowohl auf Individuen als auch auf ganze Organisationen zu. „Tatsächlich gehört es zum ganz normalen Entwicklungsverlauf, dass eine soziale Großgruppe im Lauf der Zeit Untergruppen hervorbringt, die ihrerseits Subkulturen erzeugen" (SCHEIN, 1995, Seite 27). Auch komplexe Systeme unterliegen dem Mechanismus der Vereinfachung, um die interne und externe Komplexität auf ein bearbeitbares Maß zu reduzieren: „Diese Modelle sind grundsätzlich nützlich und notwendig, denn sie dienen der Reduktion der ansonsten nicht bewältigbaren Komplexität der Welt. [...] Die kognitiven Landkarten geben Orientierung in der verwirrenden Vielfalt von Ereignissen. Sie liefern die richtigen, weil in der Vergangenheit bewährten, strategischen und organisatorischen Antworten auf externe und interne Herausforderungen, und sie produzieren und reproduzieren damit immer wieder Wirklichkeiten. [...] Sie manifestieren sich nicht nur als 'soft facts' (im Sinne von Einstellungen, Werthaltungen, Kultur, etc.), sondern auch in den historisch gewachsenen und auf Grund bestimmter Linsen entstandenen Organisationsstrukturen, Berichtslinien oder Informationssystemen. [...] Diese Wahrnehmungsmuster verstellen die Sicht auf alternative Möglichkeiten und behindern die klare Sicht auf gegenwärtig nicht realisierte Möglichkeiten (DEISER, 1995, Seite 311).

Diese Eigendynamik ist u.a. auf die Gewöhnung an bestehende Strukturen, z.B. in Organisationen, zurückzuführen. Die Vertrautheit führt zu einem Effekt, der schließlich in den ungeschriebenen 'Gesetzen' der Organisation mündet: den Spielregeln und Verhaltensweisen, die alle kennen. Die Mitglieder einer Organisation haben 'gelernt', dass sie sich auf bestimmte Formen des Umgangs verlassen können und auf andere eben nicht. Die Eingewöhnung von Verhalten führt zu Handlungsmustern, die den aktuellen Herausforderungen zuwiderlaufen können, bis dahin, dass die neuen Herausforderungen gar nicht als solche erkannt werden.

2.8. Relevanz des Konstruktivismus für das Lernen von Organisationen

Beobachtungen eines Individuums sind geprägt durch die jeweiligen Vorerfahrungen und dementsprechend spezifisch: denselben Gegenstand nimmt jemand anderes ganz anders wahr. Diese spezifische Beobachtung beruht auf einem Hintergrund, der sich durch weitere Beobachtungen als Muster etablieren kann. Muster sind Orientierungshilfen, die die Komplexität der Welt auf ein überschaubares Maß reduzieren: Der Wahrnehmungshorizont wird eingeschränkt. Diese Historizität der Wahrnehmung gilt ebenso für Organisationen bzw. Systeme (vgl. dazu auch KLIMECKI / PROBST / EBERL, 1994).

Die Handlungsfähigkeit einer Organisation ist aufgrund der vorhandenen Muster und Routinen sowie der daraus resultierenden Strukturdeterminiertheit eingeschränkt. Diese als 'Betriebsblindheit' benannte Disposition führt unter Umständen dazu, dass Herausforderungen der Umwelt nicht als solche erkannt bzw. die darin liegenden Möglichkeiten nicht genutzt werden. Für ein Lernen jenseits der Vermittlungsdidaktik (die lediglich die Übernahme der Erkenntnisse von anderen ermöglicht) sind deshalb die zugrunde liegenden Muster und Routinen zu reflektieren und zu 'entmachten', um Neues denkbar zu machen und umsetzungsorientiert zu gestalten.

3. Systemtheorie

3.1. Einleitung

Das vorliegende Kapitel beschreibt die Grundlagen der neueren Systemtheorie. Hierbei beziehen wir uns vor allem auf die Ausführungen von LUHMANN, BAECKER und WILLKE. Zu Beginn beschreiben wir die Entstehung des systemischen Denkens, anschließend wird die Entwicklung von der traditionellen zur neueren Systemtheorie vorgestellt. Die neuere Systemtheorie unterscheidet sich von der traditionellen Systemtheorie durch die Postulate der 'Geschlossenheit' und der 'autopoietischen Reproduktion' von Systemen. Der größte Teil des Kapitels widmet sich dann der detaillierten Darstellung der neueren Systemtheorie. Aufgrund veränderter Begriffsdefinitionen durch die Systemtheoretiker ist es erforderlich, auf einzelne Aspekte ausführlicher einzugehen.

Der Zusammenhang zum Lernen ergibt sich aus der Beschreibung der Prozesse innerhalb von Organisationen bzw. Systemen. Die autopoietische Reproduktion der Elemente (im wesentlichen sind dies Kommunikationen) führt zu einer Vorstellung von Lernprozessen, die wir im weiteren Verlauf als ermöglichungsdidaktische Arrangements beschreiben.

3.2. Systemisches Denken

Der zentrale Begriff innerhalb der (traditionellen und der neueren) Systemtheorie sowie des systemischen Denkens ist der Begriff des Systems. Ein System

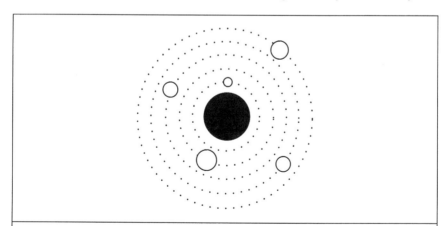

Abb. 4: Systeme - Elemente und Relationen

Beispiel: Das Sonnensystem ist ein System bestehend aus Elementen und Relationen. Die Elemente sind die einzelnen Planeten, die Relationen sind die Gravitationskräfte zwischen den Planeten. Erst die Kombination aus Elementen und Relationen ergibt das System.

ist definiert durch eine bestimmte Anzahl von Elementen sowie durch die zwischen den Elementen bestehenden Relationen. Es lässt sich weder auf die Elemente noch auf die zwischen den Elementen bestehenden Relationen reduzieren. Es ist die Kombination aus Elementen und Relationen, die ein System ausmacht. Aufgrund der Vielzahl an Kombinationsmöglichkeiten ist jedes System eine Einheit spezifischer Eigenschaften (vgl. die Abbildung 4).

Darauf aufbauend beschreibt LUHMANN (1993, Seite 20ff.) drei Phasen, die für die Entwicklung von der traditionellen zur neueren Systemtheorie von entscheidender Bedeutung sind:

> ➢ „Die erste Phase ist durch das Schema vom Ganzen und seinen Teilen charakterisiert. Systeme werden als geschlossene Ganzheiten konzipiert, die aus mehreren Teilen zusammengesetzt sind. Das Ganze ist dabei mehr als die Summe seiner Teile, es besitzt qualitativ neue Eigenschaften aufgrund der spezifischen Form der Vernetzung der Einzelteile" (KNEER / NASSEHI, 1993, Seite 47). Die Verbindung der einzelnen Elemente hebt das System als Ganzes damit auf eine andere Ebene. Das klassische Beispiel hierfür ist der Apfel: Der Apfel als Ganzes ist mehr als die Summe seiner einzelnen Bestandteile (vgl. die Abbildung 5).

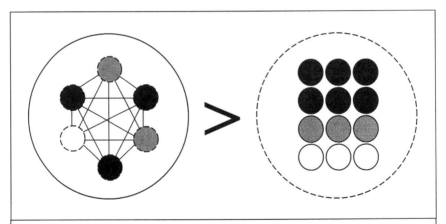

Abb. 5: Systeme - Das Ganze und seine Teile

Beispiel: Ein Apfel besteht aus unterschiedlichen Bestandteilen. Sofern der Apfel chemisch detailliert analysiert wird und danach die einzelnen Bestandteile wieder zusammengefügt werden, entsteht etwas Neues, mit Sicherheit jedoch kein Apfel. Mit anderen Worten: Das Ganze ist mehr als die Summe der Teile.

➤ „In der zweiten Phase tritt die Unterscheidung von System und Umwelt an die Stelle der Differenz vom Ganzen und seinen Teilen. [...] Dieses zweite Modell konzipiert Systeme als offene Gebilde, die mit ihrer Umwelt Austauschprozesse unterhalten" (KNEER / NASSEHI, 1993, Seite 47). Jedes System ist eine Besonderheit aufgrund der beeinflussenden Umwelt: Apfel ist nicht gleich Apfel. Das System ist offen für Veränderungen von außen. Entscheidend für diese Phase des systemischen Denkens ist, dass das System als offenes Gebilde im Austausch mit der Umwelt ist und von dieser Umwelt geprägt wird (vgl. die Abbildung 6).

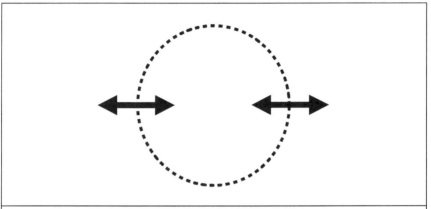

Abb. 6: Systeme - Die Umwelt hat prägenden Einfluss auf das System

Beispiel: Apfel ist nicht gleich Apfel. Dieselbe Sorte Apfel an unterschiedlichen Standorten führt zu unterschiedlichen Reifezeiten, Größen, Geschmacksrichtungen, usw. Das System existiert aus sich selbst heraus, wird allerdings von seiner Umwelt (massiv) beeinflusst.

➤ In der dritten und für die neuere Systemtheorie entscheidenden Phase wird „die Theorie offener Systeme durch die Theorie autopoietischer Systeme ersetzt" (KNEER / NASSEHI, 1993, Seite 47) (vgl. zum Begriff der Autopoiese das Kapitel 3.11. 'Autopoiesis'). Die in Phase 2 dargestellte Offenheit der Systeme gegenüber ihrer Umwelt wird in diesem Paradigmenwechsel aufgegeben und ins Gegenteil verkehrt. Systeme sind geschlossen und lassen sich nur im Rahmen ihrer Geschlossenheit von ihrer Umwelt irritieren (vgl. die Abbildung 7).

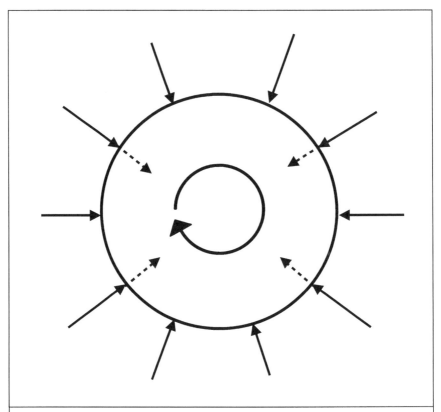

Abb. 7: Systeme - Operationale Geschlossenheit

Das System ist autonom, der Einfluss der Umwelt ist begrenzt. Das System entscheidet, welche Informationen von der Umwelt aufgenommen werden.

Systeme reproduzieren sich dementsprechend aus den Elementen, aus denen sie bestehen, und nehmen nur die Informationen aus der Umwelt hinzu, die sie aus ihrer Sicht für ihre Reproduktion benötigen. „Als autopoietisch wollen wir Systeme bezeichnen, die die Elemente, aus denen sie bestehen, durch die Elemente, aus denen sie bestehen, selbst produzieren und reproduzieren" (LUHMANN, 1985, Seite 403) (vgl. Kapitel 3.11. Autopoiesis). Mit anderen Worten: Ein System (z.B. eine menschliche Zelle) entwickelt aus sich selbst heraus die zum Überleben wichtigen Bestandteile. Im Falle der Zelle sind dies die Eiweiße, Säuren und Zuckerstoffe. Hierzu greift das System auf Informationen und Bausteine aus der Umwelt zurück. Die selektiv permeable Struktur der Zellmembran ermöglicht der Zelle den selbstbestimmten Austausch von

Energie und Materie mit den sie umgebenden Zellen. Autopoietische Systeme agieren demzufolge autonom, sie sind aber nicht autark.

3.3. Systemarten

Systeme bestehen aufgrund der oben genannten Überlegungen aus Elementen, aus denen sie sich selbst reproduzieren. Diese Elemente sind ein wichtiges Unterscheidungsmerkmal der verschiedenen Systemarten. LUHMANN unterscheidet im Wesentlichen zwischen zwei verschiedenen Systemarten: 'Soziale Systeme', deren Elemente Kommunikationen sind, und 'Psychische Systeme', deren Elemente Gedanken sind (vgl. LUHMANN, 1993, Seite 16). 'Maschinensysteme' und 'biologische Systeme', wie z.B. Nervensysteme, sind für diese Arbeit nicht relevant. Die sozialen Systeme wiederum werden in drei Gruppen unterteilt:

➢ *Interaktionssysteme*, d.h. Kommunikation unter Anwesenden;
➢ *organisierte Sozialsysteme*, d.h. Kommunikation in Organisationen, wie beispielsweise Unternehmen, Kirchen, Vereine, Schulen, Ämter, usw.;
➢ *Gesellschaft*, d.h. die Gesamtheit jeder möglichen Kommunikation in einer Gesellschaft (vgl. die Abbildung 8).

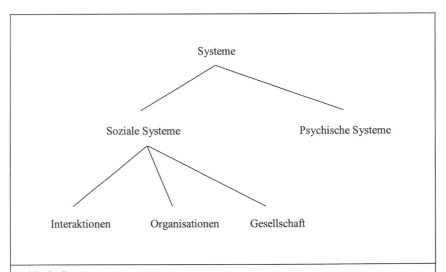

Abb. 8: Systemarten

Die Differenzierung der Systeme erfolgt auf zwei Ebenen: Auf der ersten Ebene werden psychische von sozialen Systemen unterschieden; diese wiederum untergliedern sich in die drei Gruppen Interaktionen, Organisationen und Gesellschaft.
Quelle: LUHMANN, 1993, Seite 16

Für die Initiierung und Durchführung von Lernprozessen im Sinne ermöglichungsdidaktischer Kommunikationsarrangements ist sowohl das Verständnis für die Systemarten als auch für deren Elemente entscheidend. Wir werden deshalb im folgenden detailliert auf die psychischen und die sozialen Systeme eingehen. Aufgrund von (noch zu zeigenden) Parallelen zwischen sozialen und psychischen Systemen konzentrieren wir uns vorwiegend auf die sozialen Systeme.

3.4. Soziale Systeme

Soziale Systeme bestehen aus Kommunikationen. Dies sind ihre nicht weiter auflösbaren Letztelemente, aus denen sie sich autopoietisch reproduzieren. Soziale Systeme, wie beispielsweise das spontane Zusammentreffen von zwei Bekannten auf der Straße, generieren entsprechend einem gegebenen Sinn (z.B. 'den allgemeinen Höflichkeitsformen') laufend Kommunikationen und darauf folgende Anschlusskommunikationen: „Guten Tag, wie geht es Ihnen?" – „Danke, gut, und wie geht es Ihnen?" Während der Kommunikation aktualisiert sich fortwährend neuer Sinn (z.B. 'das Wetter'), der entweder aufgegriffen oder als aktuell nicht genutzte Möglichkeit zurückgestellt wird: „Die schwüle Luft drückt mir heute stark auf den Kreislauf." – „Ja, mir geht es ähnlich, aber was mich vielmehr interessiert: Wie ist das Befinden Ihrer Frau?" Damit reduziert dieses soziale System die Komplexität der Welt, zum einen auf ein entsprechendes Thema, zum anderen auf den jeweils aktuellen Sinn. „Kommunikation ist das, was soziale Systeme entstehen lässt" (SIMON, 1998, Seite 8). Es sind (aus Sicht der neueren Systemtheorie) nicht die Menschen, die ein soziales System ausmachen, sondern die stattfindenden Kommunikationen. Soziale Systeme sind, so lassen sich die bisherigen Ausführungen zusammenfassen, Gruppen von Menschen, die unter einem bestimmten Sinn zusammenkommen und kommunizieren. Entscheidend ist, dass nicht die Menschen im Vordergrund stehen, sondern das soziale Geschehen, d.h. die Kommunikation. Sinn bezeichnet nach diesem Verständnis „die systemspezifischen Kriterien, nach denen Dazugehöriges und Nichtdazugehöriges unterschieden wird" (WILLKE, 1991, Seite 193), d.h. wie das System die Komplexität der Welt mittels einer selbstgewählten Operationsform reduziert.

Das oben beschriebene Gespräch ist ein Beispiel für ein Interaktionssystem, d.h. für die Kommunikation unter Anwesenden. Im Gegensatz dazu findet die Kommunikation bei organisierten Sozialsystemen nicht unter Anwesenden statt, sondern organisiert. Die Differenz zwischen den Interaktionssystemen und den organisierten Sozialsystemen bezieht sich auf zweierlei: „Von anderen sozialen Systemen unterscheiden sich Organisationen als autopoietische Systeme erstens durch Entscheidungen als Elemente [siehe dazu das Kapitel 3.9. Entscheidung].

Im Gegensatz zu Interaktionssystemen gilt für organisierte Sozialsysteme zweitens die leitende Annahme der Mitgliedschaft" (KRAUSE, 1999, Seite 40f.). Zur Verdeutlichung wird an dieser Stelle das organisierte Sozialsystem *Schule*, ein Subsystem des Erziehungssystems, erläutert:
Aufgrund der Entscheidung, Kinder im Alter von 6 bis 16 Jahren in den verschiedenen Disziplinen zu unterrichten, hat sich die Schule als ein Subsystem des Erziehungssystem etabliert. Die Menge der für diesen Unterricht notwendigen Kommunikationen ist nicht durch eine Kommunikation unter Anwesenden zu erreichen. Die Schule strukturiert die notwendigen Kommunikationen in unterschiedliche Klassen, Fächer, Anspruchniveaus (Grund- und Leistungskurse), Aufgabenbereiche und Hierarchien. In der achten Klasse werden andere Themen behandelt als in der zweiten, der Hausmeister hat andere Aufgaben als der Schulleiter, der stellvertretende Schulleiter hat eine andere Verantwortung als der Fachlehrer für Kunst und Musik. „Eine Organisation im Sinne der organisierten Sozialsysteme ist dementsprechend die Gesamtheit an formalisierten und generalisierten Regelungen im Sinne eines künstlichen Systems" (KASPER, 1990, Seite 8). Die Mitgliedschaft im Sozialsystem Schule ist über die definierten Rollen (z.b. Lehrer, Schüler) geregelt.

Diese tatsächlich stattfindende Kommunikation innerhalb eines sozialen Systems hebt sich von der jederzeit auch anders möglichen Kommunikation (z.B. über Autos, Fernsehprogramme, usw.) ab und schafft sich damit ihre spezielle Umwelt: „Systembildung erzeugt Umwelt und nicht umgekehrt Umwelt Systeme" (KRAUSE, 1999, Seite 16). Diese Unterscheidung ist wesentlich für den Paradigmenwechsel von der traditionellen zur neueren Systemtheorie. Sie ist ebenfalls entscheidend für unsere Bemühungen zur Intervention in soziale bzw. psychische Systeme.
Die Diskussion im Fach Deutsch über „Moderne Literatur" schließt eben die Kommunikation über die „Binomischen Formeln" aus. Sie werden in die Umwelt des Subsystems 'Lehrfach Deutsch', d.h. in das Subsystem 'Lehrfach Mathematik', verbannt. Es können allerdings Informationen aus der Umwelt in das System importiert werden, z.B. wenn ein Schüler, angeregt durch die Diskussion über die Entstehung von Literatur, etwas Selbstgeschriebenes in den Unterricht mitbringt (siehe dazu auch Abbildung 7).

3.4.1. Komplexität und Komplexitätsreduktion

Die Reduktion der Komplexität ist eine zentrale Aufgabe sozialer Systeme und ebenso konstitutives Merkmal der Systembildung. „Komplexität meint zunächst die Gesamtheit aller möglichen Ereignisse und Zustände: Etwas ist komplex, wenn es mindestens zwei Zustände annehmen kann. [...] Zwischen der äußersten Weltkomplexität und dem menschlichen Bewusstsein klafft eine Lücke. Exakt an dieser Stelle treten soziale Systeme in Funktion. Sie übernehmen die Aufgabe der Reduktion von Komplexität. Soziale Systeme vermitteln also zwischen der

unbestimmten Komplexität der Welt und der Komplexitätsverarbeitungs-
kapazität des einzelnen Menschen" (KNEER / NASSEHI, 1993, Seite 40) bzw.
dessen psychischen Systems. Oder anders ausgedrückt: Soziale Systeme sind
„Inseln geringerer Komplexität" (LUHMANN, 1995, Bd. 1, Seite 116).
In dem Maße, in dem soziale Systeme Komplexität reduzieren, geben sie den
beteiligten Personen Orientierungshilfen an die Hand. Das eine System entscheidet sich für die Produktion von Autos, das nächste für die Beratung in
Krisensituationen, ein anderes für die Bereitstellung eines Glaubens und
entsprechender Versammlungsräume, und wieder ein anderes für den Kampf
gegen Umweltverschmutzung. Der jeweils systemspezifisch aktualisierte Sinn
ist für dieses oder jenes System handlungsleitend. Dabei werden die unter-
schiedlichsten Möglichkeiten, d.h. jeder andere mögliche Sinn (z.B. die Entwicklung eines Autos innerhalb der Umweltschutzorganisation) vorübergehend
zurückgehalten, um den derzeit aktuellen Sinn kommunikativ erschließen zu
können. „Konstitutiv für Sinn ist die Unterscheidung von Aktualität und
Möglichkeit" (KNEER / NASSEHI, 1993, Seite 75). Neben dem im Augenblick
aktualisierten Sinn gibt es unterschiedliche Möglichkeiten, die Kommunikation
fortzusetzen. Wenn man sich nichts mehr zu sagen hat, kann man immer noch
über Fußball oder über das Wetter reden: Der Möglichkeitshorizont ist weit.

3.4.2. Systemdifferenzierung
Systeme reduzieren die Komplexität der Welt, indem sie eine Grenze zwischen
der Umwelt und dem System ziehen. „Konstitutiv für diesen Systembegriff ist
somit die Vorstellung einer Grenze, die eine Differenzierung von Innen und
Außen ermöglicht. Etwas ist entweder System (bzw. gehört zum System) oder
Umwelt" (KNEER / NASSEHI, 1993, Seite 38). Diese systemspezifische
Unterscheidung zwischen dem, was dazugehört und dem was nicht dazugehört,
führt zur Ausdifferenzierung verschiedener Systeme. So wird beispielsweise in
der Schule eine Arbeitsgemeinschaft gegründet, um ein Thema, das während des
Unterrichts nicht hinreichend behandelt werden kann, ausführlich zu diskutieren.
„Systemdifferenzierung ist nichts weiter als Wiederholung der Systembildung in
Systemen. Innerhalb von Systemen kann es zur Ausdifferenzierung weiterer
System/Umwelt-Differenzen kommen. Das Gesamtsystem gewinnt damit die
Funktion einer 'internen Umwelt' für die Teilsysteme, und zwar für jedes
Teilsystem in je spezifischer Weise" (LUHMANN, 1993, Seite 37). Im Falle der
beschriebenen Arbeitsgemeinschaft ist die Schule das System und die Arbeits-
gemeinschaft das Subsystem mit einem eigenen selbst gewähltem Sinn.

3.4.3. Beobachtungsleitende Unterscheidung
Ähnlich wie die Gesellschaft sich in die Teilsysteme Wirtschaft, Politik, Recht,
Religion, Erziehung, Wissenschaft, Kunst, usw. differenziert, differenzieren sich
auch organisierte Sozialsysteme in verschiedene Teilsysteme. Diese Teilsysteme
sind abhängig von den Zielen und der Struktur der jeweiligen Organisation: In

Kirchen gibt es Presbyterien, in Umweltschutzorganisationen gibt es aktionsorientierte Einheiten und in Wirtschaftsorganisationen gibt es Abteilungen,
Sparten und Ressorts, wie z.b. Entwicklung, Produktion, Vertrieb, Personal,
usw. Und ähnlich wie die gesellschaftlichen Teilsysteme (Politik, Recht,
Wirtschaft, usw.) ihre spezielle Sicht auf sich selbst und die Umwelt ihres
eigenen Systems haben, verfügen auch die innerorganisatorischen Teilsysteme,
d.h. die Subsysteme des jeweiligen Gesamtsystems, über eine spezifische Sichtweise. „Diese Teilsysteme operieren nicht einfach mit ihnen zugeordneten,
funktionsspezifischen Semantiken, sondern mit Hilfe von beobachtungsleitenden Grundunterscheidungen" (KNEER / NASSEHI, 1993, Seite 132). Diese
Unterscheidungen basieren auf den binären Codes (z.B. in der Wirtschaft
'zahlen' oder 'nicht-zahlen', in der Wissenschaft 'wahr' oder 'falsch', in der Politik
'Macht haben' oder 'keine Macht haben'), die alles andere, was nicht diesen
zweiwertigen Unterscheidungen unterliegt, als Drittes ausschließen. „Die
Besonderheit funktionaler Teilsysteme ist, dass sie ihr Beobachtungsschema
über die strikte Zweiwertigkeit ihrer binären Codes generieren. [...] Auf den
ersten Blick mögen solche Unterscheidungen recht banal erscheinen. Selbstverständlich muss wirtschaftliches Handeln darüber entscheiden, ob gezahlt oder
nicht gezahlt wird, d.h. ob man kauft, verkauft, investiert, sich beteiligt, spart, an
die Börse geht, Kredite aufnimmt, vergibt oder sperrt, hier produziert oder lieber
in Fernost, Löhne erhöht, den Politiker besticht oder mit Kapitalflucht droht"
(KNEER / NASSEHI, 1993, Seite 132). Gerade diese Selbstverständlichkeiten sind
es jedoch, die ein System von einem anderen unterscheiden.
Ihre originäre Beobachtungs- und Operationsweise ist es, die das jeweilige
System konstituiert und damit von anderen Systemen abgrenzt. Die jeweilige
operative Differenz, mit der die Welt als Ganzes beobachtet und eingeteilt wird,
schließt das aus, was eben durch die Leitunterscheidung nicht gesehen werden
kann. Beispielsweise beziffert das Bruttoinlandsprodukt (BIP) als 'Wohlstands-
indikator' die volkswirtschaftliche 'Gesundheit' eines Landes dadurch, dass die
volkswirtschaftliche Produktion eines Jahres addiert wird. Die Unterscheidung,
die zur Bildung des BIP führt, lautet: 'produziert' oder 'nicht-produziert'. Bei
dieser Unterscheidung wird nicht berücksichtigt, inwieweit die einzelnen
Produkte tatsächlich als Indikator für das Wohlergehen geeignet sind. So könnte
z.B. die Menge an produzierten Schmerzmitteln eher ein Indikator für die Nicht-
Gesundheit des Landes sein. Die zugrunde liegende Leitunterscheidung (produziert / nicht-produziert) schließt das aus. Je nach Erfolg solcher Indikatoren
wird in den Folgejahren genauso verfahren und damit festgeschrieben, was unter
'Wohlstand' zu verstehen ist. „Die Autopoiesis des jeweiligen Teilsystems
erzeugt also anhand ihrer dem System zugrunde liegenden binären Codierung
sich selbst und damit: nichts weniger als die Welt. [...] Die Teilsysteme fangen
jede ihrer Operationen mit einer Leitunterscheidung, ihrem binären Code, an
und können aus dieser Kontextur nicht ausbrechen. [...] Damit ist der Code eines
Teilsystems sozusagen der blinde Fleck des Systems, den es selbst nicht

beobachten kann. [...] Man könnte auch sagen: Das System tut schlicht so, als sei die Welt so, wie sie beobachtet wird. [...] Es bilden sich gewissermaßen nebeneinander Kosmologien aus, die damit freilich keine mehr sind und deren Bezugsprobleme völlig anderer Art sind: Sie können nur sehen, was auf dem Bildschirm ihrer funktionsspezifischen Perspektive auftaucht. Alles andere bleibt ausgeschlossen, da es schlicht nicht in die Kontextur der beobachtungsleitenden Unterscheidung passt" (KNEER / NASSEHI, 1993, Seite 136ff.). Diese spezifische Ausblendung gibt es beispielsweise auch in der Schule. Eine zentrale Leitunterscheidung ist dort die Unterscheidung zwischen lehren und lernen. Die „Lehre ist gekennzeichnet durch eine prinzipielle Asymmetrie zwischen Lehrer und Schüler" (EDELMANN, 2000, Seite 284). Die dementsprechende und bisher übliche Rollenverteilung ist wie folgt: Die Lehrer lehren, die Schüler lernen. Genau diese Perspektive der Wirklichkeit reduziert die Beziehung zwischen Lehrern und Schülern auf ein einseitiges Lehr-Lern-Verhältnis. Das, was für viele Lehrer nicht möglich ist (und für viele Schüler nicht denkbar) und deshalb auch nicht zu beobachten, ist die Möglichkeit, das Lehr-Lern-Verhältnis umzudrehen, d.h. Lehrer lernen von den Schülern und Schüler lehren die Lehrer. „Diese operative Differenz zwischen den Teilsystemen führt zu unterschiedlichen Beobachtungen, d.h. zu unterschiedlichen Handhabungen von Unterscheidungen, mit denen die Welt als ganze beobachtet wird. Oder anders ausgedrückt: Die jeweilige Beobachtung schließt aus, was sie durch ihre Leitunterscheidung nicht sehen kann" (Vgl. KNEER / NASSEHI, 1993, Seite 135). Erst eine Veränderung der Beobachterperspektive erlaubt das Sehen (und Erkennen) des Nichtsehbaren. Im Beispiel der Schule ist dies durch eine Irritation aus der Umwelt (z.B. die Kürzung von Finanzmitteln) denkbar, in deren Folge sich Lehrer und Schüler solidarisieren und voneinander (und miteinander) in der gemeinsamen Aktion lernen.

3.5. Psychische Systeme

Ein psychisches System ist das Bewusstsein eines Menschen. Im Gegensatz zu sozialen Systemen, die sich durch Kommunikation reproduzieren, sind die Elemente von psychischen Systemen Gedanken. „LUHMANN begreift das Bewusstsein als autopoietisches System, weil es damit beschäftigt ist, ständig neue Gedanken hervorzubringen" (KNEER / NASSEHI, 1993, Seite 60), d.h. „psychische Systeme erzeugen sich selbst, indem sie Gedanken an Gedanken anschließen" (KRAUSE, 1999, Seite 25). Soziale Systeme gehören damit zur Umwelt des Bewusstseins und andersherum. Ebenso gehört das Gehirn zur Umwelt der psychischen Systeme: „Bei der Produktion von Gedanken ist das Bewusstsein auf bestimmte Gehirntätigkeiten angewiesen, aber die Gehirntätigkeiten sind nicht die Gedanken. [...] Bewusstsein und Gehirn operieren völlig überschneidungsfrei, sie verschmelzen nicht" (KNEER / NASSEHI, 1993, Seite 62).

Psychische Systeme und soziale Systeme sind demzufolge füreinander Umwelt, d.h. es besteht kein direkter Austausch zwischen den Systemarten. Die Systeme agieren autonom und lassen sich lediglich in ihrem eigenen Sinn irritieren. Die Selektion, welche Informationen bzw. Irritationen zugelassen werden, trifft das System (vgl. hierzu das Kapitel 3.14. Strukturelle Kopplung und Interpenetration). In Bezug auf das Thema Lernen gibt es Überschneidungen zwischen den Elementen von sozialen und psychischen Systemen (Kommunikationen bzw. Gedanken), die wir im folgenden Exkurs anführen.

Exkurs: Die 'Parallelitätsthese' nach SCHULZ V. THUN

Die „Parallelitätsthese" von SCHULZ V. THUN (2000) ist eine wertvolle Ergänzung zu den hier vorgestellten Ausführungen der neueren Systemtheorie. Wir beziehen sie an dieser Stelle in unsere Überlegungen ein, um die Operationsmodi der verschiedenen Systemarten (psychische bzw. soziale Systeme) zu vergleichen.

SCHULZ V. THUN beschreibt die menschliche Seele mit Hilfe des Konstrukts des 'inneren Teams': Ähnlich einem Team oder einer Arbeitsgruppe, in denen verschiedene Persönlichkeiten und verschiedene Rollenträger anwesend sind, sind auch in der Seele des Menschen verschiedene „innere Teammitglieder" (2000, Seite 31f.) aktiv. Die inneren Teammitglieder, die Urheber der inneren Botschaften, agieren wie in einem realen Team teils miteinander, teils gegeneinander. Während andere Autoren den Umstand der Vielheit im Inneren des Menschen mit „zwei Seelen" (GOETHE, 1993, Seite 37) bzw. „unzähligen Seelen" (HESSE, 1970, Seite 58) umschreiben, versucht SCHULZ V. THUN, „die *eine* Seele des Menschen gruppendynamisch zu interpretieren" (2000, Seite 46). In schwierigen Fragen wird das Für und Wider (intern) abgestimmt, d.h. die verschiedenen Stimmen werden angehört, um eine einheitliche Aussage treffen zu können. Diese Ausführungen fasst der Autor schließlich in seiner 'Parallelitätsthese' zusammen: „Die innere Dynamik im Seelenleben des Menschen entspricht in weiten Teilen der Dynamik, wie sie sich in Gruppen und Teams ereignet" (2000, Seite 66), d.h. die Teilpersönlichkeiten bzw. inneren Teammitglieder vertreten rollenadäquate Denkstrukturen von internen Rollenträgern.

Denken ist demzufolge ein innerer Dialog (vgl. hierzu auch den Begriff der „inneren Sprache" bei WYGOTSKI, 1964, Seite 271) bzw. eine Kommunikation innerhalb des psychischen Systems. Damit entspricht die Operationsweise des psychischen Systems ('Denken') der Operationsweise des sozialen Systems ('Kommunikation'). In Anlehnung an die Parallelitätsthese nach SCHULZ V. THUN bezeichnen wir psychische Systeme als innere Sozialsysteme. Damit wird die Operationsweise des psychischen Systems ('Denken') der Operationsweise des inneren Teams, d.h. dem „inneren Dialog" (SCHULZ V. THUN, 2000, Seite 36) gleichgestellt.

Die Übernahme der Parallelitätsthese in unsere Ausführungen hat keinen Einfluss auf das Verhältnis zwischen psychischen und sozialen Systemen. Auch wenn beide Systemarten dieselbe Operationsweise (innerer Dialog bzw. Kommunikation) verwenden, bleiben sie doch füreinander Umwelt. Innerhalb des psychischen Systems sind die einzelnen Rollen bzw. die inneren Teammitglieder die jeweils außenstehenden bzw. fremdreferentiellen Beobachter. In dem von SCHULZ V. THUN (2000, Seite 91ff.) angeführten Beispiel werden in Bezug auf eine bestimmte Situation (Einladung zu einem Vortrag zum Thema Fremdenfeindlichkeit) fünf Mitglieder eines inneren Teams identifiziert: das Nervenbündel, der politisch Erwachte, der Skeptiker, der Sozial-Gewissenhafte, der Habgierige. Im Rahmen eines inneren Dialogs innerhalb dieses Teams gibt es also jeweils vier fremdreferentielle Beobachter. Die Anzahl der jeweils aktualisierten Teilpersönlichkeiten ist somit abhängig von der Persönlichkeit des Menschen bzw. seines psychischen Systems und von der spezifischen Situation bzw. dem jeweiligen Thema.

3.6. Der Mensch

Der einzelne Mensch ist weder System noch Teil eines Systems, sondern gehört zur Umwelt. Diese Externalisierung des Menschen in die Umwelt von Systemen liegt in der Gleichzeitigkeit der verschiedenen Systeme (organisches, psychisches und soziales System) begründet. Der Mensch ist niemals nur Beteiligter an einer Diskussion. Gleichzeitig verdaut er oder denkt an den bevorstehenden Urlaub. Mit anderen Worten: Während das eine gesagt wird, kann das andere gedacht werden. Die Beteiligung an einem Kommunikationssystem erlaubt gleichzeitig Bewusstseinsprozesse zu ganz anderen Inhalten: Man diskutiert über die Optimierung von Geschäftsprozessen und denkt an die Optimierung der eigenen Benzinkosten. Ebenfalls zur selben Zeit sorgt das organische System des Menschen für die Aufrechterhaltung der Lebensfunktionen, ohne dass die Kommunikation oder das Bewusstsein dies registriert. Die Existenz des organischen Systems wird erst dann wahrgenommen, wenn ein Signal des organischen Systems in die Autopoiesis des Bewusstseins bzw. in die Autopoiesis der Kommunikation dringt. Man diskutiert stundenlang und merkt gar nicht, dass man Hunger hat. Plötzlich meldet sich der Magen und das Hungergefühl wird vom Bewusstsein wahrgenommen. (Wenn das Knurren des Magens laut genug ist, wirkt sich dies unter Umständen direkt auf die Kommunikation aus.) Sobald der Gedanke an das Essen verbal formuliert wird, besteht die Möglichkeit, dass dieses Gefühl als Kommunikation Eingang in das soziale System findet.

Der Hunger wird erst dann für das soziale System relevant, wenn die Information des einzelnen psychischen Systems vom Kommunikationssystem aufgegriffen wird. „Kommunikative Prozesse wirken nicht ein-eindeutig determinierend auf die Psyche, und psychische Abläufe haben keine ein-eindeutig

determinierende Wirkung auf die Kommunikation" (SIMON, 1998, Seite 18).
Erst durch die Fortsetzung der Anfangskommunikation, d.h. durch die temporäre
Aufhebung des eigentlichen Diskussionsthemas, also durch die Verschiebung
des Sinns von 'Geschäftsprozessoptimierung' zu 'Hunger', wird deutlich, dass
das Gefühl als Information das soziale System irritiert hat.

Menschen gehören aufgrund der bisherigen Ausführungen zur neueren System-
theorie zur Umwelt von sozialen Systemen. Allerdings konstatiert auch
LUHMANN: „Kein Kommunikationssystem kann ganz davon abstrahieren, dass
Menschen leiblich beteiligt sind" (1999, Seite 31). Der Mensch als leibliches
Wesen ist quasi parallel an verschiedenen sozialen Systemen beteiligt: am
Verkehrssystem als Teilnehmer im Straßenverkehr, am Wirtschaftssystem als
Kunde einer Bank oder eines Supermarkts, am Bildungssystem als Vater von
schulpflichtigen Kindern oder als Teilnehmer einer Fortbildung, am Religions-
system als Mitglied einer Kirche, am Rechtssystem als der Haftende bei
Verträgen, usw. Allerdings ist diese leibliche Beteiligung vorwiegend in Intim-
beziehungen relevant (hier wird der 'ganze' Mensch gewünscht), nicht jedoch in
organisierten Sozialsystemen: „Arminia Bielefeld bliebe als Verein auch dann
existent, wenn alle Spieler, Trainer, Mannschaftsärzte und Zeugwarte ausgetauscht würden" (KÜHL, 2000, Seite 119).
„Die Ablehnung des Subjekts hängt eng mit der Vorstellung zusammen, dass die
Welt nichts ist, was aus einem Punkt heraus beschrieben werden könnte, erklärt
LUHMANN. [...] Das macht verständlich, warum das Einwirken auf Personen
nicht ausreicht, um Veränderungen in sozialen Systemen zu bewirken" (KASPER,
1990, Seite 215f.). Die leibliche Person (d.h. ihr biologisches System) bleibt bei
einem Wechsel von einem sozialen System zum nächsten dieselbe. Dies trifft
ebenfalls auf das psychische System zu. Es verändert sich jedoch die System-
Umwelt-Differenz, d.h. es verändert sich die beobachtungsleitende Unterscheidung und damit zwangsläufig die Kommunikation.

3.7. Kommunikation

Das Verständnis von Kommunikation im Sinne des 'Sender-Empfänger-Modells'
(vgl. SHANNON / WEAVER, 1969) wird durch die hier beschriebene neuere
Systemtheorie erheblich verändert. Nach LUHMANN wird Kommunikation nicht
mehr im Sinne der Übertragungsmetapher (der Absender übergibt etwas, der
Empfänger erhält etwas) verstanden, sondern als „Prozessieren von Selektion"
(1993, Seite 194). Kommunikation ist demnach ein dreistelliger Selektionsprozess bestehend aus der Kombination von drei Selektionsleistungen:

> ➢ *Information*
> ➢ *Mitteilung*
> ➢ *Verstehen.*

„Selektion bedeutet Auswahl aus mehreren Möglichkeiten. Jede Information ist eine Selektion aus einem Horizont von Möglichkeiten – es ist möglich, nicht diese, sondern eine andere Information zu kommunizieren. Dazu stehen mehrere Mitteilungsmöglichkeiten zur Verfügung, die Information kann schriftlich oder mündlich mitgeteilt werden, sie kann geflüstert, hinausgeschrien, usw. werden. Und die mitgeteilte Information kann in der einen oder anderen Weise verstanden werden" (KNEER / NASSEHI, 1993, Seite 81). Erst beim Zusammenwirken aller drei Selektionsleistungen kann von Kommunikation gesprochen werden. „Das ist deshalb wichtig, weil damit zugleich ausgeschlossen ist, dass Kommunikation als das Resultat des Handelns eines Individuums aufgefasst wird" (KNEER / NASSEHI, 1993, Seite 81f.). Kommunikation ist also ein Prozess eines sozialen Gefüges, keine singuläre Informations- oder Mitteilungshandlung eines einzelnen Subjekts. Sofern die Kommunikation optimal verläuft, wird das soziale System im Laufe der Zeit die anfangs vorhandene Kontingenz (den möglichen Interpretationsspielraum) verringern: Das System versteht sich immer besser (vergleiche zum Begriff der Kontingenz das Kapitel 3.13. 'Kontingenz').

Die dritte Selektionsleistung ('Verstehen') ist gleichzeitig die Anschlusskommunikation. Diese wird wiederum verstanden und setzt somit den Kommunikationsprozess fort, d.h. „jede Anschlusskommunikation signalisiert, dass die vorangegangene Kommunikation in einer bestimmten Art und Weise verstanden worden ist" (KNEER / NASSEHI, 1993, Seite 85). Dabei ist es unerheblich, ob das Geäußerte wirklich verstanden wurde, denn auch das Missverstehen oder eine Nachfrage (z.B. „Wie hast du das gemeint?") verdeutlicht eine Form des 'Verstehens'. Daran kann wieder angeschlossen werden, und schließlich kehrt man zum eigentlichen Thema zurück.

Die für das Entstehen von sozialen Systemen notwendige Kombination der drei Selektionsleistungen Information, Mitteilung und Verstehen sowie der Zusammenhang mit der Kontingenz sind in der Abbildung 9 dargestellt.

Die bisherigen Ausführungen verweisen auf die Bedeutung des 'Verstehens' beim Zustandekommen von Kommunikation: Verstehen ist kein individueller, sondern ein systemischer Prozess, indem das System entscheidet, welche Kommunikation als Fortsetzung zugelassen wird: In einer Besprechung entsteht nach einem Einwand ein lang anhaltendes Schweigen, da die Information (bzw. die gewählte Mitteilung) so fremd oder so irritierend war, dass es dafür im System keine passende Anschlusskommunikation (kein Verstehen) gibt. In dieser Situation fragt sich das System, was jetzt erwartet wird und welche Möglichkeiten offen sind, um die Kommunikation fortzusetzen.

Kommunikation im Sinne der neueren Systemtheorie ist nur als selbstbezüglicher bzw. selbstreferentieller (eine detaillierte Beschreibung dieses Begriffs befindet sich in Kapitel 3.12. 'Selbstreferentialität') Prozess möglich, „weil jede Kommunikation rekursiv auf die vorhergehende Kommunikation

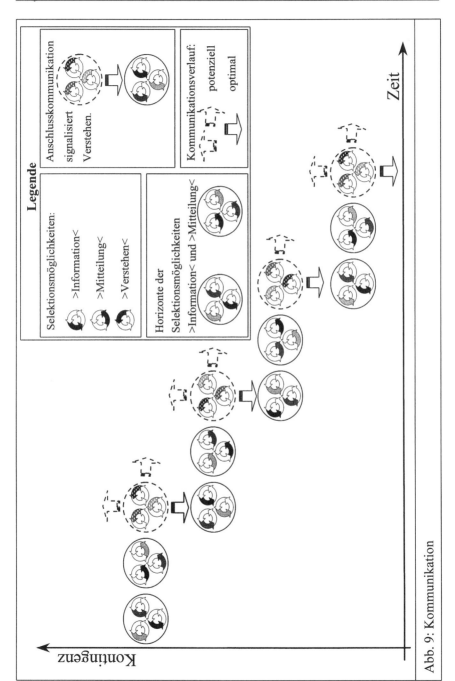

Abb. 9: Kommunikation

verweist und sich somit als Element eines selbstbezüglichen Kommunikations-
zusammenhangs identifiziert" (KNEER / NASSEHI, 1993, Seite 85). Der Mensch
ist demnach nicht der Urheber und auch nicht die Ursache für Kommunikation.
Allein die Kommunikation kommuniziert. Kommunikation ist also nicht
greifbar und kann dementsprechend „nicht direkt beobachtet, sondern nur
erschlossen werden" (LUHMANN, 1993, Seite 226). Um trotzdem eine Beobachtung von Kommunikation zu ermöglichen, führt LUHMANN den Begriff der
Person ein. Kommunikationen können Personen zugerechnet werden, auf die
man sich im weiteren Kommunikationsprozess beziehen kann. Personen sind
allerdings keine Systeme, sondern Identifikationspunkte der Kommunikation:
„Die Anschlusskommunikation behandelt die vorhergehende Kommunikation
als (Mitteilungs-) Handlung einer Person" (KNEER / NASSEHI, 1993, Seite 88)
(vgl. zum Begriff der Handlung das Kapitel 3.8. 'Handlung').
Sofern die Kommunikation abgebrochen ist, bedeutet dies nicht gleichzeitig das
Ende des Systems oder dessen Auflösung. Jedes System hat die Möglichkeit, die
jeweilige Operationsweise für eine bestimmte Zeit auszusetzen, um schließlich
zu einem neuen Termin oder bei einer Aktualisierung neuer bzw. vorhandener
Möglichkeiten die Kommunikation fortzusetzen.

3.8. Handlung

Kommunikation ist aufgrund der fortlaufenden Anschlusskommunikationen ein
Prozess, der nicht auf einen einzelnen Menschen zu reduzieren ist. Nur die
Kommunikation kommuniziert, nicht aber einzelne Subjekte. Um dennoch die
Kommunikation sozialer Systeme auf Personen zurechnen zu können, d.h. um
Kommunikation beobachtbar zu machen, hat LUHMANN den Begriff der
Handlung eingeführt: „Um beobachtet zu werden oder um sich selbst beob-
achten zu können, muss ein Kommunikationssystem deshalb als Handlungs-
system ausgeflaggt werden" (1993, Seite 226). Dazu wird der Prozess der
Kommunikation in Mitteilungshandlungen unterteilt. „Das besorgt das
Kommunikationssystem selbst. Es produziert Handlungen, indem es Kommuni-
kationen einem bestimmten Adressaten zuschreibt" (KASPER, 1990, Seite 199f.),
d.h. durch die Zurechnung einzelner Mitteilungshandlungen auf die jeweiligen
Personen. Insofern ist das Verstehen (die dritte Selektionsleistung innerhalb des
Kommunikationsprozesses) eine Mitteilungshandlung einer bestimmten Person,
die Bezug nimmt auf eine Mitteilungshandlung einer anderen Person. „Ein
solcher Handlungsbegriff (eine zurechenbare Einzelselektion) lässt Psychisches
(= Erleben eines Einzelnen) daher außer Acht, denn dieses wird keineswegs
sozial beschrieben" (KASPER, 1990, Seite 200f.).
Ein soziales System ist demnach der „Zusammenhang von aufeinander
verweisenden sozialen Handlungen. Immer dann, wenn die Handlungen
mehrerer Personen miteinander verknüpft werden, entsteht ein soziales System
oder auch Handlungssystem, das sich von einer Umwelt abgrenzt. Alle

Handlungen, die sinnhaft aufeinander verweisen, gehören zu dem jeweiligen sozialen System; alle übrigen Handlungen, die keine Beziehung zu dem jeweiligen Sinnzusammenhang unterhalten, gehören zur Umwelt des Systems" (KNEER / NASSEHI, 1993, Seite 38). Innerhalb des Systems bezeichnet der Begriff Handlung die subjektive Einzelleistung, der Begriff Kommunikation steht dagegen für das soziale Geschehen.

3.9. Entscheidung

Eine Entscheidung ist eine Handlung, die auf eine an sie gerichtete Erwartung reagiert. „Entscheiden heißt Auswahl aus Entscheidungsalternativen angesichts eines gegebenen Entscheidungsproblems. Eine Entscheidung ist genauer eine solche Auswahl einer Entscheidung aus Entscheidungsalternativen, bei dem in das betreffende Handeln Annahmen über die möglichen Handlungsfolgen einfließen" (KRAUSE, 1999, Seite 40), d.h. dass die Konsequenzen des Handelns antizipiert und bewertet werden. Da es in jeder Situation Entscheidungs-alternativen gibt, d.h. dass immer auch anders gehandelt und damit entschieden werden kann, werden Entscheidungen als bewusste Versuche bezeichnet, in mehrdeutigen Situationen eindeutig zu handeln. „Häufig sind es konfligierende Erwartungen, die Entscheidungen erzwingen. [...] Der bloße Vollzug genügt nicht. Demnach verliert also ein Handeln, das zur Routine wird, den Charakter einer Entscheidung" (LUHMANN, 1993, Seite 400f.).

Entscheidungen sind für LUHMANN die Letztelemente, die Elementarereignisse, aus denen formal organisierte Sozialsysteme bestehen. Entscheidungen sind demnach Kommunikationen, die ähnlich wie Handlungen auf Personen zugerechnet werden können. „In formal organisierten Sozialsystemen ist jedes formal organisierte Verhalten als Entscheiden zu behandeln. Organisations-mitglieder stellen sich vorsorglich auf die Möglichkeit ein, dass ihr Verhalten (immer) als Entscheiden behandelt werden kann" (KASPER, 1990, Seite 271f.).

Nach LUHMANN (1993) verfügt eine Organisation über drei Möglichkeiten, Entscheidungszusammenhänge zu verdichten:
- ➢ *Programme*
- ➢ *Kommunikationswege*
- ➢ *Personal.*

Diese „Entscheidungsprämissen" (KIESERLING, o.J., Seite 2) dienen der Struktu-rierung von Entscheidungssituationen. „Zum Begriff der Prämisse gehört, dass das, was so heißt, in der Entscheidungssituation selbst nicht in Frage gestellt, sondern als Vorgegebenheit hingenommen wird. [...] Der Begriff der Entschei-dungsprämisse macht deutlich, dass in Organisationen nur entschieden werden kann, weil entschieden worden ist, oder damit entschieden werden kann.

Entscheidungen müssen sich auf andere Entscheidungen stützen" (KIESERLING, o.J., Seite 2f.). Die Prämissen reduzieren die Komplexität von Entscheidungssituationen und ermöglichen es der Organisation, auf Entscheidungsalternativen oder konfligierende Entscheidungssituationen zu reagieren. Durch die Änderung einer Prämisse kann das System seine Handlungsfähigkeit zurückgewinnen. Im Folgenden werden diese Entscheidungsprämissen näher erläutert.

3.9.1. Programme
Die Programme innerhalb eines Systems beinhalten die verabschiedeten Vorgehensweisen in Bezug auf die geläufigen Aufgaben. Aufgrund eines Programms kann der einzelne Mitarbeiter einschätzen, wie er auf bestimmte Informationen zu reagieren hat. Bei allen Programmen geht es darum, „Bedingungen für die Richtigkeit des Verhaltens zu definieren. Ein Verhalten und speziell ein Entscheidungsverhalten ist richtig, wenn es von anderen Stellen im System vorwurfsfrei akzeptiert wird, und Programme legen die Bedingungen fest, unter denen man damit rechnen kann" (KIESERLING, o.J., Seite 3f.).

3.9.2. Kommunikationswege
Die Kommunikationswege sind die definierten Abläufe des Entscheidungsprozesses, d.h. durch die Festlegung der Wege entscheidet die Organisation, wer wann über was wie informiert wird. Aufgrund der überwiegend vorhandenen hierarchischen Strukturen von organisierten Sozialsystemen, geht es bei den Kommunikationswegen immer „um die Einschränkung der an sich möglichen Kontakte" (KIESERLING, o.J., Seite 4).

3.9.3. Personal
Mit Hilfe des Personals lassen sich ähnlich wie mit den Programmen oder den Kommunikationswegen Entscheidungen vorstrukturieren. „Eine Person, die Jurist ist, wird eingestellt, weil man annimmt, dass Juristen ihr Entscheidungsverhalten durch andere Prämissen strukturieren lassen als Nicht-Juristen. Und natürlich weiß man auch, dass bestimmte Dinge 'gehen' oder eben 'nicht gehen' werden, nur weil diese Stelle mit dieser Person (und nicht: mit irgendeiner anderen) besetzt ist" (KIESERLING, o.J., Seite 5). Die Einstellung von Personen ist deshalb ein sensibler Bereich in Organisationen, auch vor dem Hintergrund der begrenzten Möglichkeiten zur Freisetzung von Mitarbeitern, die nicht den gewünschten Erwartungen entsprechen.

Entscheidungen sind demnach Kommunikationen bzw. Handlungen, die durch zeitlich frühere und hierarchisch höhere Entscheidungen, nämlich die Entscheidungsprämissen, strukturiert werden. Mit anderen Worten: Eine Entscheidung ist darauf spezialisiert, „viele andere Entscheidungen zu steuern oder zu strukturieren. Die Sinngehalte, die dabei festgelegt werden, werden als Entscheidungs-

prämissen bezeichnet" (KIESERLING, o.J., Seite 3). Ähnlich wie die Entscheidungen sind die Entscheidungsprämissen eng mit den Erwartungen verknüpft.

3.10. Erwartungen und Erwartungserwartungen

Soziale Systeme reduzieren die Komplexität auf ein für sie verarbeitbares Maß.
Für diese Strukturierung nutzen sie neben den Entscheidungsprämissen auch die
Erwartungen.
„Erwartungen gewinnen mithin im Kontext von doppelter Kontingenz [vgl. zu
diesem Begriff das Kapitel 3.13. 'Kontingenz'] Strukturwert für den Aufbau
emergenter Systeme und damit eine eigene Art von Realität (= Anschlusswert)"
(LUHMANN, 1993, Seite 158). Die Formalisierung von Positionen, Rollen und
Regeln in Organisationen ermöglicht, dass trotz der ganz unterschiedlichen
persönlichen Interessen eine gewisse Erwartungssicherheit bezüglich der Entscheidungen in Organisationen besteht. „Erwartungen strukturieren soziale
Systeme, indem sie die Möglichkeit der weiteren Selbstproduktion von
Elementen selektieren und einschränken, indem sie also die Anschlussfähigkeit
von bestimmten – und nicht von beliebigen – Ereignissen sicherstellen. Nur
dadurch, dass sich in sozialen Systemen bestimmte Erwartungsstrukturen
ausbilden, wird erreicht, dass nicht alle möglichen Nachfolgeelemente gleich
wahrscheinlich sind; Erwartungen schränken somit den Möglichkeitsspielraum
weiterer Systemelemente ein, aber sie halten zugleich auch einen eingeschränkten Möglichkeitsspielraum offen." (KNEER / NASSEHI, 1993, Seite 93f.)
Erwartungen, die andere Erwartungen antizipieren und dementsprechend Bezug
nehmen, werden als Erwartungserwartungen bezeichnet. Beispielsweise existieren gegenseitige Erwartungen bei den Beteiligten eines Vorstellungsgespräches
zur Besetzung einer offenen Stelle. Dieses 'Interaktionssystem' ist ein temporäres Subsystem des sozialen Systems 'Unternehmen'. Folgende Situation ist
vorstellbar: Der Bewerber erwartet z.B., dass ihm bei der Begrüßung die Hand
geschüttelt wird, dass ihm etwas zu trinken angeboten wird oder dass er gebeten
wird, seinen Lebenslauf vorzustellen. Ähnlich erwarten die Unternehmensvertreter, dass der Kandidat Fragen zur Stelle bzw. zum Unternehmen stellen
wird. Darüber hinaus ist es denkbar, dass auf beiden Seiten Erwartungserwartungen existieren, z.B. dass die Unternehmensvertreter vom Kandidaten
erwarten, dass dieser von den Unternehmensvertretern erwartet, das Gespräch zu
beginnen. Sofern es über die jeweiligen Erwartungen keine Einigkeit gibt,
kommt es möglicherweise zu Überraschungen, oder die Kommunikation kommt
nur holprig in Gang. Falls das System nach der Ausgangskommunikation
weitere Kommunikationen anschließt, d.h. ständig genügend Sinn produziert,
um die Kommunikation weiterzuführen, ist dies eine autopoietische Fortsetzung
des Systems.

3.11. Autopoiesis

Der Begriff der Autopoiese bzw. Autopoiesis ist sowohl von MATURANA / VARELA, als auch von LUHMANN geprägt worden. Er bezeichnet das 'Selbstmachen' oder 'Selbstorganisieren' von Leben bzw. Lebewesen. Damit steht er „im Gegensatz zu traditionellen Erklärungsansätzen der Biologie, die 'Leben' durch die Aufzählung notwendiger Kriterien bestimmen wollen (z.b. Stoffwechsel, Bewegung, Reproduktionsfähigkeit)" (VOGEL, 1994, Seite 285). Stattdessen formulieren MATURANA / VARELA für lebende Systeme die auto-poietische, d.h. die selbstorganisierende und selbstherstellende Organisations-weise: „Unser Vorschlag ist, dass Lebewesen sich dadurch charakterisieren, dass sie sich – buchstäblich – andauernd selbsterzeugen" (1987, Seite 50), und zwar aus den Elementen, aus denen sie bestehen. Das Beispiel der menschlichen Zelle (vgl. dazu auch das Beispiel in Kapitel 3.2. 'Systemisches Denken') verdeutlicht diesen Zusammenhang: "Eine Zelle bildet ein autopoietisches System, sie erzeugt auf molekularer Ebene ständig die Bestandteile (Proteine, Nuklein-säuren, Lipide, Glykoside, Metabolite), die sie zur Aufrechterhaltung ihrer Organisation benötigt" (KNEER / NASSEHI, 1993, Seite 50).

Jede Zelle und damit auch jedes System von Zellen, also alle Lebewesen, sind solche operierenden Einheiten. Sie limitieren sich selbst als Einheit und ihre eigene Dynamik durch eine definierte Grenze gegenüber ihrer Umwelt. Diese Grenze kennzeichnet autopoietische Systeme als geschlossene Systeme. Alle Bestandteile, die sie zum Weiterbestehen ihrer eigenen Organisation benötigen, generieren sie selbst, also innerhalb der Grenze, d.h. innerhalb des Systems. Gleichzeitig ermöglicht diese Grenze dem System einen spezifischen und selektiven Umweltkontakt. Ähnlich dem in Kapitel 2.7 'Strukturdeterminiertheit' beschriebenen „stabilisierenden Eigenverhalten" verhält sich die Autopoiesis sozialer und psychischer Systeme: „die Struktur eines autopoietischen Systems determiniert sein Verhalten und nicht die Umwelt. Das bedeutet, dass die Struktur bestimmt, mit welchen Ereignissen seiner Umwelt ein System inter-agiert und wie es sich bei dieser Interaktion verhält" (REINHARDT, 1995, Seite 203).

Geschlossenheit des Systems ist kein Ausschlusskriterium, sondern ein Möglichkeitskriterium für Offenheit. Im Beispiel der Zelle ist dies die Zellmembran: Ihre selektiv permeable Struktur ermöglicht der Zelle den selbstbestimmten Austausch von Energie und Materie mit den sie umgebenden Zellen.

Während MATURANA / VARELA das Konzept der Autopoiese ausschließlich für biologische Systeme, d.h. lebende Systeme, verwenden, hat LUHMANN dieses Konzept von biologischen auf soziale Systeme, also Systeme, deren Elemente Kommunikationen sind, übertragen. Er bezeichnet „soziale Systeme als selbstreferentiell-geschlossene, autopoietische Systeme" (KNEER / NASSEHI, 1993, Seite 57), „die die Elemente, aus denen sie bestehen, durch die Elemente, aus denen sie bestehen, selbst produzieren und reproduzieren" (LUHMANN, 1985, Seite 403). Soziale Systeme produzieren und reproduzieren fortlaufend Kommunikationen. An jede Kommunikation schließt sich eine Anschlusskommunikation an.

Die fortlaufende Produktion von Kommunikationen und Anschlusskommunikationen wird durch 'Sinn' gesteuert. Sinn ist das Aktualisieren von Möglichkeiten. So sind beispielweise zwischen manchen Kollegen nur Gespräche über Sachthemen oder über das Wetter möglich. Mit anderen Kollegen hingegen tauchen (plötzlich) auch private bzw. persönliche Themen auf. Jede Kommunikation begrenzt die Möglichkeiten der Anschlusskommunikationen, und jede Anschlusskommunikation lässt gleichzeitig eine unzählige Anzahl anderer Anschlussmöglichkeiten ungenutzt. Sinn schafft sich also unentwegt neuen Sinn bzw. Sinn verweist stets auf weiteren Sinn. „Sinn ist mithin – der Form, nicht dem Inhalt nach – Wiedergabe von Komplexität, und zwar eine Form der Wiedergabe, die punktuellen Zugriff, wo immer ansetzend, erlaubt, zugleich aber jeden solchen Zugriff als Selektion ausweist" (LUHMANN, 1993, Seite 95). Diese „Selbstbeweglichkeit des Sinngeschehens ist Autopoiese par excellence" (LUHMANN, 1993, Seite 101).

Das Konzept der Geschlossenheit von autopoietischen Systemen bezieht sich also auch auf soziale Systeme. Jedes soziale System generiert in der Regel selbst genügend Anschlussmöglichkeiten, die für die weitere Existenz des Systems notwendig sind. Inwieweit es sich dabei durch außerhalb des Systems - also in der Umwelt - vorhandene Informationen anregen lässt, bestimmt allein das System. Sofern das System keine Anschlussmöglichkeiten mehr produziert, d.h. Anschlusskommunikationen fehlen, hört es auf zu operieren. Dieses Ende ist jedoch nicht gleichzusetzen mit dem Absterben des Systems. Das System hat jederzeit die Möglichkeit, den optional mitlaufenden Sinn zu aktualisieren und die Autopoiesis des Systems fortzusetzen.

Autopoiesis ist „nicht ein neues Wort für Existenz oder Leben. Für die Aufrechterhaltung der Autopoiesis genügt es nicht, nur sich selbst zu erhalten, sondern seine 'essential variables'" (KASPER, 1990, Seite 169), d.h. ein umfangreiches Repertoire, das LUHMANN wie folgt beschreibt: „die Interdependenz von Auflösung und Reproduktionsfähigkeit, die Fähigkeit zur Selbstbeobachtung (Diskriminierfähigkeit), ferner all das, was ein ausreichendes Tempo pausenloser Selbstreproduktion bei ständig verschwindenden Elementen ermöglicht und in dieser Funktion dann: ausreichende Strukturen, die die Anschlussfähigkeit sicherstellen" (1993, Seite 503).

3.12. Selbstreferentialität

Der Begriff der Selbstreferentialität bezieht sich auf die Selbstbezogenheit autopoietischer Systeme. Autopoiesis und Selbstreferentialität bzw. Selbstbezüglichkeit sind unterschiedliche Begriffe für denselben Prozess: die Herstellung der systemeigenen Komponenten aus den systemeigenen Komponenten. Aufgrund ihrer geschlossenen Operationsweise beziehen Systeme sich „ausschließlich auf sich selbst. [...] Diese Selbstbezüglichkeit lebender Systeme lässt sich mit dem Begriff der Rekursivität weiter konkretisieren. Als rekursiv bezeichnet man einen Reproduktionsprozess, der die Produkte und Ergebnisse seiner Operationen ständig als Grundlage weiterer Operationen verwendet. Damit kennen autopoietische Systeme in Bezug auf ihre Organisationsweise weder Input noch Output" (KNEER / NASSEHI, 1993, Seite 50).

Diese Selbstbezogenheit hat allerdings auch ihre Grenzen. Ähnlich wie im Beispiel der Zelle steht auch ein soziales System im Austausch mit seiner Umwelt: Unternehmen handeln miteinander, Kirchen und Verbände diskutieren übereinander, Vereine spielen gegeneinander. Entscheidend ist, dass diese selbstreferentiellen Systeme von Umweltereignissen nur zu eigenen Operationen angeregt, nicht aber determiniert werden können. Anders gesagt: „Die Formen des Austauschs zwischen System und Umwelt werden nicht von der Umwelt, sondern von der geschlossenen Organisationsweise des autopoietischen Systems festgelegt. [...] Autopoietische Systeme sind autonom, aber nicht autark" (KNEER / NASSEHI, 1993, Seite 51). Externe Determination würde das Ende der Autopoiese und damit auch das Ende des Systems bedeuten.

„Selbstreferenz bedeutet im Zusammenhang mit sozialen Systemen bei LUHMANN im Kern lediglich, dass soziale Systeme ihre Selbstproduktion nur mit Hilfe diverser Formen von Selbstreferenz (darunter auch von Selbstbeobachtungen und Selbstbeschreibungen) bewerkstelligen können. Um seinen eigenen Fortgang zu steuern, fertigt das soziale System letztlich in sich selbst Beschreibungen von sich selbst an" (KASPER, 1990, Seite 172). Auf diese Weise entstehen in Unternehmen Visionen und Strategien.

LUHMANN (1993, Seite 600ff.) unterscheidet zwischen drei Formen von Selbstreferenz, die im Folgenden näher erläutert werden:
- ➢ *basale Selbstreferenz*
- ➢ *Reflexivität* oder *prozessuale Selbstreferenz*
- ➢ *Reflexion.*

3.12.1. Basale Selbstreferenz

Die basale Selbstreferenz operiert mit der Leitdifferenz Element/Relation. Das System, das sich referiert, ist ein Element, und nicht etwa das gesamte Sozialsystem. Anders gesagt: Bei basaler Selbstreferenz sind die Kommunikation bzw. die Entscheidungen, also die Elemente des Sozialsystems, das Selbst, das sich referiert, und nicht etwa das Systemganze. Die Kommunikation nimmt in ihrem Verlauf immer wieder auf sich selbst Bezug. Jede Anschlusskommunikation verweist somit auf die vorhergehenden Kommunikation. „Basale Selbstreferenz ist die Mindestform von Selbstreferenz, ohne die eine autopoietische Reproduktion temporalisierter Systeme nicht möglich ist" (LUHMANN, 1993, Seite 600). Mit anderen Worten: Damit die eigene Kommunikation verstanden

wird (und damit wiederum anschlussfähig ist), bezieht sie sich auf die vorangegangene Kommunikation.

3.12.2. Reflexivität / prozessuale Selbstreferenz

Die prozessuale Selbstreferenz operiert anhand der Leitdifferenz vorher/nachher.
„Der Prozess entsteht mit Hilfe der Vorher-Nachher-Differenz, wenn die
Zusatzbedingung der Selektivitätsverstärkung erfüllt ist. Das heißt, das Vorher
muss das Nachher in irgendeiner Weise anschließen" (KASPER, 1990, Seite 174).
Hierunter fällt beispielsweise auch die Kommunikation, da die Einzelkommuni-
kation (Handlungen) auf Erwartungen reagieren bzw. Reaktionen erwarten.
„Von Reflexivität soll immer dann die Rede sein, wenn ein Prozess als das
Selbst fungiert, auf das die ihm zugehörige Operation der Referenz sich bezieht.
So kann im Vollzug eines Kommunikationsprozesses über den
Kommunikationsprozess kommuniziert werden" (LUHMANN, 1993, Seite 601),
d.h. eine Metakommunikation geführt werden. So besteht die Möglichkeit,
während einer Diskussion zum Thema Entwicklungshilfe ein Gespräch über die
aktuell vorherrschende Diskursethik zu beginnen.

3.12.3. Reflexion

Die dritte Form der Selbstreferenz operiert anhand der Leitdifferenz
System/Umwelt. Reflexion bedeutet, dass Systemreferenz und Selbstreferenz
zusammenfallen. Dieser Fall tritt ein, wenn das System die Differenz von
System und Umwelt im Sinne eines 're-entry', d.h. das „Wiederauftauchen einer
Differenz im Gegenstandsbereich" (LUHMANN, 1993, S. 660), erneut in das
System einführt, mit anderen Worten, wenn das System sich selbst im Unter-
schied zu seiner Umwelt beobachtet bzw. wenn das System sich selbst als
Einheit im Vergleich zu etwas anderem beobachten kann. Dazu muss das
System sich selbst beobachten und beschreiben können. „Reflexion ist somit zu
beschreiben als die Beobachtungen der Wirkungen der eigenen Identität in der
Umwelt und der Rückwirkungen dieser Wirkungen auf sich selbst im Unter-
schied zu den Wirkungen, die andere Systeme in ihrer Umwelt erzeugen"
(KASPER, 1990, Seite 186). Anstatt eines Beispiels verweisen wir hier auf das
Kapitel 4 'Fallbeispiel'.

3.13. Kontingenz

Jede soziale Situation ist durch den Aspekt der doppelten Kontingenz geprägt.
„Kontingent ist etwas, was weder notwendig ist noch unmöglich ist; was also so,
wie es ist (war, sein wird), sein kann, aber auch anders möglich ist. Der Begriff
bezeichnet mithin Gegebenes (Erfahrenes, Erwartetes, Gedachtes, Phantasiertes)
im Hinblick auf mögliches Anderssein" (LUHMANN, 1993, Seite 152). Kontingenz bezeichnet somit das Maß der Unwahrscheinlichkeit (bzw. Offenheit) in
sozialen Situationen: „Die Möglichkeit tritt nun über die Wirklichkeit, und das

Wirkliche wird zur bloßen Abbreviatur [Abkürzung], zum Zeichen für das dahinter stehende Mögliche. Höher als Wirklichkeit (existentia) steht von nun an die Möglichkeit (essentia), ist doch jenes nur eine Verdinglichung von diesem, die auch anders sein könnte. Wirklichkeit erscheint jetzt nur noch im Modus des Möglichen und wird zum schlechthin Kontingenten" (TREML, 2000, Seite 266). LUHMANN verwendet zur näheren Erläuterung der Kontingenz in sozialen Situationen das Gegensatzpaar 'Alter' und 'Ego'. „Alter bestimmt in einer noch unklaren Situation sein Verhalten versuchsweise zuerst. Er beginnt mit einem freundlichem Blick, einer Geste, einem Geschenk – und wartet ab, ob und wie Ego die vorgeschlagene Situationsdefinition annimmt. Jeder darauf folgende Schritt ist dann im Lichte dieses Anfangs eine Handlung mit kontingenz-reduzierendem, bestimmenden Effekt – sei es nun positiv oder negativ" (LUHMANN, 1993, Seite 150). Oder anders formuliert: „Der Begriff der doppelten Kontingenz besagt, dass zwei Subjekte, die miteinander in Kontakt treten, ihr eigenes Verhalten auf dasjenige des Anderen ausrichten müssen, ohne es allerdings exakt kalkulieren zu können" (GEISSLER, 1995, Seite 375).

Die Entstehung sozialer Systeme, d.h. der Beginn und die Fortsetzung von Kommunikation ist von dem Erleben der eigenen und der fremden Kontingenz in einem offenen Kontext abhängig. Am Anfang steht eine unbestimmte Situation, die im Laufe der Zeit, d.h. im Zuge der kommunikativen Auseinandersetzung, zunehmend durch die selbstgeschaffene Realität des Systems ihre Unbestimmbarkeit verliert. „Auf den ersten Blick mag erstaunen, dass die Verdoppelung der Unwahrscheinlichkeit (bezogen auf jede spezifische Verhaltenswahl) zur Wahrscheinlichkeit führt" (LUHMANN, 1993, Seite 162). Die Erfahrung lehrt jedoch das Gegenteil: Je mehr die Beteiligten wissen, was sie voneinander erwarten können, desto geringer ist die Unwahrscheinlichkeit des Verhaltens. Dies bedeutet jedoch nicht, das jede soziale Situation als eine Situation doppelter Kontingenz verstanden werden kann. „Zu einem Akutwerden doppelter Kontingenz genügt jedoch nicht die bloße Faktizität der Begegnung; zu einem motivierenden Problem der doppelten Kontingenz (und damit: zur Konstitution sozialer Systeme) kommt es nur, wenn diese Systeme in spezifischer Weise erlebt und behandelt werden: nämlich als unendlich offene, in ihrem Grunde dem fremden Zugriff entzogene Möglichkeiten der Sinnbestimmung" (LUHMANN, 1993, Seite 151f.). Mit anderen Worten: „Soziale Systeme entstehen dadurch (und nur dadurch), dass beide Partner doppelte Kontingenz erfahren und dass die Unbestimmbarkeit einer solchen Situation für beide Partner jeder Aktivität, die dann stattfindet, strukturbildende Bedeutung gibt" (LUHMANN, 1993, Seite 154). Die beiden Partner bzw. die beiden Gegensätze (Alter und Ego) bleiben füreinander 'black boxes'. Sie erzeugen je für sich allein ein Bild vom jeweils anderen. Die Alterperspektive von Ego und die Egoperspektive von Alter gehen nicht in einer eigenen sozialen Perspektive wie die Teile eines Ganzen auf. Die wechselseitig gesicherte Erwartbarkeit von

Erwartungen ist dann in dem Sinne ein eigenständiger Sachverhalt, als er sich Ego und Alter gegenüber als soziale Verhaltenszumutung Geltung verschafft und insofern selbst trägt: „Die sich so konstituierende doppelte Kontingenz ist das Schöpfungsmedium für die Erschaffung von etwas qualitativ Neuem, nämlich des Sozialen" (GEISSLER, 1995, Seite 376). Dieser Aspekt ist ein wesentlicher Baustein unserer Ausführungen in Kapitel 5 'Systemisches Lernen': Die beteiligten Sub- bzw. Teilsysteme stellen sich gegenseitig ihre Erwartungen und die zugrunde liegenden Perspektiven vor. Dadurch ist neues oder anderes Verstehen möglich, die Kontingenz reduziert sich, neue Handlungsalternativen werden generiert, andere Anschlusskommunikationen ermöglicht (vgl. zum Zusammenhang von Kontingenz und Kommunikation auch die Graphik in Kapitel 3.7. 'Kommunikation').

3.14. Strukturelle Kopplung und Interpenetration

Die strukturelle Kopplung bezeichnet das Verhältnis zwischen verschiedenen Systemarten, z.B. zwischen psychischen und sozialen Systemen. Die verschiedenen Systeme befinden sich aufgrund ihrer operativen Geschlossenheit bei gleichzeitiger selektiver Offenheit in einem gegenseitigem Abhängigkeits-/Unabängigkeitsverhältnis. „Strukturell gekoppelte Systeme sind aufeinander angewiesen – und bleiben zugleich füreinander Umwelt" (KNEER / NASSEHI, 1993, Seite 62f.). In Bezug auf das Verhältnis zwischen sozialen und psychischen Systemen bedeutet dies Folgendes: Kommunikation und Bewusstsein sind zwar aufeinander angewiesen, sie sind sich jedoch gegenseitig Umwelt und operieren dementsprechend getrennt voneinander. „Die Kommunikation kommuniziert und denkt nicht. Und: Das Bewusstsein denkt und kommuniziert nicht. Soziales kann also nur durch Soziales, und nicht durch Psychisches [...] erklärt werden" (KNEER / NASSEHI, 1993, Seite 73). Mit anderen Worten: „Es ist unmöglich, ausgehend von einer Kommunikation festzustellen, was die an der Kommunikation beteiligten Bewusstseinssysteme denken. Die Bewusstseinssysteme bleiben in der gleichen Weise für die Kommunikation unzugänglich, wie das Gehirn [das Nervensystem] für das Bewusstsein" (KNEER / NASSEHI, 1993, Seite 70).

Die einzige Möglichkeit des gegenseitigen Austauschs bietet die strukturelle Kopplung, d.h. „ein auf relative Dauer gestellter, unbemerkt wirkender Konstitutionszusammenhang für System-Umwelt-Beziehungen, der sehr unterschiedlich geformt sein kann" (KRAUSE, 1999, Seite 142). Die Vermittlung zwischen dem System und seiner Umwelt, bzw. einem anderen System in der jeweiligen Systemumwelt, übernehmen Medien. So ist es beispielsweise möglich, dass psychische Systeme mit sozialen Systemen strukturell gekoppelt sind, indem die psychischen Systeme ihre Wahrnehmungen mittels des Mediums

Sprache mitteilen. LUHMANN verdeutlicht die Prozesse, die im Rahmen der strukturellen Kopplung stattfinden, anhand des Begriffs der Interpenetration. Interpenetration ist ein wechselseitiger Prozess zwischen den beteiligten Systemen. „Den Begriff Interpenetration benutzen wir, um eine besondere Art von Beitrag zum Aufbau von Systemen zu bezeichnen, der von Systemen der Umwelt erbracht wird. [...] Von Penetration wollen wir sprechen, wenn ein System die eigene Komplexität (und damit Unbestimmtheit, Kontingenz und Selektionszwang) zum Aufbau eines anderen Systems zur Verfügung stellt. [...] Interpenetration liegt entsprechend dann vor, wenn dieser Sachverhalt wechselseitig gegeben ist, wenn also beide Systeme sich wechselseitig dadurch ermöglichen, dass sie in das jeweils andere ihre vorkonstituierte Eigenkomplexität einbringen" (LUHMANN, 1993, Seite 289f.).

Bei dem Prozess des gegenseitigen 'Sich-zur-Verfügung-stellens' von Komplexität bleiben die Elemente der beteiligten Systeme unverändert. In diesem Sinne gibt es keinen Austausch. So sind beispielsweise mit Kommunikationen operierende soziale Systeme auf Gedanken als Elemente psychischer Systeme angewiesen. Die jeweils autopoietisch operierenden Systeme nehmen eigenselektiv die Elemente anderer Systeme für den Aufbau eigener Elemente in Anspruch.

LUHMANN beschreibt diesen Prozess der Inanspruchnahme wie folgt: „Jedes an Interpenetration beteiligte System realisiert in sich selbst das andere als dessen Differenz von System und Umwelt, ohne selbst entsprechend zu zerfallen" (1993, Seite 295). Im Anschluss an den Prozess der Interpenetration verfügen die beteiligten Systeme über neue Möglichkeiten im Umgang mit Komplexität, d.h. über neue Möglichkeiten der Beobachtung und der Kommunikation.

3.15. Steuerung von Systemen

Aufgrund der Geschlossenheit von autopoietischen, selbstreferentiellen Systemen ist eine Steuerung dieser Systeme von außen nicht möglich. Es gibt keine eindeutig determinierende Wirkung von einem System zu einem anderen. Die Entscheidung, ob und inwieweit sich ein System steuern lässt, trifft das System selbst. Jede Kommunikation, die von außen, d.h. von anderen Systemen, an dieses System herangetragen wird, gehört zur Umwelt des Systems, und wird dementsprechend als systemexterne Kommunikation behandelt. Sie wird erst dann zu einer systeminternen Kommunikation, wenn sie vom System akzeptiert wird, d.h. wenn sie dem gegenwärtig aktuellen Sinn entspricht.

Das System ist auf externe Informationen bzw. Kommunikationen angewiesen, allerdings entscheidet das System, welche Information zu welchem Zeitpunkt für das System in welchem Umfang nützlich ist. „Eine Information ist nicht objektiv als solche von außen vorgegeben, kein Input in das System. Sie stellt eine unterscheidende Eigenleistung des seine Umwelt auf der Grundlage seines operativen Codes beobachtenden Systems dar" (KRAUSE, 1999, Seite 23f.).

Auch WILLKE betont, dass ein Austauschen von Informationen unmöglich ist: „Ein Informationsaustausch setzte voraus, dass die beiden austauschenden Systeme die identischen Relevanzkriterien haben. Das ist nicht einmal bei eineiigen Zwillingen der Fall, geschweige denn zwischen fremden Personen, verschiedenen Gruppen, Teams, Abteilungen, Organisationen oder gar Gesellschaften mit je eigener Geschichte, Identität, kognitiven Strukturen, Motiven und Zielen" (1998, Seite 9). Demzufolge ist eine Steuerung von Systemen nur als Selbststeuerung möglich. Eine Steuerung von außen im Sinne einer Intervention ist dann nur in Form von Irritationen, die innerhalb des (autonomen) Systems aufgegriffen werden, denkbar.

3.16. Relevanz der Systemtheorie für das Lernen von Organisationen

Die Systemtheorie ist keine Theorie, aus der umsetzungsrelevante Handlungsanweisungen abgeleitet werden können. Ähnlich dem Konstruktivismus ist die Systemtheorie eine Beobachtungstheorie, die andere Perspektiven eröffnet, um bisher nicht Wahrnehmbares in den Blick zu bekommen. Die Externalisierung des Menschen aus Systemen, das Fokussieren auf Kommunikationen als zentrale Elemente von Organisationen sowie das veränderte Verständnis von Kommunikation und Anschlusskommunikation unterstützen das Forschen in Organisationen bzgl. der dem Verhalten zugrunde liegenden Muster.

Die Existenz von Mustern und handlungsleitenden Theorien werden in anderen Konzepten zur 'Lernenden Organisation' hinreichend thematisiert. Die Systemtheorie lenkt den Blick auf die den Mustern zugrunde liegenden beobachtungsleitenden Unterscheidungen. Erst ein Verständnis für die darin liegenden Differenzen ermöglicht das Anschließen an die bisherigen Kommunikationen, d.h. das gegenseitige Verstehen.

4. Fallbeispiel

4.1. Einleitung

Auf der Basis der in Kapitel 2 und 3 dargestellten konstruktivistischen und systemtheoretischen Grundlagen entstanden Überlegungen, inwieweit diese Sichtweisen mit den Ideen zum organisationalen Lernen vereinbar sind. Hieraus wurde die These entwickelt, dass systemspezifische Kommunikationsarchitekturen organisationales Lernen initiieren und fördern (siehe Einleitung). Unsere Vermutung war, dass ein Lernen der Organisation nur durch ein konstruktives Bearbeiten der gemeinsamen Probleme möglich sei. Um diese Behauptung zu überprüfen, wurde ein entsprechendes Praxisfeld gesucht. Die interne Beratungseinheit 'Management Consulting' eines international tätigen Automobilunternehmens hat sich zu dieser Zeit mit der kommunikativen Unterstützung im Rahmen von Veränderungsprojekten beschäftigt. Als Forscher wurde ich beauftragt, die Berater beim Beraten zu beobachten und entsprechende Erkenntnisse zu präsentieren.

Aufgrund unserer Ausführungen zur Bedeutung von beobachtungsleitenden Unterscheidungen (vgl. Kapitel 3.4.3. 'Beobachtungsleitende Unterscheidung') wird an dieser Stelle die Forscherbrille, d.h. das Beobachtungsmuster des Forschers, vorgestellt: Die Beobachtungen im Rahmen dieses Fallbeispiels wurden mit dem Fokus Praxisforschung bzw. Aktionsforschung durchgeführt. Praxisforschung (MOSER, 1995) bzw. Aktionsforschung (LEWIN, 1963) ist qualitative Sozialforschung (vgl. ADORNO, 1957; LAMNEK, 1989, 1995; MAYRING, 1996, 1997), die weniger nach Aussagen über Häufigkeiten, Lage-, Verteilungs- und Streuungsparameter strebt, sondern sich primär für das 'Wie' dieser Zusammenhänge und deren innere Struktur vor allem aus der Sicht der jeweils Betroffenen interessiert. Gerade diese Zusammenhänge sind es, die soziales Leben ausmachen, und die durch quantitative Messungen und die ihnen zugrunde liegenden Erhebungstechniken nur bedingt zu erfassen sind: „Weil die herkömmliche empirische Sozialforschung sich nur für die – lediglich objektiv erscheinenden – gesellschaftlichen Tatbestände interessiert und deren Wahrnehmung durch die Gesellschaftsmitglieder als Ausdruck eines wahren Bewusstseins begreift, nimmt sie das Epiphänomen fälschlich für die Sache selbst" (ADORNO, 1957, Seite 106f.). Hiermit drückt ADORNO den Umstand aus, der bei MATURANA mit dem Begriff des Beobachters bezeichnet wird: „Alles was gesagt wird, wird von einem Beobachter gesagt" (vgl. Kapitel 2. 'Konstruktivismus'). Das Epiphänomen, d.h. das auftretende und zum Vorschein kommende Phänomen, ist demzufolge an einen Beobachter bzw. an einen Interpreten gebunden und dementsprechend nicht mehr objektiv. Je nach Disposition des Beobachters verändert sich die Darstellung des Wahrgenommenen. Aus diesem Grund werden die gesammelten Erfahrungen nicht als Gewissheiten, sondern als Möglichkeiten dargestellt.

Das folgende Fallbeispiel beschreibt zweierlei: zum einen den von 'Management Consulting' (MC) unterstützten Veränderungsprozess des Systems 'Vertriebsorganisation Deutschland' (VOD), zum anderen die dabei beobachteten Lernprozesse dieser Organisation. Der Bereich MC wurde von der Geschäftsleitung der VOD beauftragt, die strukturellen, personellen und örtlichen Veränderungen der Organisation beratend zu unterstützen. Das Projekt 'Unterstützung der Neuausrichtung der Vertriebsorganisation Deutschland' (VOD) begann im März 1998 und endete mit der Vorstellung der Ergebnisse der prozessbegleitenden Evaluation im Dezember 1998. Die während des Prozessverlaufs durch Methoden der qualitativen Sozialforschung gewonnen Erkenntnisse verdeutlichen, dass die von der Beratungseinheit MC systemspezifisch angelegten Kommunikationsarchitekturen zu einem organisationalen Lernprozess des Systems VOD geführt haben. Kommunikationsarchitekturen sind Strukturen, die ganz bestimmte (in der Regel gewünschte) Kommunikationsmöglichkeiten beinhalten: beispielsweise gibt es in großen Firmen Telefonzentralen, um für Anrufer permanent erreichbar zu sein und um sie zielgenau weiter zu vermitteln. Während mit dem Begriff 'Struktur' eher ein festes Gefüge assoziiert wird, verweist der Begriff 'Architektur' auf den Aspekt der kreativen Gestaltung (vgl. dazu das Kapitel 5.6. 'Kommunikationsarchitekturen').

Im folgenden Kapitel wird zunächst der Kunde der Beratungseinheit MC vorgestellt, d.h. die 'Vertriebsorganisation Deutschland' (VOD) als Auftraggeber der gewünschten Unterstützung. Danach wird die interne Beratungseinheit 'Management Consulting' inklusive des zugrunde liegenden Beratungsverständnisses beschrieben. Im Anschluss daran wird das Projekt vom Projektauftrag über die Durchführung bis zur Präsentation der gewonnenen Erkenntnisse erläutert.
Zum besseren Verständnis der verwendeten Abkürzungen befindet sich im Anhang ein Abkürzungsverzeichnis.

4.2. Das Kundensystem

Das ausgewählte Automobilunternehmen (im Folgenden 'Auto-AG') ist im Sinne der in dieser Arbeit dargestellten neueren Systemtheorie (vgl. Kapitel 3. 'Systemtheorie') ein organisiertes Sozialsystem, das aus mehreren Subsystemen besteht. Diese Subsysteme sind z.B. die verschiedenen Direktionen, Abteilungen und Bereiche. Die Vertriebsorganisation VOD wird hier im Sinne der neueren Systemtheorie als Subsystem bezeichnet.
Ähnlich wie ein Großunternehmen sich im Laufe seiner Systementwicklung immer weiter differenziert und in verschiedene Subsysteme untergliedert hat, existieren in dem Teilsystem VOD ebenfalls weitere Untergliederungen mit Systemcharakter. So wird beispielsweise der Vertrieb der Personenkraftwagen der Auto-AG und der Vertrieb der Lastkraftwagen innerhalb der VOD in

speziellen Abteilungen organisiert. Und auch diese Abteilungen sind aufgrund ihrer Größe wiederum in verschiedene Organisationseinheiten unterteilt, wie z.b. das Produktmanagement der diversen Fahrzeugklassen.

Im Rahmen des Prozesses 'Neuausrichtung der VOD' wurde die Organisation von der internen Beratungseinheit 'Management Consulting' in Bezug auf einen dreifachen Veränderungsprozess beraten:

> neben einer *strukturellen Neuorientierung* (von einer Linienorganisation bzw. funktionalen Organisation zu einer Matrixorganisation)
> hat die VOD einen *Ortswechsel* von der Vertriebszentrale (Standort des weltweiten Vertriebs) an den neuen Standort nach Berlin vollzogen
> und aufgrund des daraus resultierenden *Personalwechsels* einen erheblichen Teil der Mitarbeiter neu eingestellt.

Der gesamte Prozess dauerte von Ende 1996 (Beginn der Erarbeitung einer neuen Struktur durch die externe Beratungsgesellschaft 'Andersen Consulting') bis Anfang 1999 (Abschluss der Neueinstellungen). Die Berater von 'Management Consulting' begleiteten diesen Prozess im Zeitraum von März bis Dezember 1998 (vgl. das Kapitel 4.4.5. 'Der Veränderungsprozess im Überblick').

4.3. Das Beratersystem

Die interne Beratungseinheit 'Management Consulting' unterstützt Manager in den verschiedenen Phasen von Veränderungsprozessen. Das Grundverständnis der Berater in Bezug auf die Unterstützung des Managements entspricht den Ansätzen der systemischen Beratung (vgl. WIMMER, 1992; WILLKE, 1987, 1992; V.SCHLIPPE, 1997), d.h. einer entwicklungsorientierten Vorgehensweise in Bezug auf die Erweiterung von Handlungsoptionen im Gegensatz zu einem Ersatzmanagement, wie es klassische Beratungsorganisationen anbieten.

Der Bereich 'Management Consulting' ist innerhalb der Auto-AG in der Direktion 'Personalentwicklung' angesiedelt. Neben den 13 Beratern werden immer wieder Doktoranden engagiert, um den Austausch zwischen den Lebenswelten 'Forschung' und 'Beratung' zu fördern. Diesem Engagement liegt die Idee zugrunde, dass operativ tätige Manager in ihrer Lebenswelt 'Wirtschaft' einerseits durch den Blick von außen (aus einer anderen Lebenswelt), andererseits durch aktuelles Wissen aus der Forschung unterstützt werden können. Die Unterstützung der Berater durch die Doktoranden erfolgt zum einen durch Mitarbeit in Projekten, zum anderen durch Researchtätigkeit.

4.3.1. Der Beratungsprozess der systemischen Beratung

Die systemische Beratung betrachtet eine Organisationseinheit (Bereich, Abteilung oder auch eine ganze Organisation) als ein abgeschlossenes System im Sinne der neueren Systemtheorie nach LUHMANN (1993). Demnach handelt ein System aus sich selbst heraus, d.h. das System handelt aufgrund von erlernten und gespeicherten Verhaltensweisen, die in der Vergangenheit erfolgreich waren. Diese Routinen oder Muster haben die Existenz des Systems bisher sichergestellt.

Aufgrund des zunehmenden Veränderungsdrucks sowohl innerhalb als auch außerhalb von Organisationen ist es allerdings für jedes System zunehmend notwendig, die bisher erfolgreichen Verhaltensweisen zu überprüfen, zu bewerten und evtl. durch neue zu ersetzen. Beispielsweise ist die Verkaufsstrategie, die in den letzten Jahren erfolgreich war, eventuell überholt und muss erneuert werden. Oder die internen Arbeitsprozesse sind hoch effizient, sie entsprechen jedoch nicht den sich verändernden Kundenbedürfnissen. In diesen Fällen ist eine kritische Überprüfung der bisher erfolgreichen aber dennoch eingeschliffenen Routinen und Muster hilfreich.

Allerdings ist diese kritische Wahrnehmung des eigenen Erfolgs durch das eigene System kaum zu leisten. Die eigene Brille, d.h. die Verfremdung der Wahrnehmung durch die mit Erinnerungen und Erfahrungen strukturierte Determiniertheit, steht dem System im Weg, einen neutralen Blick auf sich selbst zu werfen. Ein System kann nicht sehen, was es nicht sehen kann; es kann ebenfalls nicht sehen, dass es nicht sehen kann, was es nicht sehen kann (vgl. LUHMANN / FUCHS, 1992). Eine objektive Beobachtung ist aufgrund von wie auch immer gearteten Vorerfahrungen unmöglich (vgl. dazu die Kapitel 2. 'Konstruktivismus' und 3. 'Systemtheorie').

Die Alternative, die die Berater von MC einem System in Bezug auf die Verfremdung der Wahrnehmung anbieten, ist die Perspektive der Fremdreferenz. Im Gegensatz zur Selbstreferenz bzw. der selbstbezüglichen Betrachtung bedeutet Fremdreferenz, dem System die Wahrnehmung von außen (im Sinne einer Beobachtung II. Ordnung; vgl. dazu das Kapitel 2. 'Konstruktivismus') zur Verfügung zu stellen. „Die Aufgabe des außenstehenden Beraters liegt darin, Fragen zu stellen, auf Klärung zu dringen, Wahrnehmungen zu überprüfen und die Gruppe in ihrem Bemühen zu unterstützen, sich ein möglichst klares Bild des für ihre täglichen Wahrnehmungen, Gefühle, Gedanken und Verhaltensweisen maßgeblichen Prämissensystems zu verschaffen" (SCHEIN, 1995, Seite 139). Damit wird dem System die Möglichkeit gegeben, das eigene System mit den Augen des anderen zu sehen. Diese Methode ist ein entscheidender Schritt für eine differenzierte Betrachtung des Selbst, der eigenen Verhaltensweisen sowie der zugrunde liegenden Muster und damit eine wichtige Komponente des entwicklungsorientierten Ansatzes. Die Fremdreferenz kann sowohl von außen 'eingekauft' werden als auch durch die Anlage von entsprechenden Kommunikationsarchitekturen innerhalb des Systems erarbeitet werden.

Aufgrund der spezifischen Wahrnehmung der Berater (auch Berater haben eine Brille auf und lassen sich durch diese leiten; ARGYRIS bezeichnet dies als „Muster kausalen Denkens", 1999, Seite 57), wählt MC den Weg, ein Kundensystem als Beratersystem zu beraten, d.h. mit mindestens zwei Beratern. Dies gewährleistet eine beraterinterne Reflexion über das Wahrgenommene, bevor weitere Aktionen geplant werden.

4.3.2. Die vier Phasen der systemischen Beratung

Die Methode der systemischen Beratung in der Beratungseinheit 'Management Consulting' gliedert sich in folgende Schritte:

1. Wahrnehmen / Beobachten: Das Kundensystem wird in Bezug auf seine Auffälligkeiten und Widersprüche hin beobachtet. Im Vordergrund steht dabei zum einen die Betrachtung der formal organisierten Strukturen und Prozesse, zum anderen die Beobachtung der tatsächlich gelebten Kommunikations-architekturen und Kommunikationsmuster, d.h. der in dem System vorhandenen Verhaltensweisen und Routinen sowie die aufgrund der Unterscheidungen gezogenen Grenzen. Dies geschieht über diverse Methoden der Befragung (z.B. zirkuläres Fragen) und der teilnehmenden Beobachtung (siehe zu den ver-wendeten Methoden das Kapitel 4.5.1. 'Die Analyse des Kundensystems' oder allgemein zu Methoden der systemischen Beratung vgl. SIMON, 1988; WILLKE, 1992; V.SCHLIPPE, 1997).

2. Annahmen bilden und überprüfen: Die Ergebnisse der Analyse werden in Hypothesen formuliert. Die systemische Beratung erhebt keinen Anspruch auf objektive Wahrnehmung. Das Gegenteil ist der Fall. Durch die Formulierung des Wahrgenommenen in Form von Hypothesen wird deutlich, dass dies ledig-lich eine Sichtweise von vielen ist, und zwar die vorläufige Sichtweise des Beratersystems. Entscheidend dabei ist, dass sich das Beratersystem aus einer Mehrzahl von Beratern zusammensetzt, denn ein einzelner Berater steckt in demselben Dilemma wie das Kundensystem: Die eigene Wahrnehmung kann nicht entsprechend reflektiert werden. Mit anderen Worten: Ein Berater ist kein Berater.

Erst durch die Vielfalt der Beobachtungen und die iterative Überprüfung der Hypothesen während des gesamten Beratungsprozesses können zunehmend abgesicherte Hypothesen über das Kundensystem formuliert werden.

3. Interventionsstrategie planen: Aufgrund der Hypothesen über das Kunden-system werden Interventionen geplant, die im Sinne der systemischen Beratung keine aktiven Eingriffe in das System sind, sondern maximal Irritationen. Systeme sind geschlossene Gebilde, die selbstreferentiell operieren, d.h. sie lassen sich nur davon beeinflussen, wovon sie sich beeinflussen lassen wollen. Jeder direkte Eingriff ist demnach zum Scheitern verurteilt, da das jeweilige System mit Widerstand reagieren wird. Für eine gelungene Beratung ist es daher erforderlich, die Intervention den Mustern des Systems anzupassen, damit sie als Irritationen Eingang ins System finden.

4. Beraten / intervenieren: Im Anschluss an die Planung wird die Interventionsstrategie umgesetzt. Ziel ist es, das System durch die Irritation in die Lage zu versetzen, einen veränderten Blick auf sich selbst zu werfen und sich somit für seine Situation selbst neue Optionen zu erarbeiten. Nur wenn das System diese Leistung eigenständig vollbringt, d.h. die neue Information in die bestehende Autopoiesis einbaut, ist damit zu rechnen, dass die Veränderungen Bestand haben werden. Andernfalls wird es innerhalb des Systems zu Widerstand kommen, und nach einer kurzen Zeit wird das System wiederum nach den bisher erfolgreichen Routinen handeln.

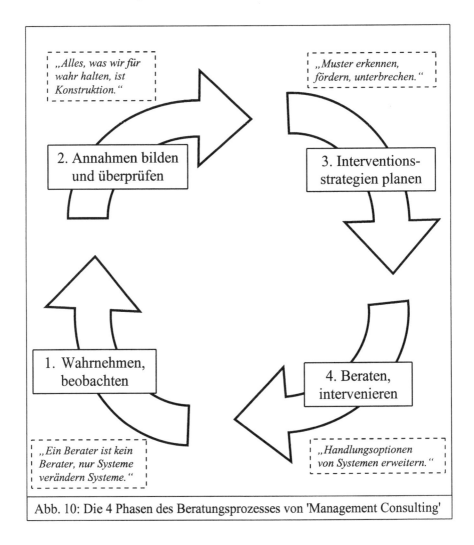

Abb. 10: Die 4 Phasen des Beratungsprozesses von 'Management Consulting'

Der Beratungsprozess der systemischen Beratung gliedert sich aufgrund der vorhergehenden Überlegungen in vier Phasen. Den einzelnen Phasen sind phasenspezifische Leitsätze zugeordnet, die die Haltung des Beraters widerspiegeln (vgl. die Abbildung 10).

Der Beratungsprozess ist nicht nach dem Abschluss der Phase vier beendet. Da unter Umständen schon eine Befragung des Kundensystems eine Intervention darstellt, d.h. das System auf etwas reagiert, beinhaltet das Prozessverständnis der systemischen Beratung eine fortwährende Wiederholung der einzelnen Phasen, d.h. im Anschluss an Phase 4 folgt die Phase 1: das erneute Wahrnehmen und damit die Evaluation des Prozesses. Mittels des wiederholten Beobachtens und der Überprüfung bzw. Neuformulierung der Hypothesen ist es möglich, das System als System-in-einer-Umwelt so gründlich zu erfassen, um die latent vorhandenen Muster sichtbar werden zu lassen. Erst durch diese Transparenz ist es möglich, spezifische Kommunikationsarchitekturen für das System zu entwickeln und als Intervention zur Verfügung zu stellen.

4.4. Der Projektauftrag
Der Auftrag für das Beratersystems MC wurde maßgeblich durch die Kombination von drei einschneidenden Veränderungen innerhalb der 'Vertriebsorganisation Deutschland' (VOD) bestimmt:
- ➢ erstens hat sich die VOD 1997 für eine von der externen Beratungsgesellschaft 'Andersen Consulting' (AC) entwickelten *Struktur* entschieden,
- ➢ zweitens hat die VOD im Jahr 1998 ihren *Standort* von der Konzernzentrale nach Berlin verlegt,
- ➢ und drittens resultierte aus dieser Entscheidung ein *Personalwechsel* von 50%, da ca. 400 Mitarbeiter am bisherigen Standort bleiben wollten.

Diese Veränderungen der VOD und die damit zusammenhängenden Erwartungen in Bezug auf den Projektauftrag werden im Folgenden eingehend erläutert. Sie haben die Gestaltung der Prozessarchitektur und der entsprechenden Kommunikationsarchitekturen wesentlich beeinflusst, da nur eine systemspezifische Kommunikationsarchitektur die Anschlussfähigkeit im System sicherstellt.

4.4.1. Ausgangsbedingungen
Die Ausgangslage der VOD zu Beginn des Veränderungsprozesses 'Neuausrichtung der VOD' im März 1998 war durch verschiedene Faktoren gekennzeichnet:
- ➢ Der Standort der VOD war die Konzernzentrale der Auto-AG, d.h. in unmittelbarer Nähe zum Gesamtvertrieb, der die Vertriebsaktivitäten

weltweit steuert. Aus historischen Gründen waren bestimmte Abteilungen bzw. Bereiche in der VOD angesiedelt, die jedoch in Bezug auf die Organisation in den Gesamtvertrieb gehörten. Außerdem waren die Beschäftigten der VOD, d.h. ca. 1000 Mitarbeiter, auf verschiedene Gebäude verteilt.

➢ Die örtliche Verteilung am Standort 'Zentrale' sowie die durch den Umzug bedingten massiven Neueinstellungen führten auf der Ebene der Abteilungs- und Teamleiter zu einer teilweisen Unkenntnis untereinander.

➢ Die Führungsstruktur in Bezug auf die zweigleisige Vertriebsstrategie der VOD beinhaltete ein Ungleichgewicht zwischen den Vertragspartnern und den Niederlassungen: Die VOD vertreibt die Fahrzeuge der Auto-AG ebenso wie andere Automobilhersteller über ein Händlernetz, die sogenannten Vertragswerkstätten bzw. Vertragspartner. Sie sind unternehmerisch eigenständig und weder dem Konzern noch der VOD unterstellt. Außerdem befinden sich im Besitz der Auto-AG unter Führung der VOD 'eigene' Vertragswerkstätten: die so genannten Niederlassungen. Die leitenden Mitarbeiter der Niederlassungen, d.h. die Geschäftsführer und die Führungskräfte, werden von der VOD ausgewählt. Während das Verhältnis zwischen der VOD und den Vertragswerkstätten eine reine Händlerbeziehung ist, gibt es in dem Verhältnis zwischen der VOD und den Niederlassungen gleichzeitig eine Händler- und eine Führungsbeziehung. Der Direktor der VOD ist gleichzeitig der oberste Dienstherr der Niederlassungen und hat dementsprechend ein Interesse an einem erfolgreichen Betriebsergebnis.

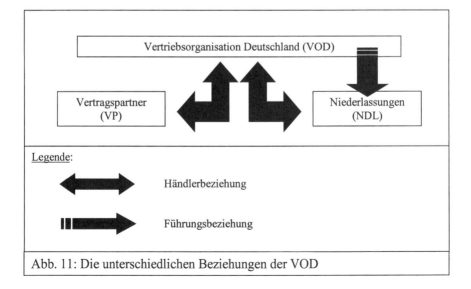

Abb. 11: Die unterschiedlichen Beziehungen der VOD

Die 'freien' Vertragswerkstätten fühlen sich aufgrund der möglichen Einflussnahme (z.b.: andere Lieferbedingungen wirken direkt auf das Geschäftsergebnis) und des daraus resultierenden Ungleichgewichts benachteiligt (vgl. die Abbildung 11).

4.4.2. Die neue Struktur
Aufgrund der unterschiedlichen Beziehungsstrukturen zu den Vertragspartnern und Niederlassungen wurde die Beratungsgesellschaft 'Andersen Consulting' (AC) im Jahr 1996 mit der Neustrukturierung der VOD beauftragt. Die mögliche Einflussnahme der VOD auf die Geschäftsergebnisse der Niederlassungen (NDL), z.b. durch bessere Lieferbedingungen gegenüber den 'freien' Vertragswerkstätten, sollte in Zukunft verhindert werden.
Das Ergebnis war eine Matrix-Struktur, die in der Abbildung 12 dargestellt ist.

Die entscheidenden Neuerungen bei dieser Struktur sind
➤ die Veränderung von einer Linienorganisation zu einer Matrixorganisation: In der Organisationsform der „Matrix-Organisation überlagern sich ein vertikales und ein horizontales Leitungssystem, d.h. es entsteht ein Mehrliniensystem. Die Prinzipien der Verrichtungs- und der Objektgliederung werden gleichzeitig verwirklicht. Es handelt sich also um den Fall einer mehrdimensionalen Organisationsform. Die Elemente der Matrix sind somit grundsätzlich zwei Instanzen – sowohl einer funktionalen als auch einer objektorientierten – direkt unterstellt. Man spricht in diesem Zusammenhang vom System der dualen Führung oder vom Prinzip des Weisungskompetenzdualismus. [...] Die Einführung einer Matrix-Organisation verursacht durch die Vermehrung echter Führungspositionen, durch die notwendigen Umstellungsprozesse und die zu ihrer Beherrschung erforderlichen Lernprozesse erhebliche Kosten. Zudem enthält die Matrix-Organisation durch das Prinzip des Weisungskompetenzdualismus ein strukturbedingtes Konfliktpotential, das nur dann effizient genutzt werden kann, wenn der Unternehmung ein in Bezug auf Kommunikations-, Kooperations- und Konfliktaustragungsfähigkeit überdurchschnittlich qualifiziertes Führungspersonal zur Verfügung steht. Denn nur ein derartig befähigtes Management kann bei den notwendigen Abstimmungsprozessen und den dabei auftretenden Konflikten die eigenen Standpunkte relativieren, mehrdimensional denken und die Entscheidungen an übergeordneten Unternehmenszielen ausrichten" (GROCHLA, 1995, Seite 140ff.).

➤ die strikte Trennung des Fahrzeuggeschäfts von der Personalverantwortung für die Niederlassungen: Die bisherige Vermischung der Führungs- und Händlerbeziehung auf Seiten der Niederlassungen führte zu einem Ungleichgewicht der Händlerbeziehungen. Diese als ungerecht

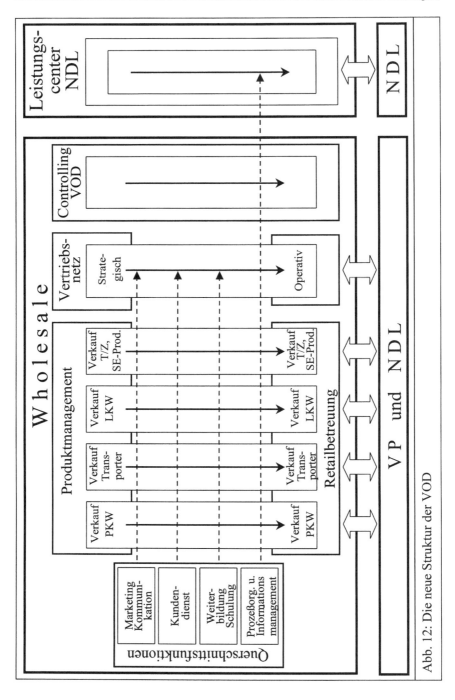

Abb. 12: Die neue Struktur der VOD

empfundene Situation zwischen Vertragspartnern und Niederlassungen wurde durch die Trennung von 'Wholesale' und 'Leistungscenter Niederlassungen' eindeutig geklärt. In erster Linie wurde dies durch eine Neuordnung der Aufgaben, Kompetenzen und Verantwortlichkeiten erreicht.

Der Bereich 'Wholesale' mit den verschiedenen Centern beliefert ungeachtet ihres rechtlichen Status die Vertragspartner (VP) und Niederlassungen (NDL) gleichermaßen. Das 'Leistungscenter Niederlassungen' entscheidet über Personalfragen in den einzelnen Niederlassungen (vgl. die Abbildung 13).

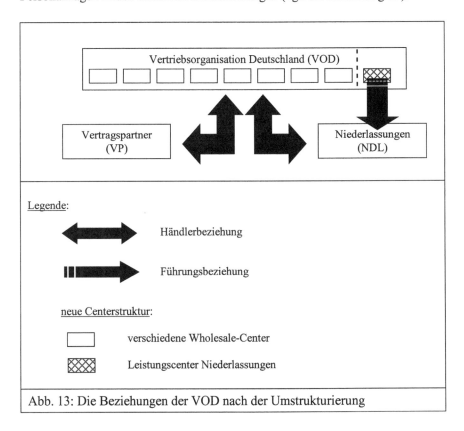

Abb. 13: Die Beziehungen der VOD nach der Umstrukturierung

4.4.3. Der Wechsel des Standortes

Im Laufe des Jahres 1997 wurde diese neue Struktur eingeführt und umgesetzt. Gleichzeitig hat die VOD 1997 die Chance ergriffen, den Standort von der Zentrale nach Berlin zu verlagern. Für diesen Umzug gab es zwei Gründe: Einerseits sollten die ca. 1000 Mitarbeiter der VOD, die bisher auf mehrere

Gebäude verteilt waren, räumlich zusammengesetzt werden. Andererseits war die Trennung der Standorte des Zentralvertriebs und der VOD aufgrund der starken Verflechtung ein seit Jahren verfolgtes Ziel. Dementsprechend wurde beim späteren Vollzug der Umzugsentscheidung im Sommer 1998 davon gesprochen, dass man sich jetzt von der (Konzern-)'Mutter' trennt und die 'alten Zöpfe' abgeschnitten werden. Der Umzug vollzog sich schließlich in der Zeit von Juni bis November 1998. Dies hatte neben organisatorischen auch technische Gründe, da die neuen Büroräume in Berlin nicht gleichzeitig bezugsfertig waren.

4.4.4. Die personellen Veränderungen
Die Realisierung der Umzugsentscheidung stellte sich als äußerst anspruchsvoll heraus. Aufgrund der neuen Struktur reduzierte sich zwar die Zahl der vom Umzug Betroffenen von ca. 1000 auf ca. 850 Mitarbeiter. So wurde beispielsweise die Bauabteilung von der VOD zum Zentralvertrieb verlagert. Gleichwohl wollten ca. 50% der Mitarbeiter einen Arbeitsplatz am Standort der Zentrale behalten. Für diese Entscheidung gab es sowohl persönliche als auch berufliche Gründe. Die beruflichen Gründe resultierten überwiegend aus der Informations- und Kommunikationspolitik der VOD in den Jahren 1996 und 1997. Die Mitarbeiter beklagten die mangelnde Einbindung in Planungs- und Entscheidungsprozesse sowie die über Monate unklare Position der Geschäftsleitung zu den kursierenden Umzugsgerüchten. Für einige Mitarbeiter waren dies entscheidende berufliche Gründe, die VOD zu verlassen, die allerdings nicht aus fachlichen oder inhaltlichen Bedenken resümierten.
Daraus ergab sich für die VOD Anfang 1998 ein Bedarf an Neueinstellungen von ca. 400 bis 450 Mitarbeitern. Diese Zahl ist nicht konkreter zu benennen, da viele Bereiche erst nach der Phase der Einarbeitung am neuen Standort und in der neuen Struktur weitere Personalentscheidungen treffen wollten. Die letzten Einstellungen wurden zum Ende des Projekts (Dezember 1998) für Februar 1999 anvisiert.

4.4.5. Der Veränderungsprozess im Überblick
Die Zeitleiste der Veränderungen in der VOD erstreckt sich demzufolge von 1996 bis zum Frühjahr 1999, der Prozess der Unterstützung durch MC erstreckt sich von März 1998 bis Dezember 1998. Der gesamte Umfang wird in der Abbildung 14 verdeutlicht.

4.4.6. Professionelle Unterstützung
Aufgrund der komplizierten Ausgangslage (vgl. die Anforderungen an Führungskräfte in Matrixorganisationen in Kapitel 4.4.2. 'Die neue Struktur') entschied die Geschäftsleitung (GL) der VOD Anfang 1998, diverse Informations- und Kommunikationsveranstaltungen im Verlauf des Jahres durchzuführen. Diese wurden in Eigenregie durch den VOD-internen Bereich TV (Training

Vertrieb) geplant und durchgeführt. Nach der Durchführung von zwei LFK-Foren (Veranstaltungen für leitende Führungskräfte der Ebenen 1 bis 3) wurde eine neue Entscheidung bzgl. der Professionalität der Unterstützung getroffen. Die Geschäftsleitung der VOD wandte sich an den Bereich 'Management Consulting' (MC) mit dem Auftrag, ein Kommunikationskonzept für den dreifachen Veränderungsprozess zu erstellen. Im Rahmen dieses Konzepts sollte
- ➢ den Führungskräften die neue Struktur vermittelt,
- ➢ der Umzug gestaltet,
- ➢ die neuen Mitarbeiter empfangen und eingearbeitet sowie
- ➢ ein neues Selbstverständnis der VOD am neuen Standort entwickelt

werden.

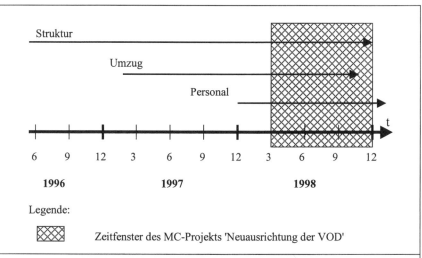

Abb. 14: Die Zeitleiste der Veränderungen der VOD

Die einzelnen Pfeile verdeutlichen die Zeiträume, in denen die jeweiligen Themen innerhalb der VOD diskutiert wurden bzw. den Mitarbeitern bekannt waren. Obwohl solche brisanten Themen in dem Sinne kein Ende haben, kann man in diesem Fall die Zeitpunkte bestimmen, an denen die Aktualität anderer Inhalte die genannten Themen in den Hintergrund stellten. Die **neue Struktur** wurde von Mitte 1996 bis zum Ende des Projekts im Dezember 1998 thematisiert. Der **Umzug** beschäftigte die Mitarbeiter von Anfang 1997 bis zum Ende des eigentlichen Umzugs im Herbst 1998. Die **Personalentscheidungen** zogen sich über das ganze Jahr 1998 bis in den Februar 1999 hin.

4.4.7. Die Projektziele

Im Rahmen dieses Auftrags wurden für das Projekt 'Neuausrichtung der VOD' folgende Ziele vereinbart:

> ➢ eine Steigerung der Effizienz innerhalb der VOD;
> ➢ Neuausrichtung der Geschäftsprozesse und Strukturen im Rahmen der neuen Matrixorganisation;
> ➢ neues Selbstverständnis gestalten;
> ➢ Umzug von der Zentrale nach Berlin gestalten.

Für die Begleitung des Veränderungsprozesses von März bis Dezember 1998 durch den Bereich 'Management Consulting' wurden die Ziele konkretisiert: Für die Geschäftsführung der VOD war es wichtig, einen Prozess zu gestalten, der

> ➢ die strategische Neuausrichtung der VOD unterstützt;
> ➢ die Qualität der Arbeit und das Image der VOD 'hochhält' und nicht gefährdet;
> ➢ Stabilität und Sicherheit in Zeiten des Übergangs für Mitarbeiter und Kunden organisiert;
> ➢ die Integration von erfahrenen bzw. 'alten' und 'neuen' Mitarbeitern unterstützt und Friktionen vermeidet;
> ➢ Chancen nutzt und Risiken im Blick hat, um zeitnah Steuerungsimpulse setzen zu können;
> ➢ den Bekanntheitsgrad unter den Führungskräften der Ebenen 1 – 3 erhöht;
> ➢ gemeinsam von der GL getragen und gesteuert wird.

Das Kommunikationskonzept von MC, d.h. die systemspezifischen Kommunikationsarchitekturen inklusive der verschiedenen Veranstaltungen, wurde aufgrund dieser Ziele entwickelt und umgesetzt. Wir weisen an dieser Stelle darauf hin, dass weder im Auftrag noch in den konkret formulierten Projektzielen eindeutige Lernziele erwähnt worden sind.

4.4.8. Die Projektpartner

Die Auftragsklärung gestaltete sich aufgrund der differenzierten Projektziele (sowohl monetäre als auch nicht-monetäre Ziele) anspruchsvoll. Dementsprechend wurde für die Bearbeitung der Ziele eine Kooperation zwischen der internen Beratungseinheit MC und einer externen Beratungsgesellschaft beschlossen. Es wurde dieselbe Gesellschaft beauftragt, die schon die neue Struktur ausgearbeitet hat: 'Andersen Consulting' (AC). So gab es für die VOD eine dreifache Unterstützung: der hauseigene Bereich TV, die konzerninterne Beratungseinheit MC und die externe Beratungsgesellschaft AC (vgl. die Abbildung 15).

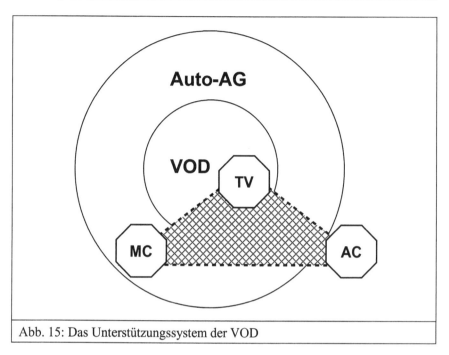

Abb. 15: Das Unterstützungssystem der VOD

4.4.9. Die Führungsstruktur

Für die Analyse des Systems und dementsprechend auch für die Anlage der systemspezifischen Kommunikationsarchitekturen war es von entscheidender Bedeutung, die Führungsstruktur der VOD zu kennen. Das Handeln von Führungskräften basiert auf Handlungsmustern und Routinen, die sich im Laufe der Zeit etablieren. Mit anderen Worten: Kommunikationsmöglichkeiten bzw. Kommunikationsarchitekturen sind Lernarchitekturen (vgl. Kapitel 5.6. 'Kommunikationsarchitekturen'). Aus diesem Grund sind in jeder Führungsstruktur wesentliche Erkenntnisse über das System verborgen.

Die Führungsstruktur der VOD ist wie folgt aufgebaut:

➢ Die Geschäftsleitung (GL) besteht aus dem Direktor der VOD (Führungsebene 1) und den Bereichsleitern der sieben Sparten (Führungsebene 2) (vgl. Abbildung 13: 'Die neue Struktur der VOD' und Abbildung 16: 'Die Führungsstruktur der VOD'). Sie sind das Steuerungsgremium der VOD und hatten demzufolge die Funktion, über den Umfang und die Durchführung der Veranstaltungen im Rahmen der Neuausrichtung zu entscheiden.

➢ Die leitenden Führungskräfte (LFK) gehören zu den Führungsebenen 2 bis 3. Sie sind in der neuen Struktur entweder die Leiter der Sparten (E2-

Funktion) Verkauf PKW, Verkauf Transporter, Verkauf LKW, Verkauf
Ersatzteile / Service, Vertriebsnetz, Controlling, Leistungscenter NDL,
deren direkte Untergebene in den Sparten (E3-Funktion) oder Leiter der
Querschnittsfunktionen (E3-Funktion) Marketing, Kundendienst,
Training, Informationsmanagement.
➢ Die unterste Führungsebene bilden die Teamleiter (Führungskräfte der
Ebene 4). Sie sind die direkten Vorgesetzten der Mitarbeiter und dem-
entsprechend in allen Sparten und Querschnittsfunktionen vertreten.

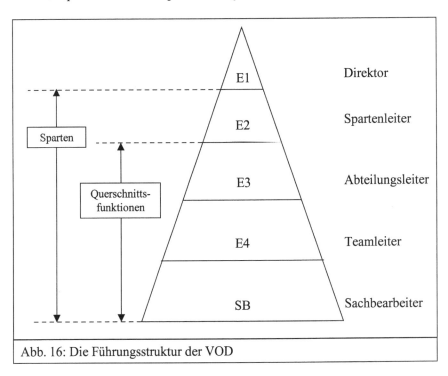

Abb. 16: Die Führungsstruktur der VOD

4.5. Die Projektdurchführung

Die Durchführung des Projekts 'Neuausrichtung der VOD' gestaltete sich von
der Analyse des Kundensystems bis zur Umsetzung des Konzepts der Kommunikationsarchitekturen in mehreren Phasen. Während jeder Phase wurden die
mittels der Analyse aufgestellten Hypothesen über die VOD iterativ überprüft.
Die Geschäftsleitung ist die Entscheidungsinstanz der VOD. Für die beiden
Beratersysteme MC und AC war es also wichtig, diesem Gremium in gewissen
Zeitabständen die aktuellen Entwicklungen vorzustellen, um weitere Maß-

nahmen treffen zu können. Die GL traf sich unabhängig vom Prozess der Neuausrichtung regelmäßig. MC und AC nutzten diese Treffen, um ihre Zwischen-
ergebnisse zu präsentieren und die weitere Vorgehensweise abzustimmen.

4.5.1. Die Analyse des Kundensystems

Die systemische Beratung behandelt Organisationen als organisierte Sozialsysteme, d.h. als selbstreferentiell-geschlossene Systeme. Diese operieren
anhand ihrer beobachtungsleitenden Unterscheidung, indem sie Kommunikationen an Kommunikationen anschließen. Die Kommunikationen sind die
Elemente des Systems bzw. der Organisation (vgl. das Kapitel 3. 'Systemtheorie'). Die Strukturen der Organisation inklusive der festgelegten Regeln sind
dementsprechend die Kommunikationsstrukturen bzw. Kommunikationsarchitekturen der Organisation.

Jede Organisation hat die Aufgabe, ihre spezifischen Kommunikations-
architekturen so zu gestalten, dass der Zweck der Organisation, die koordinierte
Zusammenarbeit im Hinblick auf ein definiertes Ziel möglichst effektiv erreicht
wird. Für die Organisationsgestaltung bieten sich verschiedene Modelle an (z.B.
Linien- oder Matrixorganisation), die sowohl Vorteile als auch Nachteile
beinhalten (vgl. das Kapitel 4.4.2. 'Die neue Struktur').
Sofern eine Organisation sich für eine neue Struktur entscheidet, gibt es eine
Übergangszeit, in der die alte Struktur, und damit auch die alten Muster und
Routinen, weiterexistieren. Gemäß dem Motto 'Einen alten Baum verpflanzt
man nicht' gab es auch in der VOD gewachsene und erfolgreiche Muster, die
sich über die Jahre etabliert hatten (siehe unten). Der entscheidende Faktor bei
der Einführung der verschiedenen Modelle ist dementsprechend die Umsetzung
der gewählten Kommunikationsarchitektur durch das jeweilige System.

In Bezug auf diese Vorüberlegungen wurden auch die Kommunikations-
architekturen der VOD sowie der Subsysteme analysiert. Dabei wurden folgende
Fragen innerhalb des Beratungssystems 'Management Consulting' bearbeitet:
➢ Was ist das System, um das es geht?
➢ Welche Subsysteme existieren in diesem System?
➢ Welche Kommunikationsarchitekturen gibt es in der VOD?
➢ Welche Kommunikationsarchitekturen existieren in den Subsystemen?
➢ Was macht das System erfolgreich?
➢ Inwieweit fördern bzw. behindern die bestehenden Kommunikations-
   architekturen die anstehenden Veränderungen?
➢ Welche Kommunikationsarchitekturen sind für die anstehenden Verände-
   rungen zusätzlich erforderlich?
➢ Welche Beobachtungs- und Kommunikationsmuster sind erkennbar?
➢ Welche Funktion haben die Führungskräfte in Bezug auf die Beobach-
   tungs- und Kommunikationsmuster?

> Welche Funktion haben die Mitarbeiter in Bezug auf die Beobachtungs-
  und Kommunikationsmuster?
> Welche Unterscheidungen werden getroffen?
> Welche Grenzen werden dadurch geschaffen?
> Wie werden diese Grenzen kommuniziert?

Zugrunde gelegt wurde die Annahme, dass die bestehenden Kommunikationsarchitekturen aufgrund ihrer beobachtungsleitenden Unterscheidungen bestimmte Wahrnehmungen der Welt, d.h. des eigenen Systems und der Umwelt, in den
Vordergrund stellen und andere Perspektiven explizit ausschließen. Die leitenden Fragen waren deshalb: Welche Struktur liegt dem System VOD zugrunde,
und welche Wahrnehmungsmuster werden damit etabliert oder verstärkt? Mit
anderen Worten: Wo hindert das System VOD sich selbst am Lernen aufgrund
seiner spezifischen Wahrnehmungs- und Kommunikationsmuster?
Um diese Fragen zu beantworten, wurde das System mittels der systemischen
Beratung (vgl. das Kapitel 4.3. 'Das Beratersystem') und der Methodologie der
qualitativen Sozialforschung (vgl. das Kapitel 4.1. 'Einleitung') analysiert. Der
Fokus der Analyse lag stets auf dem Eruieren der den Handlungen und
Kommunikationen zugrunde liegenden Annahmen und Muster. Mit anderen
Worten: Wo liegen die blinden Flecken des Systems VOD? Oder anders
formuliert: Was kann das System nicht sehen, weil es nicht sehen kann, was es
nicht sehen kann? Die Analyse dieser Leitkategorien der Wahrnehmung und des
kommunikativen Miteinanders waren notwendig, um die Kommunikationsarchitekturen systemspezifisch anzulegen und damit Neues als denkbar und
kommunizierbar zu ermöglichen. Um hinter die Kulissen zu schauen, ist eine
besondere Form der Beobachtung bzw. des Interviews erforderlich, wie z.B. die
Methode des 'zirkulären Fragens'.
'Zirkuläre Fragen' fokussieren nicht auf innere Empfindungen oder Ja-Nein-
Antworten, sondern auf das kommunikative Geflecht zwischen den Interaktionspartnern. Als eine Art 'Metakommunikation' dienen sie in erster Linie
dazu, Informationen über Kommunikationsmuster zu gewinnen und komplexe
Handlungsabläufe klarer zu machen (Beispiel einer Frage an einen
Sachbearbeiter: Welche Maßnahmen würden Sie als Führungskraft veranlassen,
um ihre Mitarbeiter in der Phase der Neuausrichtung zu motivieren?). Durch die
Art der Fragen werden auf der Beziehungsebene unterschiedliche Perspektiven
generiert, und der Klient wird eingeladen, aus einer 'Metaposition' auf die
bestehenden Muster einer Problemkonstruktion zu schauen. Der Effekt
zirkulären Fragens besteht darin, dass die Befragten dazu angeregt werden, ihre
unterschiedlichen Landkarten über die Interaktionsmuster anderer auszutauschen. Auf eine gewisse Art handelt es sich dabei also um wertschätzenden
Klatsch in Anwesenheit der Betroffenen (vgl. dazu auch das Kapitel 6.
'Organisationsdidaktik'). Der wertschätzende Klatsch, d.h. die informelle Kommunikation innerhalb der Organisation, ist ein guter Fundus zur Verdeutlichung

der vorhandenen Muster der Organisation. Für die Überwindung des eigenen blinden Fleckes ist es auch hier erforderlich, dass die systemischen Berater die Interviews als System, d.h. mit zwei Beratern, durchführen.

4.5.2. Qualitative Interviews

Die Analyse des Systems VOD gestaltete sich schwierig, da die Beratungseinheit MC erst zu einem fortgeschrittenen Zeitpunkt in den Prozess eingebunden wurde (siehe Abbildung 14: 'Die Zeitleiste der Veränderungen der VOD'). Die VOD war schon neu aufgestellt (nach der von der externen Beratungsgesellschaft 'Andersen Consulting' entworfenen Struktur) und arbeitete bereits in bzw. mit dieser neuen Struktur.

Trotzdem war es für eine Unterstützung des Systems erforderlich, Informationen von den Betroffenen zu erheben. Hierzu wurden mit einzelnen Personen aus den folgenden Gruppen qualitative Interviews durchgeführt:

➢ Führungskräfte der Geschäftsleitung, d.h. den Auftraggebern;
➢ Veranstalter der bisherigen Führungskräfte-Foren, d.h. dem VOD-internen Bereich 'Training Vertrieb';
➢ Mitarbeiter, die sich gegen einen Umzug nach Berlin entschieden hatten;
➢ Mitarbeiter, die sich für einen Umzug nach Berlin entschieden hatten;
➢ Mitarbeiter, die aufgrund der Umstrukturierung nicht mehr zur 'neuen' VOD gehörten und auf jeden Fall am bisherigen Standort blieben.

Für die Durchführung der Interviews gab es keinen explizit formulierten Leitfaden. Im Wesentlichen ging es darum, 'narrative' Einzelinterviews (vgl. LAMNEK, 1989, Seite 70ff,) zu führen, d.h. den Interviewpartnern möglichst viel Gelegenheit zum Erzählen zu geben. Die Interviewer verfolgten damit das Ziel, möglichst viele 'informelle' Informationen zu bekommen. Außerdem wurde zu dem aus Beratersicht wichtigen Thema 'Kommunikation' die Fragetechnik des 'zirkulären Fragens' angewandt. Die Äußerungen der Interviewpartner wurden aus Gründen der Anonymität handschriftlich notiert und im Anschluss an die Gespräche zu wesentlichen Aussagen zusammengefügt.

Aufgrund der Äußerungen in den Interviews wurde Folgendes deutlich: die Mitarbeiter (und auch die Führungskräfte) koordinierten sich nicht nach der neuen Struktur, sondern bezogen sich bei ihrer Arbeit immer wieder auf die bisher erfolgreichen Formen der Zusammenarbeit. Die alten Kommunikationsarchitekturen wurden fortgesetzt, da die Erledigung des Tagesgeschäfts und die gleichzeitige Aneignung der neuen Struktur eine Überforderung darstellen. Obwohl die neue Struktur aufgrund ihrer Transparenz und ihrer Strukturiertheit positiv bewertet wurde, war es doch leichter und schneller, sich an die Kollegen zu wenden, mit denen man schon immer zusammengearbeitet hatte. Die neue Struktur wurde also nicht offen boykottiert, sondern durch die Fortsetzung der bisher als erfolgreich erlebten Struktur untergraben. Dieses Verhalten führte zu verschiedenen Konflikten bzgl. der Zuständigkeit für einzelne Aufgaben.

Während manche Mitarbeiter sich an die neue Struktur gehalten haben, haben andere Mitarbeiter mit ihren Kollegen die alte Struktur fortgesetzt. Dies wurde noch durch den Umstand erschwert, dass ca. 50% der Mitarbeiter neu waren und dass viele der neu eingestellten Mitarbeiter nicht von den früheren Stelleninhabern eingearbeitet werden konnten, da diese schon in anderen Aufgabengebieten auf neue Herausforderungen trafen.

Die qualitativen Interviews führten zur Aufstellung von Hypothesen. Die Hypothesen wurden nicht als Gewissheit postuliert, sondern als eine Möglichkeit der Wahrnehmung präsentiert. Im weiteren Verlauf des Projekts wurden die Hypothesen durch den Austausch zwischen den Beratern immer wieder überprüft und somit iterativ verdichtet.

4.5.3. Hypothesen zum Kundensystem

Folgende Hypothesen wurden aufgrund der in den qualitativen Interviews gesammelten Aussagen erstellt:

➢ Die neue Struktur wird von den Mitarbeitern und Führungskräften als hilfreich und unterstützend bewertet.

➢ Die Etablierung dieser Struktur scheitert an der Umsetzung in der täglichen Arbeit. Die Gründe für die mangelnde Umsetzung liegen in der Unkenntnis, wie die einzelnen Arbeitsbereiche und Aufgaben gegeneinander abgegrenzt sind, wer wofür verantwortlich ist und wie weit die Kompetenzen reichen.

➢ Die Mitarbeiter greifen bei der Erledigung ihrer Aufgaben auf die bisher erfolgreichen Kontakte und Kooperationen zurück.

➢ Den Mitarbeitern fehlt die Orientierung innerhalb der neuen Struktur, um diese umzusetzen.

➢ Diese Orientierung fehlt auf allen Ebenen, d.h. den Führungskräften und den Mitarbeitern fehlen die entsprechenden Handlungsanweisungen, um miteinander die neu geordneten Aufgaben zu bewältigen.

➢ Die Informationspolitik zwischen der Geschäftsleitung (Ebene 1 und 2) und den anderen leitenden Führungskräften (Ebene 3) funktioniert so gut, dass keine Verständigung möglich ist (sic!). Die (oben beschriebenen) Schwierigkeiten mit der neuen Struktur, die die Ebenen 3 und 4 von ihren Mitarbeitern zurückgemeldet bekommen, finden in der Geschäftsleitung kein Gehör. Während die Geschäftsleitung davon ausging, dass die Führungskräfte der Ebenen 3 und 4 mit der neuen Struktur zurechtkommen, wurde von diesen eine eindeutige Entscheidung der Geschäftsleitung bzgl. der jeweiligen Kompetenzen gefordert.

➢ Die neu eingestellten Mitarbeiter haben Schwierigkeiten, sich in ihre Stellen und Aufgaben einzuarbeiten und in der VOD Zugang zu finden, da die bisherigen Stelleninhaber (überwiegend) nicht verfügbar sind, die Kompetenzen und Verantwortlichkeiten unterschiedlich interpretierbar sind und die bisherigen Abläufe (bzw. der bisherige Sinn des Systems) nicht bekannt sind.

➤ Die neue Struktur wird begrüßt, da sie eindeutige Kompetenzen gegenüber den Vertragspartnern und den Niederlassungen festlegt.

➤ Die neue Struktur wird nur dort umgesetzt, wo sich alle Beteiligten auf die neue Struktur geeinigt haben.

➤ Die Aufgaben- und Kompetenzverteilung zwischen Wholesale und Retail ist ungeklärt.

➤ Die Kunden der VOD, also die Mitarbeiter in den Niederlassungen und Vertragswerkstätten, sind desorientiert, wer ihr neuer Ansprechpartner ist.

➤ Die Aufgaben- und Kompetenzverteilung zwischen den Sparten und den Querschnittsfunktionen ist ungeklärt.

➤ Die Führungskräfte der Ebenen 3 und 4 haben einen direkten Kontakt mit den Mitarbeitern der VOD. Sie werden in ihrer Rolle als Multiplikatoren der Geschäftsleitung nicht erkannt.

Die Hypothesen wurden gesammelt, geordnet und überprüft. In einem weiteren Schritt wurden sie zu Mustern verdichtet. Muster sind Verhaltensweisen, die sich als Routinen eingeschliffen haben. Sie haben sich in der Vergangenheit bewährt und bieten für die Gegenwart Orientierung in Bezug auf das jeweilige Handeln (vgl. die Kapitel 2.5. 'Beobachtungsmuster', 2.6. 'Kommunikationsmuster' und 2.7. 'Strukturdeterminiertheit'). Jedes System produziert durch die Komplexitätsreduktion bestimmte systemspezifische Muster.
Der Schritt der Verdichtung ist entscheidend für die Anlage der systemspezifischen Kommunikationsarchitekturen. Die im Folgenden aufgelisteten Muster sind die von der internen Beratungseinheit MC bei der VOD identifizierten Muster. Ähnlich wie die Hypothesen wurden auch die Muster nicht als Gewissheit, sondern vorübergehend formuliert und im weiteren Prozess von den Beratern iterativ überprüft.

➤ „Die Hierarchie wird's schon richten": Die Führungskräfte verlassen sich auf ihre nächsthöheren Vorgesetzten.

➤ „Wissen ist Macht": Die bisherigen Kooperationen funktionieren sehr gut.

➤ „Die Zentrale ist an allem schuld": Sobald wir von der (Konzern-)'Mutter' weg sind, wird alles gut.

➤ „Wir haben alle mal klein angefangen": Neue Mitarbeiter werden schon irgendwie eingearbeitet.

➤ „Management by action": Die Manager empfinden sich als Feuerlöscher, das Erfolgskriterium ist die kurzfristige operative Problembeseitigung.

➤ „Jeder ist sich selbst der Nächste": Kommunikation ist gleich Information, die Info der GL zur neuen Struktur wird schon ausreichen.

➤ „Der Kunde ist Bettelmann oder Bittsteller, jedoch keinesfalls König": Die Information an die Kunden der VOD (die Niederlassungen und Vertragspartner) bleibt aus.

➤ „Auf Regen folgt Sonnenschein": Durchbeißen statt strategische Offensive.

➤ „Einer wird gewinnen": Der einsame Kämpfer kommt durch.

4.5.4. Anlage der Kommunikationsarchitekturen

Aus den Hypothesen und den Mustern ergaben sich gewisse Notwendigkeiten in Bezug auf die zu erstellenden Kommunikationsarchitekturen. In erster Linie ging es dabei um eine Orientierung für alle Beteiligten über den gesamten Prozess, das Verständnis für die neue Struktur sowie die Integration von bisherigen und neuen Mitarbeitern. Im Einzelnen wurden folgende Aufgaben identifiziert:

➤ Verabschiedung der Mitarbeiter, die am Standort der Zentrale bleiben wollten;

➤ Information über den neuen Standort Berlin für die Mitarbeiter, die sich entschieden hatten, mit der VOD umzuziehen;

➤ Information für die Mitarbeiter, die noch unschlüssig waren;

➤ Information über die VOD für die am neuen Standort neu einzustellenden Mitarbeiter;

➤ Übergabe des stellenbezogenen Wissens von den bisherigen Stellen-inhabern an die neuen Mitarbeiter;

➤ Aneignung der neuen Struktur durch die Führungskräfte;

➤ Information über die neue Struktur für alle Mitarbeiter;

➤ Unterstützung für die mittleren Führungsebenen in Bezug auf die neue Struktur;

➤ gegenseitiges Kennenlernen der leitenden Führungskräfte (Ebene 1 – 3);

➤ Vernetzung aller Führungskräfte und Mitarbeiter im Sinne des Wissens-managements;

➤ Individuelle Bekanntmachung mit Namen, Aufgaben und Kompetenzen der ca. 800 Mitarbeiter (dies erschien aufgrund von ca. 50% neuen Mitarbeitern als ein wesentliches Erfolgskriterium);

➤ Vergemeinschaftung aller Führungskräfte und Mitarbeiter am neuen Standort.

Bei der Liste der Aufgaben taucht auffallend häufig der Begriff 'Information' auf. Die danebenstehenden Aufgaben lassen auf eine leichte Lösung gemäß einer schriftlichen oder mündlichen Wissensvermittlung schließen. Hier war es erforderlich, nicht zur schnellen Lösung zu greifen, sondern die vorhandenen Defizite bzw. die mangelnde Orientierung explizit herauszuarbeiten und ent-sprechende Unterstützungsangebote zu gestalten.

Diese für alle Führungskräfte und Mitarbeiter der VOD notwendige Orientie-rung wurde von den MC-Beratern durch die Anlage der entsprechenden Kommunikationsarchitekturen geschaffen. Bei der Anlage der Kommuni-kationsarchitekturen ging es nicht darum, die ganze VOD neu zu organisieren,

sondern eine temporäre Form zu finden, die die nicht vorhandenen Kommunikationsarchitekturen übergangsweise zur Verfügung stellt. Jedes System hat seine
Prozesse irgendwie organisiert, die einen gut, die anderen weniger gut, manche
gar nicht. Die Analyse des Systems findet genau das heraus und implementiert
für die nicht oder nur unbefriedigend vorhandenen Kommunikationsarchitekturen eine alternative Form im Sinne einer Überbrückung: ein temporäres
System zur Bearbeitung der aktuellen Herausforderungen. „Die Analyse eines
im Augenblick drängenden Problems reicht nicht aus. Es gilt, ein Realitäts-
modell zu konstruieren oder mit anderen Worten die Struktur und Dynamik des
Systems zu erfassen" (EDELMANN, 2000, Seite 222). Im Rahmen dieses
temporären Systems hat das ursprüngliche System die Möglichkeit, über das
Unzureichende zu verhandeln.

Exkurs: 'Temporäre Systeme'
Eine mögliche Form der Intervention in soziale Systeme (vgl. Kapitel 3.
'Systemtheorie') ist die Einrichtung von temporären Systemen. Temporäre
Systeme sind
 ➢ *künstliche soziale Systeme*, die
 ➢ *für eine bestimmte Zeit*
 ➢ *parallel zur Formalorganisation*
eingerichtet werden.

Ähnlich einem Projekt werden temporäre Systeme ins Leben gerufen, um eine
bestimmte Aufgabe, die in der formalen Organisation der Linie nicht geleistet
werden kann, zu erfüllen. Der entscheidende Unterschied zur bestehenden
Formalorganisation liegt in der temporären Aufhebung der verfestigten
Strukturen. Die Struktur sowie die personelle Besetzung des temporären
Systems richtet sich nach den Ergebnissen der Analyse des Ausgangssystems.
Innerhalb des temporären Systems wirken andere Regeln, bestehen andere
Grenzen, und die etablierten Rollen müssen neu definiert werden. Um Neues
denkbar und erfahrbar zu machen, ist es notwendig, einen Unterschied zur
bekannten Struktur der bestehenden Formalorganisation zu machen.
Welche Kommunikationsarchitektur für das entsprechende System entworfen
wird, kann deshalb nur situationsabhängig und systemspezifisch entschieden
werden. Entscheidend ist, dass die Struktur des temporären Systems
anschlussfähig sein muss, d.h. sie darf einerseits nicht zu herausfordernd sein,
andererseits aber auch nicht zu sehr mit der formalen Struktur übereinstimmen.
Ansonsten wird das System entweder mit Widerstand oder aber mit der
Fortsetzung der bisherigen Muster reagieren. Eine Veränderung im Sinne von
Lernen ist nur dann möglich, wenn die Irritation so passend ist, dass die
Fortsetzung der Autopoiesis gewährleistet ist: „Strukturen müssen die
Anschlussfähigkeit der autopoietischen Reproduktion ermöglichen, wenn sie
nicht ihre eigene Existenzgrundlage aufgeben wollen, und das limitiert den

Bereich möglicher Änderungen, möglichen Lernens" (LUHMANN, 1993, Seite 62).

Es ist jedoch nicht so, dass das temporäre System durch die Berater vorgegeben und implementiert wird. „Soziale Systeme bilden sich nur dort, wo Handlungen verschiedener psychischer oder sozialer Systeme aufeinander abgestimmt werden müssen, weil für die Selektion der einen Handlung die andere Voraussetzung ist oder umgekehrt" (LUHMANN, 1993, Seite 161). Es stellt sich somit die Frage, wie ein System wie die VOD dazu angeregt werden kann, neben ihrer bestehenden formalen Struktur ein temporäres System zu generieren, um die etablierte Struktur zu reflektieren. Mit anderen Worten: „Die Ausgangsfrage ist vielmehr, welche Realitätsvorgaben vorliegen müssen, damit es hinreichend häufig und hinreichend dicht zur Erfahrung von doppelter Kontingenz und damit zum Aufbau sozialer Systeme kommen kann. Die Antwort heißt Interpenetration" (LUHMANN, 1993, Seite 293) (vgl. dazu auch das Kapitel 3.14. 'Strukturelle Kopplung und Interpenetration').

Der erste Schritt zur Interpenetration ist eine ausführliche Selbstbeschreibung. „Selbstbeschreibung ist nicht nur eine Art Abzeichnen unter Weglassen der Details, nicht nur der Entwurf eines Modells oder einer Landkarte des Selbst; sie hat – oder jedenfalls so nur kann sie sich bewähren – zugleich die erfassbare Komplexität zu steigern, indem sie das System als Differenz zu seiner Umwelt darstellt und an Hand dieser Differenz Informationen und Richtpunkte für Anschlussverhalten gewinnt" (LUHMANN, 1993, Seite 235). Sofern das System eine gewisse Größe überschritten hat und Subsysteme gebildet wurden, ist es sinnvoll, dass die Subsysteme sich jeweils selbst beschreiben. Die Umwelt besteht dann aus den anderen Subsystemen und der Umwelt des Gesamtsystems. Darüber hinaus ist die Etablierung eines temporären Systems nur dann erfolgreich, wenn innerhalb des bestehenden Systems eine gewisse Aufnahmebereitschaft vorhanden ist. Es geht darum, die Selbstreferenz des Systems mit einer guten Dosis Fremdreferenz des beobachtenden Systems in Verbindung zu bringen, damit die autopoietische Reproduktion weiterhin Anschlusskommunikationen generiert, allerdings im Sinne der neuen Betrachtung aus Selbst- und Fremdreferenz. Hierfür ist es notwendig, dass innerhalb der Selbst- und Fremdreferenz die jeweiligen Erwartungen an die Umwelt des Systems, d.h. an die anderen Subsysteme und das Gesamtsystem, formuliert werden. Wenn die Erwartungen und Erwartungserwartungen nicht transparent gemacht werden, kann keine Veränderung im Sinne eines Lernens stattfinden, denn nur „auf der Ebene der Erwartungen, nicht auf der Ebene der Handlungen, kann ein System lernen" (LUHMANN, 1993, Seite 472).

Im Falle der VOD war diese Bereitschaft von der Geschäftsleitung (GL) signalisiert worden. In den Vorgesprächen zur Auftragsklärung wurden schließlich die ersten Hypothesen gesammelt, an das System zurückgemeldet, aus den Reaktionen neue Hypothesen generiert und schließlich in einem Entwurf eines temporären Systems zusammengefasst. Dieses temporäre soziale System ist aus den Kommunikationen zwischen der GL, MC und AC im Hinblick auf eine längerfristige Veranstaltungsreihe für die Führungskräfte und Mitarbeiter der VOD entstanden und deshalb als ein 'künstliches' soziales System zu bezeichnen. Erst in der Phase der Etablierung, d.h. im Rahmen der Beteiligung der Mitarbeiter und Führungskräfte, hat das temporäre System die Möglichkeit, den Status des 'Künstlichen' zu verlassen und ein 'natürliches' soziales Systems zu werden. Dies ist allerdings nur dann möglich, wenn die entsprechenden Veranstaltungen angenommen und genutzt werden, d.h. die Kommunikationen sich autopoietisch, mit anderen Worten: von sich aus fortsetzen. Dies wiederum ist eine Leistung, die in der Anlage des temporären Systems begründet liegt. Hierfür ist es erforderlich, den Entstehungsprozess von sozialen Systemen sowie die Faktoren, die zur Aufrechterhaltung der Autopoiesis (vgl. Kapitel 3.11. 'Autopoiesis') beitragen, zu kennen. Erst dann ist es wahrscheinlich, dass die etablierte formale Struktur eine parallele temporäre Struktur akzeptiert und die darin liegenden Möglichkeiten für sich nutzt.

4.5.5. Die Kommunikationsarchitekturen im Prozess

Im Rahmen des temporären Systems wurden verschiedene Kommunikationsarchitekturen implementiert, die im direkten Zusammenhang mit den analysierten Mustern standen. Dabei wurden sowohl ebenenspezifische als auch ebenenübergreifende Veranstaltungen und Kommunikationsplattformen kreiert, um Kommunikationen zu generieren, die bisher nicht möglich bzw. zumindest nicht institutionalisiert möglich waren. Im Einzelnen wurden folgende Veranstaltungen eingeführt:

> *LFK-Foren*
> Die acht auf das Jahr 1998 verteilten Foren für die leitenden Führungskräfte (LFK) dienten einerseits als Dialog- und Aushandlungsforen, andererseits als Möglichkeit des gegenseitigen Kennenlernens. Hier sollten sich die Führungskräfte der Ebenen 1 bis 3 (50 Personen) die neue Matrixstruktur erarbeiten. Dazu war es notwendig, sich gegenseitig die Vorstellungen, Erwartungen und zugrunde liegenden Annahmen der jeweiligen Subsysteme in Bezug auf die systemspezifischen Aufgaben, Kompetenzen und Verantwortlichkeiten zu präsentieren. Mit anderen Worten: Die Führungskräfte sollten die von AC erstellte Struktur für sich, d.h. für ihre Sparte bzw. ihre Querschnittsfunktion, in Bezug auf die anderen Subsysteme und das Gesamtsystem definieren. Die Zusammensetzung der LFK-Foren erfolgte bewusst über die ersten drei Führungsebenen (1 – 3), um eventuellen Informationsverlusten auf dem Weg über die Hierarchiekaskade von der Ebene 1 zur Ebene 3 vorzubeugen. Gleichzeitig wurde der Kreis nicht um die Ebene 4 erweitert, da ansonsten die Übersichtlichkeit verlorengegangen wäre. Die LFK-Foren wurden zu Beginn des Projekts am bisherigen Standort veranstaltet und wurden im Rahmen des Umzugs der VOD ab Juli 1998 in Berlin durchgeführt.

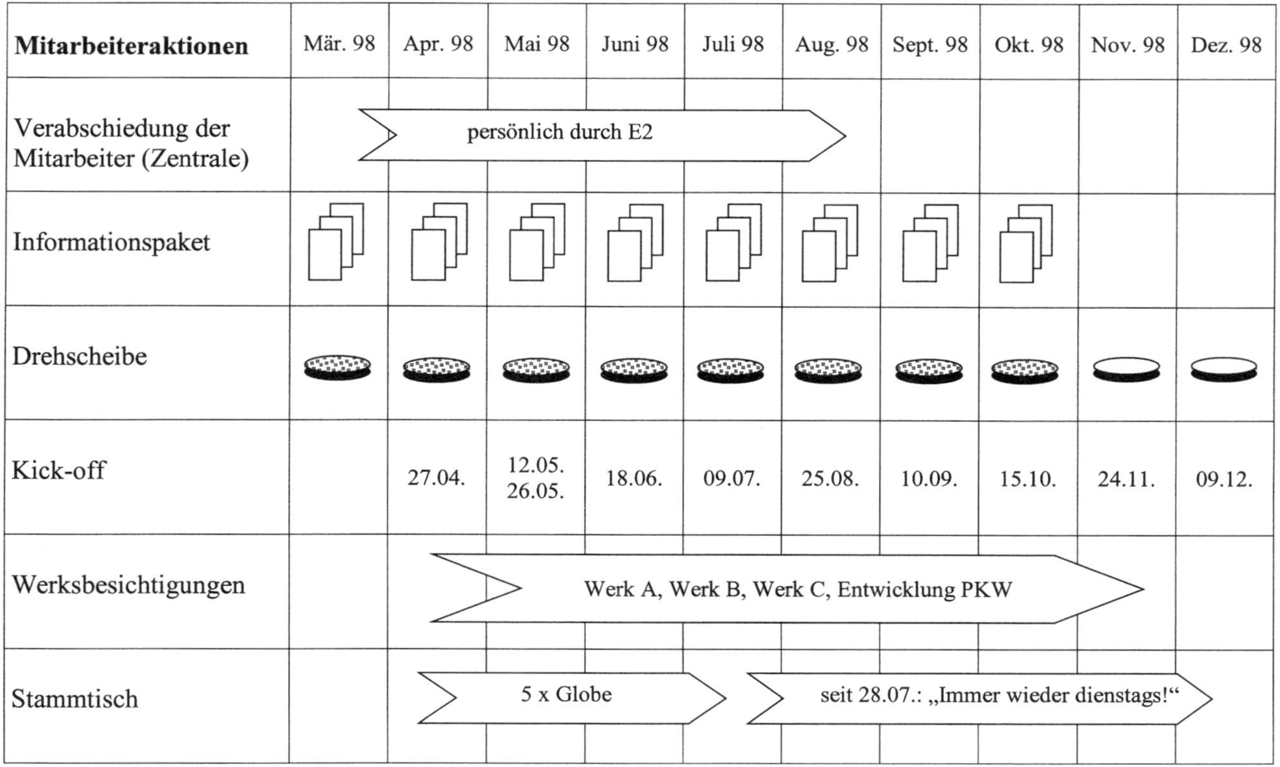

Mitarbeiteraktionen	Mär. 98	Apr. 98	Mai 98	Juni 98	Juli 98	Aug. 98	Sept. 98	Okt. 98	Nov. 98	Dez. 98
Verabschiedung der Mitarbeiter (Zentrale)		persönlich durch E2 →								
Informationspaket	▣	▣	▣	▣	▣	▣	▣	▣		
Drehscheibe	⬤	⬤	⬤	⬤	⬤	⬤	⬤	⬤	◯	◯
Kick-off		27.04.	12.05. 26.05.	18.06.	09.07.	25.08.	10.09.	15.10.	24.11.	09.12.
Werksbesichtigungen			Werk A, Werk B, Werk C, Entwicklung PKW							
Stammtisch			5 x Globe			seit 28.07.: „Immer wieder dienstags!"				

Abb. 17: Masterplan der Mitarbeiteraktionen

> *Coaching*
Dieses Angebot richtete sich an die Führungskräfte der Ebenen 3 und 4.
Sie sollten in ihren neuen Aufgabenbereichen insbesondere im Hinblick
auf die neu hinzugekommenen Verantwortlichkeiten und in Bezug auf
den massiven Personalwechsel unterstützt werden (vgl. hierzu das Kapitel
4.4.2. 'Die neue Struktur'; insbesondere die Ausführungen über die
Anforderungen an Führungskräfte in einer Matrixorganisation). Schon
hier sei erwähnt, dass nur wenige Führungskräfte von der Möglichkeit der
persönlichen Unterstützung Gebrauch gemacht haben. Die Gründe hierfür
konnten während des Prozesses nicht erschlossen werden. Vermutlich lag
es einerseits an dem durch viele Veranstaltungen (z.B. LFK-Foren)
gefüllten Terminkalender, andererseits an der Schwierigkeit, zusätzlich
zur Struktur und den damit zusammenhängenden Aufgaben und Kompetenzen der Abteilung bzw. des Teams auch noch den persönlichen
Führungsstil zu hinterfragen bzw. zu reflektieren.

> *Mitarbeiter-Aktionen*
Während es auf der Ebene der leitenden Führungskräfte in Bezug auf den
Umzug nur eine geringe Fluktuation gegeben hat, wurden auf der Ebene
der Mitarbeiter ca. 400 Stellen neu besetzt. Das heißt, dass es auf dieser
Ebene einen massiven Informations- und Orientierungsbedarf gab. Das
Paket der Mitarbeiter-Aktionen umfasste sechs Veranstaltungsformen:
den Stammtisch, das Info-Paket, die kick-off-Veranstaltungen, die Verab-
schiedung der bisherigen Mitarbeiter, die Drehscheibe sowie die
Werksbesichtigungen (vgl. die Abbildung 17).

> *Infopaket*
Für die bisherigen Mitarbeiter, die sich entschieden hatten, gemeinsam
mit der VOD an den neuen Standort zu ziehen, wurden Informations-
materialien über Berlin, z.B. Stadtplan, Kulturangebot, Naherholung,
Politik, Umland, Nahverkehr, usw. zu einem umfassenden Info-Paket
zusammengestellt. Für die neuen Mitarbeiter wurden zusätzlich
Informationen über Auto-AG sowie über die VOD und ihren neuen
Standort zusammengestellt.

> *kick-off-Veranstaltungen*
Diese Kommunikationsarchitektur war eine eintägige Willkommens-
Veranstaltung für alle neuen Mitarbeiter der VOD. Insgesamt wurde sie
zehnmal mit jeweils ca. 35 Teilnehmern durchgeführt. Die Teilnehmer
wurden nicht nach Bereichen ausgewählt, sondern direkt nach ihrer
Einstellung zum nächsten kick-off eingeladen. Während des Tages
wechselten sich die offiziellen (konkrete Informationen) mit den
inoffiziellen Programmpunkten (informeller Austausch) ab, so dass die
Teilnehmer genügend Möglichkeiten zum gegenseitigen Kennenlernen
und zur Koordination ihrer jeweiligen Aufgabenbereiche hatten. Damit
wurde den neuen Mitarbeitern zum Einstieg die Möglichkeit gegeben,

sich ein ähnliches Netzwerk innerhalb des Systems aufzubauen, wie es die erfahrenen 'alten' Mitarbeiter schon länger hatten. Zur Begrüßung wurde jedes Mal ein Mitglied der Geschäftsleitung eingeladen, einerseits, um die GL für die Mitarbeiter persönlicher zu machen, andererseits, um die Verbundenheit der GL mit der neuen Struktur und den Veranstaltungen (im Sinne eines Commitments) zu signalisieren. Darüber hinaus sollte damit außerhalb des formellen Berufsalltags ein direkter Austausch zwischen Mitarbeitern und oberster Führungsebene ermöglicht werden.

Im Anschluss an die Begrüßung durch ein Mitglied der GL wurde ein Marktplatz (bzw. 'Come together') veranstaltet, um ein Kennenlernen der ca. 35 Mitarbeiter zu ermöglichen. Hierzu haben sich die Mitarbeiter innerhalb von 45 Minuten mittels verschiedener Fragen (z.B. Herkunft, Studienrichtung, Hobbys) wiederholt auf die vier Ecken des Raumes verteilt, um sich dort über das jeweilige Thema kurz auszutauschen. Der Marktplatz diente damit vor allem der Erleichterung des gegenseitigen Austauschs dieser sich teilweise fremden Kollegen. Die Abbildung 18 gibt einen Überblick über die offiziellen und inoffiziellen Programmpunkte der kick-off-Veranstaltungen.

9.00	Begrüßung, Ziele, Ablauf
9.30	„Come together"
10.15	Kurzvortrag mit anschließender Diskussion: Auftrag uns Struktur der VOD: Retail- und Wholesalestufe
11.15	Pause
11.45	Der Betriebsrat im Dialog: Fragen und Antworten zu Rolle und Aufgaben
12.15	Der Personalbereich im Dialog: Fragen und Antworten zu Rolle und Aufgaben
13.00	Mittagessen / Pause
14.15	Informationen und Fragen zur Wohnungssuche in Berlin
14.45	Vision und Funktion der Drehscheibe
15.20	Pause
15.50	Video zur VOD-Jahrestagung 1997
16.10	Präsentation von Produkten / Leistungen der Sparte Service
17.00	Gemütlicher Ausklang

Abb. 18: Programm der kick-off – Veranstaltungen

➢ *Stammtisch*

Der Stammtisch wurde sowohl am Standort der Zentrale als auch am neuen Standort für neue und bisherige Mitarbeiter eingerichtet. Hier hatten die Mitarbeiter die Möglichkeit, sich in einer ungezwungenen Atmosphäre kennen zu lernen und auszutauschen. Im Vordergrund stand dabei nicht nur die Integration der neuen mit den bisherigen Mitarbeitern, sondern auch das Kennenlernen der Neuen untereinander.

➢ *Werksbesichtigungen/Probefahrten*

Diese Veranstaltungen bezogen sich auf die neu eingestellten Mitarbeiter. Aufgrund der auf sie zukommenden Tätigkeiten im Vertrieb und dem damit von der GL der VOD verbundenen Wunsch nach einer Identifikation mit den Produkten der Marke der Auto-AG wurden die neuen Mitarbeiter durch die Produktion und Montage verschiedener Werke geführt. Anschließend hatten sie die Möglichkeit, die Produkte im Rahmen einer Probefahrt live zu erleben.

➢ *Verabschiedung*

Die Informations- und Kommunikationspolitik im Vorfeld des Umzugs war geprägt von Verschwiegenheit auf Seiten der GL und Orientierungslosigkeit auf Seiten der Mitarbeiter. Aus diesem Grunde entschieden sich viele der VOD-Mitarbeiter gegen einen Neuanfang mit der VOD am neuen Standort. Gleichwohl war es wichtig, diese erfahrenen Mitarbeiter nicht im Groll ziehen zu lassen: Einerseits waren sie potentielle Ansprechpartner für einen Großteil der neu einzustellenden Mitarbeiter, andererseits sollte den umziehenden Mitarbeitern durch einen gelungenen Abschied ohne 'offene Baustellen' der Neuanfang in Berlin leichter gemacht werden.

➢ *Drehscheibe*

Diese intranetgestützte Kommunikations- und Informationsplattform sollte direkt beim Einzug am neuen Standort allen Mitarbeitern zur Verfügung stehen. Ziel war es, alle Mitarbeiter mit Bild und persönlicher Selbstbeschreibung in einem System zu erfassen, auf das alle Mitarbeiter Zugriff haben. Damit sollte der Orientierungslosigkeit in einem Unternehmen mit 50% neuen Mitarbeitern vorgebeugt werden. Es sei hier vorweggenommen, dass die Drehscheibe aufgrund technischer Schwierigkeiten erst im Dezember 1998 realisiert werden konnte.

Eine Gesamtübersicht über die verschiedenen Kommunikationsarchitekturen im Prozess der Neuausrichtung der VOD bietet die Abbildung 19. Die Veranstaltungen 'Treppenhausparty' und 'Familientag' waren eigene Initiativen der VOD, um das Zusammenwachsen aller Mitarbeiter am neuen Standort zu fördern.

Die Veranstaltungen 'Coaching' und 'Drehscheibe' sind schraffiert gekennzeichnet, da diese Angebote nur geringfügig nachgefragt wurden bzw. nur bedingt einsatzfähig gewesen sind. Die Blitze kennzeichnen 'Lücken' innerhalb

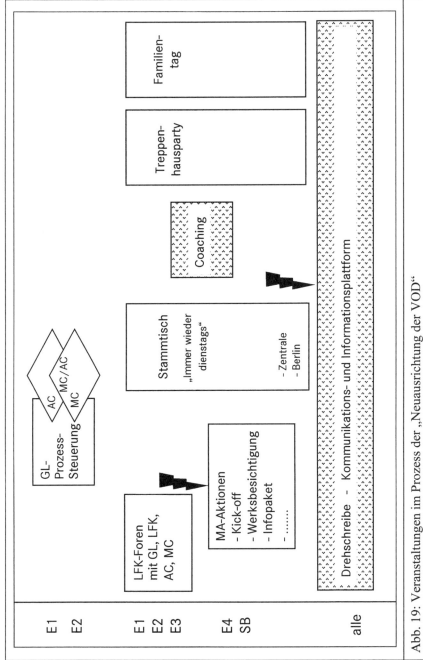

Abb. 19: Veranstaltungen im Prozess der „Neuausrichtung der VOD"

des Angebots an Kommunikationsarchitekturen, die im Laufe des Prozesses aufgetaucht sind. Hierauf kommen wir später zurück.

4.6. Der Prozess des Lernens der VOD

Die oben genannten ebenenspezifischen und ebenenübergreifenden Veranstaltungen wurden im Zeitraum von März bis Dezember 1998 durchgeführt. Im Rahmen dieser Veranstaltungen wurden Beobachtungen gemacht, die auf Lernprozesse schließen lassen, sowohl der Individuen als auch der Organisation als Ganzes. Dieser Lernprozess des Systems VOD ist aus unserer Sicht durch die gezielte Auseinandersetzung des Systems mit sich selbst und seiner Subsysteme mit Hilfe der Selbst- und Fremdbeschreibung gestartet worden. Aus systemtheoretischer Perspektive war es gelungen, dem System „eine kontrollierte Anregung zur Selbständerung" (Willke, 1989, Seite 130) zu geben. Im Anschluss an diese Irritation hat das System VOD inklusive seiner Subsysteme den dreifachen Veränderungsprozess bewältigt und die neue Struktur mit Leben gefüllt, d.h. das Überleben des Systems gesichert und weiterentwickelt.

Diese kontrollierte Anregung zur Selbständerung war eine Intervention im Sinne der Ermöglichungsdidaktik. Sie wurde nicht von außen vorgegeben, sondern von dem System selbst entwickelt. Die zur Verfügung gestellte Unterstützung waren die für die VOD entwickelten systemspezifischen Kommunikationsarchitekturen. Die Führungskräfte und Mitarbeiter der VOD haben dieses Angebot als Möglichkeit erkannt und entsprechend genutzt. Im Rahmen dieser Architekturen war eine der oben genannten Veranstaltungen besonders relevant für die hier zu erläuternden Prozesse des Lernens: die LFK-Foren für die leitenden Führungskräfte. Alle weiteren Veranstaltungen unterstützten den Prozess des Lernens im Rahmen der kommunikativen Durchdringung der gewonnenen Erkenntnisse in das Gesamtsystem.

Im Folgenden werden die Lernprozesse und die Lernergebnisse des Systems bzw. der Organisation VOD vorgestellt. Sowohl bei den Lernprozessen als auch bei den Lernergebnissen orientieren wir uns an vier Lernebenen, die im Folgenden vorgestellt und anschließend für unseren Kontext definiert werden:

> ➢ *das Individuum*, d.h. dem Träger eines psychischen Systems, das sich aufgrund der verschiedenen internen Teammitglieder (vgl. den Exkurs 'Parallelitätsthese' in Kapitel 3.5. 'Psychische Systeme') mit seinen unterschiedlichen Rollenerwartungen und Handlungsmustern auseinandersetzt;

> ➢ *die Gruppe*: Seit den Überlegungen von LEWIN (1951) zur Gruppendynamik wird die Gruppe als eine Einheit betrachtet, in der relevante Prozesse der Veränderung als Gruppenprozess stattfinden: „Die Verände-

rung des Gruppenstandards auf ein höheres Niveau ist oft kurzlebig. Nach einem 'Strohfeuer' kehrt das Gruppenleben bald wieder auf das vorherige Niveau zurück. Es genügt also nicht, dass man das geplante Ziel der Änderung einer Gruppenleistung als Erreichen eines anderen Niveaus bestimmt. Das Fortbestehen des neuen Niveaus, beziehungsweise das Fortbestehen für eine bestimmte Dauer, sollte in das Ziel einbezogen werden. Eine erfolgreiche Veränderung umfasst darum drei Aspekte: das Auflockern des jetzigen Niveaus N1, das Hinüberleiten auf N2 und das Verfestigen des Gruppenlebens auf dem neuen Niveau" (LEWIN, 1982, Seite 278f.);

➢ *die Organisation*: Seit der systematischen Anwendung von Trainingsgruppen in der Unternehmenspraxis, d.h. seit Beginn der Organisationsentwicklung, wurde die Ebene Organisation als dritte Ebene zunehmend wichtiger (vgl. TREBESCH, 1995);

➢ *die Wissensgemeinschaft*: Diesen Hinweis entnehmen wir WIEGAND (1996), der diese Unterscheidung zusätzlich zu den anderen drei Ebenen Individuum, Gruppe und Organisation eingeführt hat. Aus unserer Sicht ist die Wissensgemeinschaft eine wertvolle zusätzlich Unterscheidung zwischen den Ebenen Gruppe und Organisation.

Für die hier vorgestellten Lernprozesse und Lernergebnisse definieren wir die einzelnen Lernebenen wie folgt:

➢ die 'Organisation' ist das Gesamtsystem VOD;

➢ die 'Gruppen' sind die Subsysteme, in denen Interaktionen unter Anwesenden (vgl. Kapitel 3.4. 'Soziale Systeme') stattfinden, z.B. 'LFK-Foren', 'eine Veranstaltungseinheit der Mitarbeiteraktionen', 'die GL der VOD', etc.;

➢ als 'Wissensgemeinschaft' bezeichnen wir ebenfalls die Subsysteme, in denen allerdings aufgrund der Anzahl der beteiligten Personen eine Interaktion unter Anwesenden nicht mehr stattfinden kann, z.B. 'bisherige bzw. erfahrene Mitarbeiter', 'neue Mitarbeiter' sowie das sich aus den Mitarbeiteraktionen etablierende Netzwerk der neuen Mitarbeiter. Diese Mitarbeiter besitzen aufgrund gemeinsamer Erfahrungen ein spezifisches Wissen;

➢ mit 'Individuen' bezeichnen wir alle Führungskräfte und Mitarbeiter der VOD, d.h. die Träger der psychischen Systeme (vgl. Kapitel 3.5. 'Psychische Systeme').

Die eindeutigsten Aussagen bezüglich eines organisationalen Lernprozesses inklusive der entsprechenden Lernergebnisse können in Bezug auf das Subsystem 'LFK-Foren' gemacht werden. Dort wurden im Rahmen der qualitativen Sozialforschung die meisten Beobachtungen durchgeführt. Deshalb fokussieren wir im folgenden vorrangig auf diese Kommunikationsarchitektur.

4.6.1. Teilnehmende Beobachtung
Die im Rahmen der qualitativen Sozialforschung durchgeführten Beobach-
tungen waren 'teilnehmende Beobachtungen' (vgl. LAMNEK, 1989, Seite 233ff.)
in den LFK-Foren. Im Wesentlichen ging es dabei um ein 'zurückhaltendes
Dabeisein', um die Kommunikationsprozesse der Führungskräfte nicht zu stören.
Gleichwohl wurden die Pausen genutzt, um direkt (und indirekt) auch
Informelles zu erfahren. Hierzu wurden die Führungskräfte während der Pausen
angesprochen bzw. wurden die Gespräche, die die Führungskräfte untereinander
führten, beobachtet.
Die Inhalte der Beobachtung wurden anonym notiert und im Anschluss an jedes
LFK-Forum von den Beratern zusammengetragen. Dies führte einerseits zu
Erkenntnissen bzgl. der genannten Lernprozessen, zum anderen wurden gleich-
zeitig die Hypothesen über das System zum wiederholten Male überprüft und
entsprechend die Kommunikationsarchitekturen angepasst.

Bei der kick-off-Veranstaltung wurde die teilnehmende Beobachtung in ähn-
licher Form praktiziert. Auch hier sollten die Teilnehmer die Beobachter nicht
als Interviewer erfahren, sondern als Begleiter des Tages. Dort, wo es
angemessen erschien, wurden offene Fragen gestellt, um zu weiteren
Erkenntnissen zu gelangen. Die Beobachtungen der kick-off-Veranstaltungen
wurden ebenfalls am Ende des Tages von den Beratern zusammengetragen und
entsprechend verarbeitet.

4.6.2. Das Lernen in neun Schritten
Die Veranstaltung 'LFK-Forum' wurde im Rahmen des Projekts achtmal durchgeführt. Die dabei beobachteten Lernprozesse lassen sich in neun Lernschritte
gliedern. Diese Lernschritte lassen sich wiederum in 3 Phasen unterteilen:
➤ *selbstreferentielle und fremdreferentielle Beschreibung der Subsysteme*
➤ *Reflexion*
➤ *Fortsetzung der Kommunikation und Weiterentwicklung des Systems.*

Aufgrund der Vielzahl der LFK-Foren und ihrer jeweiligen zeitlichen Distanz
sind die drei Phasen bzw. die neun Lernschritte allerdings eher eine akzidentielle
Gliederung des gesamten Lernprozesses.

1. *Die Erarbeitung einer Selbstbeschreibung der relevanten Subsysteme.*
Die Subsysteme der VOD sind die Sparten (Bereiche mit den Führungsebenen 2
bis 4 sowie der Mitarbeiterebene 'Sachbearbeiter') und Querschnittsfunktionen
(Abteilungen mit den Führungsebenen 3 und 4 sowie der Mitarbeiterebene
'Sachbearbeiter'). Diese untergliedern sich kaskadenförmig wiederum in weitere
Subsysteme: Innerhalb der Sparten (E2) gibt es Abteilungen (E3) und Teams
(E4), innerhalb der Querschnittsfunktionen (E3) gibt es nur Teams (E4) (vgl.

dazu die Abbildung 13: 'Die neue Struktur der VOD' und die Abbildung 16: 'Die Führungsstruktur der VOD').

Die Subsysteme, d.h. die einzelnen Sparten und Querschnittsfunktionen der neuen Matrixstruktur, haben (in Absprache mit den Beratern von MC und AC) von der Geschäftsleitung (GL) die Aufgabe bekommen, eine Metaplan-Präsentation zu erstellen, die die Aufgaben, Kompetenzen, Verantwortungsbereiche der Sparte bzw. der Querschnittsfunktion klar definiert. Darüber hinaus sollten sie die Schnittstellen zu anderen Sparten und Querschnittsfunktionen darstellen und die eigenen Erwartungen an die anderen Subsysteme benennen. Hierzu war es erforderlich, dass sich die anwesenden Führungskräfte über ihre eigenen Rollen und Grenzen klar werden und diese gemeinsam mit ihren Kollegen reflektieren. Die Führungskräfte erzählen über das, was ihnen gemeinsam ist, und damit gleichzeitig auch über das, was sie trennt.

Das Ergebnis war eine im jeweiligen Subsystem vergemeinschaftete Darstellung dessen, was die einzelne Sparte bzw. die einzelne Querschnittsfunktion als ihren Aufgabenbereich inklusive der vorhandenen Kompetenzen und der dafür notwendigen Verantwortlichkeiten betrachtet. Hierbei lag der Fokus auf der eigenen Perspektive des Subsystems. Darüber hinaus sollten die Subsysteme zusätzlich die ihren Entscheidungen zugrunde liegenden Annahmen auflisten, d.h. aufgrund welcher Vorerfahrungen und Prämissen sie diese aktuellen Entscheidungen getroffen haben.

In diesem Schritt haben die Führungskräfte ihre Erkenntnisse über ihr eigenes Subsystem vertieft und die im Gesamtsystem vorhandene Kontingenz verringert. Dabei haben sie die verschiedenen Perspektiven der an ihrem System beteiligten Subsysteme (die Teams in den Abteilungen sowie die Teams und Abteilungen in den Bereichen) inklusive der den jeweiligen Perspektiven zugrunde liegenden Annahmen kennen gelernt.

2. Die Erarbeitung einer Fremdbeschreibung der anderen beteiligten Subsysteme:

Im Anschluss an die Erarbeitung eines Selbstbildes des eigenen Subsystems sollten die Führungskräfte ein Fremdbild von den anderen Subsystemen, d.h. den anderen Sparten und Querschnittsfunktionen, entwerfen. Hierfür war es erforderlich, sich über die Aufgaben, Kompetenzen und Verantwortlichkeiten der Nachbarsysteme auszutauschen und Entscheidungen zu treffen, welche Rollen dem jeweiligen Subsystem zugeschrieben und welche Grenzen für adäquat befunden werden. Ebenso wie in Schritt 1 sollten auch hier die Schnittstellen und die damit zusammenhängenden Erwartungen an die jeweils anderen Subsysteme benannt werden.

Für diese Fremdreferenz war es notwendig, die Perspektive der jeweiligen Sparte bzw. Querschnittsfunktion inklusive ihrer beobachtungsleitenden Unterscheidung temporär zu übernehmen, um deren Aufgaben möglichst umfangreich zu erfassen und schließlich entsprechend einzugrenzen. Auch hier wurden die

Führungskräfte gebeten, die ihren Entscheidungen zugrunde liegenden Annahmen aufzulisten, um einen begründeten Zusammenhang herzustellen.
In diesem Schritt haben die Führungskräfte sich mit den Bereichen außerhalb
ihrer (Subsystem-)Grenze, d.h. mit der Umwelt ihres Subsystems, auseinandergesetzt. Hierfür war es erforderlich, die eigene Position in Bezug auf die anderen
Systeme zu reflektieren.

3. *Die Präsentation der unterschiedlichen Sichtweisen aus den verschiedenen*
   Perspektiven mit anschließender Diskussion:
Die einzelnen Subsysteme haben sich ihre 'Sicht der Welt bzw. der VOD' gegenseitig vorgestellt (vgl. das Kapitel 3.14. 'Strukturelle Kopplung und Interpenetration'). Hierfür wurde eine zeitliche Reihenfolge vorgegeben, in der die
verschiedenen Sparten und Querschnittsfunktionen einen festen Termin
bekamen, an dem ihr Subsystem präsentiert und diskutiert wird. Beispielsweise
wurde an einem Termin die Querschnittsfunktion „Marketing/Kommunikation"
erst durch das entsprechende Subsystem als Selbstreferenz und anschließend
von allen anderen Subsystemen als Fremdreferenz präsentiert. Im Anschluss an
diese Präsentationen wurden die vorgestellten Sichtweisen diskutiert.
In diesem Schritt wurden die Führungskräfte damit konfrontiert, dass ihre im
Subsystem abgestimmte Selbstreferenz einen Unterschied macht zu den von den
anderen Subsystemen erarbeiteten Fremdreferenzen. Gleichzeitig bekamen sie
einen Spiegel vorgehalten, wie ihre Vorgehensweise von anderen Subsystemen
gesehen und bewertet wird. Darüber hinaus haben sich die Subsysteme in
diesem Schritt ihre Operationsmodi gegenseitig präsentiert und damit zur
Verfügung gestellt (vgl. Kapitel 3.14. 'Strukturelle Kopplung und Interpenetration').

4. *Das Benennen der gegenseitigen Erwartungen und das Erkennen der*
   zugrunde liegenden Beobachtungsmuster der einzelnen Perspektiven:
Im Verlauf der Präsentation der selbst- und fremdreferentiellen Beobachtungen
(„Wie sehen wir unseren Bereich?" – „Wie sehen uns die anderen?") sowie
durch die Vorstellung der gegenseitigen Erwartungen wurden die einzelnen
Perspektiven der beteiligten Subsysteme deutlich. Durch historisch bedingte
Gründe, z.B. die bisherige Zusammenarbeit, wurden von einzelnen Subsystemen
Erwartungen an andere Subsysteme geäußert, die nicht mehr in deren aktuellem
Selbstverständnis und auch nicht in der Fremdreferenz anderer Subsysteme
vorkamen. Das Offenlegen und das anschließende Erkennen dieser 'gewachse-
nen' Erwartungen war nur möglich, da die Subsysteme in Schritt 1 und 2 die
ihren Entscheidungen zugrunde liegenden Annahmen benennen sollten.
In diesem Schritt haben die Führungskräfte die den jeweiligen Perspektiven
zugrunde liegenden Beobachtungs- und Kommunikationsmuster der einzelnen
Subsysteme erfahren und konnten einen begründeten Zusammenhang für den
Unterschied zwischen der Selbst- und der Fremdreferenz herstellen. Dies war

ein wesentlicher Schritt zur Verringerung der Kontingenz der einzelnen Subsysteme und des Gesamtsystems.

5. *Das Erkennen der eigenen Muster und deren Wertschätzung:*
Aufgrund der Verknüpfung der Erwartungen mit den zugrunde liegenden Annahmen wird der Entstehungszusammenhang der Erwartungen deutlich. Dies klärt zwar noch nicht die unterschiedlich vorhandenen Erwartungen, macht aber verständlich, warum die anderen Subsysteme das eigene Subsystem mit diesen Vorstellungen konfrontieren. Es sind die unterschiedlichen systemspezifischen Perspektiven, mit denen jedes einzelne Subsystem die Welt (und sich selbst in der Welt) beobachtet und beschreibt (vgl. Kapitel 3.4.3. 'Beobachtungsleitende Unterscheidung'). Es gibt demzufolge nicht die eine Wirklichkeit, sondern so viele, wie es Beobachter gibt, die etwas beobachten (vgl. das Kapitel 2 'Konstruktivismus').
Und es gibt nicht die eine Wahrheit, und damit auch nicht Gewinner und Verlierer, sondern ebenso viele Wahrheiten wie Beobachter. Jedes Subsystem hat seine blinden Flecken und beobachtet die Welt aufgrund dieser eingeschränkten Möglichkeit. Die verschiedenen Formen der Wahrnehmung relativieren die Wirklichkeit. Dennoch besitzt die spezifische Form der Beobachtung für das jeweilige System aktuell ein Höchstmaß an Gültigkeit. Die Zurverfügungstellung der jeweiligen Beobachtungskriterien ermöglicht dem thematisierten System das Erkennen der eigenen Muster. Die Selbstbeschreibung des Subsystems steht plötzlich im Gegensatz zu den Fremdbeschreibungen der anderen Subsysteme. Es liegt nun an dem einzelnen Subsystem, die beiden Beschreibungsebenen in eine emergente Beschreibung zu integrieren, um neue Handlungsmöglichkeiten zu gewinnen. Dies kann allerdings nur über die Offenlegung der zugrunde liegenden Annahmen und, und das ist entscheidend, über die Offenlegung der eigenen Beobachtungsmuster geschehen.
In diesem Schritt haben die Führungskräfte mit Hilfe der gewonnenen Erkenntnisse die spezifischen Beobachtungs- und Kommunikationsmuster ihres Subsystems aus ihrer selbstreferentiellen Perspektive benannt. Außerdem haben sie im Sinne einer Wertschätzung die Entstehungsgeschichte und die Hintergründe, die zu diesen Mustern geführt haben, beleuchtet und herausgearbeitet.

6. *Die Reflexion der Beobachtungs- und Kommunikationsmuster:*
Nach der Präsentation und dem Herausarbeiten der zugrunde liegenden Muster wurde die Sequenz in Bezug auf das im Mittelpunkt stehende Subsystem unterbrochen. Erst in einem weiteren LFK-Forum wurden die erarbeiteten Ergebnisse weiterverwendet. In der Zwischenzeit hatte das jeweilige Subsystem die Aufgabe, die selbst- und fremdreferentiellen Informationen und Anregungen inklusive der genannten Erwartungen zu reflektieren. In dieser Phase haben die Subsysteme die unterschiedlichen Beschreibungen (die eigene Sichtweise und

die Sicht der anderen) nebeneinander gestellt und verglichen. Dabei wurden vor allem die zugrunde liegenden Annahmen untersucht: „Wo sehen wir unsere eigenen Differenzierungen?" – „Wie beobachten die anderen Subsysteme unsere Differenzierungen?" – „Können wir unsere Leitdifferenzen aufrechterhalten?" – „Welche Erwartungen haben wir an uns?" – „Welche Erwartungen haben die anderen an uns?" – „Was liegt innerhalb unseres Systems, was liegt außerhalb?" – „Wo sind unsere blinden Flecken?" – „Welche Muster pflegen wir?" „Wodurch werden die bestehenden Muster verstärkt, wodurch werden sie geschwächt?"

In diesem Schritt haben die Führungskräfte der jeweiligen Subsysteme die bisherigen Informationen reflektiert: die unterschiedlichen Perspektiven der Subsysteme, die den Perspektiven zugrunde liegenden Beobachtungs- und Kommunikationsmuster sowie die den Mustern zugrunde liegenden Annahmen und Erwartungen. Hierbei hatten sie die Aufgabe, die verschiedenen Muster in ihrem Kontext von Annahmen, Erwartungen und Erwartungserwartungen darzustellen.

7. Die Suche nach Gemeinsamkeiten und Unterschieden:

Nach der intensiven Phase der Reflexion hat das Subsystem eine neue Präsentation in Bezug auf seine Selbstbeschreibung erarbeitet und im LFK-Forum vorgestellt. Hierbei wurden die Anregungen der Fremdreferenz hervorgehoben und die Übernahme ins eigene System verdeutlicht. Ziel war es die unterschiedlichen Sichtweisen zu einem koordinierten Weg zusammenzuführen, dem auch die anderen Subsysteme zustimmen können, d.h. einem Weg, der auch für die anderen Subsysteme anschlussfähig ist. Mit anderen Worten: In diesem Schritt wurden veränderte Erwartungen vorgestellt, die aus Sicht des präsentierenden Systems für alle Beteiligten eine mögliche Alternative sein sollten.

In diesem Schritt hatten die Führungskräfte die Aufgabe, über die Grenzen ihres Subsystems hinauszuschauen, um die Gemeinsamkeiten und Unterschiede mit den anderen Subsystemen zu entdecken. Hierfür war es notwendig, die eigene Selbst- und Fremdreferenz mit den Selbst- und Fremdreferenzen der anderen Subsysteme abzugleichen. Außerdem sollten sie einen begründeten Zusammenhang für ihre Entscheidung anfertigen, aus dem deutlich wird, welche Erwartungen und Erwartungserwartungen sie mit ihrem Vorschlag verknüpfen.

8. Die Fortsetzung der Kommunikation:

Sofern die Präsentation des Subsystems an die Vorstellungen der anderen Subsysteme anschlussfähig ist, kommt es zu einer Diskussion, d.h. zu einer Fortsetzung der Kommunikation des Gesamtsystems. Anschlussfähig ist die Präsentation erst dann, wenn sie von den anderen beteiligten Subsystemen verstanden wurde (im Sinne der neueren Systemtheorie). Denn erst das Verstehen der ausgewählten Selektionen schafft die Möglichkeit, selbst Anschlussselektionen auszuwählen.

In diesem Schritt wurden die einzelnen Präsentationen auf die Probe gestellt, inwieweit sie den Erwartungen der anderen Subsysteme standhalten. Die vorherige Reflektion führte dazu, dass die Führungskräfte der verschiedenen Bereiche und Abteilungen in ihre Präsentationen die unterschiedlichen Perspektiven (aller beteiligten Subsysteme) inklusive der zugrunde liegenden Beobachtungs- und Kommunikationsmuster eingebaut hatten. Sie kannten die Erwartungen der anderen Subsysteme und wussten, wie sie die Anschlussfähigkeit ihrer Präsentation erhöhen können. Im weiteren Verlauf der Diskussion wurden die einzelnen Präsentationen zu einer neuen und emergenten Form integriert.

9. *Die Weiterentwicklung des Systems:*
Die Kommunikation wurde so lange fortgesetzt, bis die Erwartungen der beteiligten Subsysteme in einer emergenten Form integriert waren.
In diesem Schritt hatten die Führungskräfte die Aufgabe, die verschiedenen Ansätze zu prüfen und eine einheitliche und weiterführende Form zu gestalten. Es wurde so lange diskutiert, bis sich alle auf eine weitere Vorgehensweise verständigt hatten. Am Ende waren sich die Führungskräfte einig, dass sie mit diesem Vergemeinschaftungsprozess gleichzeitig eine Weiterentwicklung des Systems erreicht haben. Durch den Lernprozess wurde eine neue Systemidentität bzw. im Sinne von SCHEIN eine neue Kultur erschaffen: „Kultur ist ein System gemeinsamer Prämissen" (1995, Seite 133) bzw. „ein Muster gemeinsamer Grundprämissen, das die Gruppe bei der Bewältigung ihrer Probleme externer Anpassung und interner Integration erlernt hat, das sich bewährt hat und somit als bindend gilt" (SCHEIN, 1995, Seite 25).

Die oben dargestellten neun Schritte im Prozess des Lernens verdeutlichen, dass die systemspezifische Kommunikationsarchitektur 'LFK-Forum' Denken und Handeln integriert hat. Im Zusammenhang mit den einzelnen Reflexionsphasen standen stets Entscheidungen, die gemeinsam getroffen wurden. Am Ende jedes einzelnen LFK-Forums hatten die Führungskräfte Anschlussfähigkeit generiert, die im Arbeitsalltag fortgesetzt werden konnte. Aufgrund des gemeinsamen Verständnisses hatten die Führungskräfte die Sicherheit, dass sie mit den vereinbarten Erwartungen bei allen anderen Bereichen anschlussfähig waren. Darüber hinaus hatten die Führungskräfte neues Wissen generiert, das die Mitarbeiter für ihre Orientierung dringend benötigten.
Bevor die Lernergebnisse bzgl. der vier Lernebenen (Individuum, Gruppe, Wissensgemeinschaft, Organisation) detailliert vorgestellt werden, soll hier kurz der Beitrag der anderen Veranstaltungen zum Prozess des Lernens erwähnt werden.

4.6.3. Der Beitrag der anderen Veranstaltungen zum Lernen des Systems
Die weiteren Veranstaltungen hatten in Bezug auf das Lernen unterstützenden Charakter. Die Entscheidungen, die die Führungskräfte in den LFK-Foren getroffen haben, wurden innerhalb des Beratersystems ausgetauscht und konnten so beispielsweise bei den nächsten kick-off-Veranstaltungen den Mitarbeitern zur Verfügung gestellt werden. Somit wurde versucht, die Mitarbeiter fortwährend 'state of the art' in den Prozess einzubinden. Besonders unterstützend hat dabei, aufgrund der gemischten Zusammensetzung der kick-offs, die selbstgesteuert etablierte Netzwerkstruktur gewirkt. Aktuelle Informationen wurden schnell und unbürokratisch kommuniziert. Zum Teil waren die Mitarbeiter über dieses Netzwerk schneller informiert, als dies die Führungskräfte der Ebene 3 über die 'normale' Informationskaskade (E3 >> E4 >> Mitarbeiter) hätten ermöglichen können. Alle weiteren Veranstaltungen waren reine Informationsveranstaltungen und waren für den Prozess des Lernens nur in Ansätzen eine Unterstützung.

Allerdings hat die Summe aller Kommunikationsarchitekturen zu einem nachhaltigen Kommunikationsprozess innerhalb des Gesamtsystems geführt: Nicht nur Aktuelles, sondern Informationen aller Art wurden untereinander zur Verfügung gestellt. Die Etablierung dieses Netzwerks, d.h. die Nutzung der Kommunikationsmöglichkeiten, liegt in der differenzierten Anlage der Mitarbeiteraktionen begründet. Die vielschichtige Einbindung aller relevanten Systeme bzw. Subsysteme hatte damit erheblichen Einfluss auf das Gelingen des gesamten Kommunikationskonzepts.

4.6.4. Das Lernen des Systems
Die Fortschritte, die das Gesamtsystem VOD im Verlauf des Projekts gemacht hat, sind aus unserer Sicht als Lernprozesse zu bezeichnen. Die dabei erreichten Lernergebnisse beziehen sich auf die oben genannten vier Ebenen 'Organisation', 'Wissensgemeinschaft', 'Gruppe' und 'Individuum'. Im Folgenden werden diesen vier Ebenen unterschiedliche Lernergebnisse zugeordnet. Die dabei auftretenden Überschneidungen sind darin begründet, dass beispielsweise bei einem LFK-Forum sowohl die GL als Gruppe, die Führungskräfte der Ebenen 1 – 3 als Gruppe sowie auch die einzelnen Individuen gelernt haben.
Aufgrund der angelegten Kommunikationsarchitekturen und der Kommunikationen, die darin stattgefunden haben wurden folgende Lernergebnisse erzielt:

Ebene der Organisation:
➢ das Steuerungspotenzial der VOD hat sich erhöht;
➢ das System VOD hat die bisherigen Muster reflektiert und neue Muster generiert und sich damit eine neue Identität bzw. Kultur geschaffen;
➢ das System VOD hat sich die neue Struktur erarbeitet und mit Leben erfüllt;

> das System VOD hat sich weiterentwickelt, da durch die Kommuni-
kationsarchitekturen nicht nur Entscheidungen generiert wurden, sondern
zeitgleich eine neue Kommunikationskultur entstanden ist. Ausgangs-
punkt der Kommunikationen in den LFK-Foren war die Gleichheit und
Unparteilichkeit der Führungskräfte. In diesem Rahmen konnte sich ein
Diskurs im Sinne einer „idealen Kommunikationsgemeinschaft"
(HABERMAS, 1997, Seite 144) entwickeln;
> das System VOD hat die Friktionen der neuen Struktur, des Umzugs und
des massiven Mitarbeiterwechsels schnell überstanden;
> die Kommunikation innerhalb der VOD hat sich in Bezug auf die
Projektziele deutlich verbessert.

Ebene der Wissensgemeinschaft:
> aufgrund der diversen Mitarbeiteraktionen waren die neuen Mitarbeiter
schnell anschlussfähig;
> unter den neuen Mitarbeitern hat sich ein Netzwerk etabliert, was dazu
geführt hat, dass die Informationswege verkürzt wurden.

Ebene der Gruppe:
> alle leitenden Führungskräfte der VOD der Ebenen 1 - 3 haben sich
gegenseitig vorgestellt und kennen gelernt;
> die Führungskräfte haben in den LFK-Foren gemeinsam ihre Prozesse
reflektiert, in ihren Rollen als Vertreter der jeweiligen Subsysteme ihre
Muster offen gelegt, die gegenseitigen Erwartungen formuliert und im
Anschluss daran gemeinsame Entscheidungen getroffen. Diese Entscheidungen bezogen sich beispielsweise auf die Kompetenzen und Verantwortlichkeiten für das Thema 'Marketing': Vor der Umstrukturierung war
das Thema in jeder Sparte angesiedelt, jetzt ist es eine Querschnittsfunktion. Mit anderen Worten: Die Frage, 'Wer darf was bis zu welchem
Budget entscheiden?' wurde eindeutig geklärt;
> die GL der VOD hat Erkenntnisse gesammelt, wie Prozesse der Umstruk-
turierung mit Lernprozessen verknüpft werden können. Diese
Erkenntnisse bezogen sich auf die Beobachtungen der GL während der
LFK-Foren: Dabei hat die GL erlebt, wie sich die Führungskräfte der
Ebene 3 die strittigen Punkte der neuen Struktur kommunikativ erarbeitet
und zielorientiert zu einem erfolgreichen Abschluss geführt haben;
> die GL der VOD hat gelernt, Verantwortung bzgl. diverser Entschei-
dungen in die Hände der Führungskräfte der Ebene 3 zu legen. Aufgrund
der genannten Beobachtungen in den LFK-Foren war es für die GL eine
logische Konsequenz, Verantwortung zunehmend auf die Führungskräfte
der Ebene 3 zu verlagern.

Ebene der Individuen:
➢ alle neuen Mitarbeiter sind durch unterschiedliche Möglichkeiten über die Welt der VOD und der Auto-AG (Organisation, Standorte, Werke, Produkte) informiert worden und waren somit sehr schnell anschlussfähig;
➢ die Führungskräfte der Ebenen 1 – 3 haben ihre eigene Rolle und ihre Grenzen im Prozess der Selbst- und Fremdbeschreibung reflektiert;
➢ die Führungskräfte der Ebenen 1 – 3 haben sich mit den Perspektiven und den potentiellen und realen Erwartungen der anderen Systeme und der anderen Führungskräfte auseinandergesetzt;
➢ die Führungskräfte der Ebenen 1 – 3 haben ihre eigenen Standpunkte im Verhältnis zu den anderen Standpunkten reflektiert;
➢ die Führungskräfte der Ebenen 1 – 3 haben Erkenntnisse über ihre eigene Rolle in den Mustern des Systems gewonnen;
➢ alle Mitarbeiter und Führungskräfte haben Orientierung für weiteres Handeln aufgrund der abgestimmten Erwartungen und der getroffenen Entscheidungen gewonnen.

Die oben genannten Lernergebnisse lassen sich in vier wesentlichen Punkte zusammenfassen: Die VOD als Gesamtsystem sowie alle beteiligten Subsysteme haben
➢ durch die Präsentation ihrer Perspektiven, d.h. durch das Darstellen von Unterschieden, neues *Wissen* generiert;
➢ durch die Diskussion das neue Wissen anwendbar gemacht, d.h. ein entsprechendes *Können* realisiert;
➢ durch die Berücksichtigung aller Interessen und Erwartungen systemübergreifende Motivation sichergestellt, d.h. sowohl auf das Verstehen als auch auf das *Wollen* unterstützend gewirkt;
➢ durch die Veränderung der Kultur bzw. der Systemidentität sowie die veränderten Einstellungen den *Glauben* transformiert.

Diese von uns beobachteten Ergebnisse des Veränderungsprozesses der VOD entsprechen den von GEISSLER genannten Veränderungen des „Steuerungspotenzials eines Lernsystems" im Prozess des organisationalen Lernens (1995a, Seite 166f.; vgl. dazu auch das Kapitel 5.7. 'Prozess des Lernens'). Außerdem bilden die Lernergebnisse des Systems VOD den Prozess des „dreifachen Lernens" (GEISSLER, 2000, Seite VI) bzw. der dreifachen „Rationalitätsentfaltung" (GEISSLER, 1995b, Seite 375) ab:
➢ zum einen hat das System VOD das Ziel verfolgt, akute Probleme der Neustrukturierung und des Umzugs direkt anzugehen. In diesem Zusammenhang wurde kurzfristig Wissen vermittelt, um die Führungskräfte und Mitarbeiter handlungsfähig zu machen. Beispielsweise wurden die Führungskräfte, deren Kooperationsgrad durch die neue Struktur stark

gestiegen ist, auf den LFK-Foren bewusst zusammengeführt, um sich gegenseitig kennen zu lernen. Ebenso wurden die neuen Mitarbeiter auf den kick-off-Veranstaltungen mit dem Basiswissen über die VOD vertraut gemacht. Diese Form des Lernens beschreibt GEISSLER als *„operatives Anpassungslernen"* bzw. als ein Lernen, das „zunächst auf bestimmte vorgegebene Ziele bezogen und als ein Mittel zur Erreichung dieser Ziele konzipiert wird" (2000, Seite 51);

➢ zum anderen hat das System VOD die Zukunft der Organisation als offene Frage zur Diskussion gestellt, um dadurch eine Beschäftigung mit der Entwicklung des Systems und entsprechenden Alternativen zu ermöglichen. Hierfür wurden die neuen Aufgaben, Kompetenzen und Verantwortlichkeiten im Rahmen der Neustrukturierung nicht direktiv von der GL verteilt, sondern auf den LFK-Foren diskursiv abgestimmt. Damit war gleichzeitig eine Auseinandersetzung mit der Zukunft notwendig. Genauso wurde den neuen Mitarbeitern auf den kick-off-Veranstaltungen seitens des GL-Vertreters deutlich signalisiert, dass der dreifache Veränderungsprozess (neue Struktur, Umzug, 50% neue Mitarbeiter) die Möglichkeit bietet, die VOD neu zu gestalten. Entsprechend wurden den Teilnehmern der kick-off-Veranstaltungen Zeit zum Austausch mit den Referenten und untereinander zur Verfügung gestellt. Diese Form des Lernens beschreibt GEISSLER als *„strategisches Erschließungslernen"* bzw. als ein Lernen, das aufgrund ungewisser Zukunft, „als eine Erschließung alternativer Optionen angelegt sein muss" (2000, Seite 51);

➢ zum dritten hat das System VOD durch die Anlage des Projekts und der unterschiedlichen Kommunikationsarchitekturen eine emergente Form des Organisationslernens etabliert, das „die Beschränkungen zweck-rationaler Vernunft überwindet und ein Lernen im Umgang mit Sinn, d.h. mit Deutungsmustern, Erkenntnis- und Handlungsinteressen ermöglicht" (GEISSLER, 1995b, Seite 373). Die Diskussionen auf den LFK-Foren hatten die Aufgabe, die neue Struktur mit Sinn zu füllen, d.h. die Führungskräfte stellten sich gegenseitig ihre Handlungsmuster und Erwartungen sowie die ihnen zugrunde liegenden Werte und Normen vor. Hierfür war es notwendig, sich einerseits in der Sicherheit der eigenen Denk- und Handlungsgewohnheiten irritieren zu lassen, sich in Frage stellen zu lassen und nicht länger im Raum stehende Selbstzweifel abzuwehren, und andererseits sich dem anderen in seiner eigenen Verletzlichkeit zu zeigen und anzuvertrauen, d.h. auf schützende Rollen und Maskierungen zu verzichten und sich in seiner bedingungslos ungeschützten, d.h. echten Subjekthaftigkeit zu zeigen" (GEISSLER, 2000, Seite 277). Aufgrund der gemeinsamen wertrationalen Auseinander-setzung mit dem Fokus 'System VOD' haben diese Kommunikationen zur Entwicklung und Etablierung eines neuen, vergemeinschafteten

Verständnisses des Systems geführt. Die im Rahmen des strategischen Erschließungslernens entwickelten alternativen Optionen wurden auf einen normativen Horizont bezogen, „der nicht außerhalb des Lernens liegt, sondern in ihm, d.h. als Identitätshorizont eine normative Orientierung gibt, der unabhängig ist von den je vorliegenden Kontextbedingungen (*normatives Identitätslernen*)" (GEISSLER, 2000, Seite 51).

Das System VOD hat im Rahmen des oben beschriebenen Lernprozesses aus unserer Sicht nicht nur zweckrationale Ziele verfolgt und erreicht, sondern darüber hinaus auch wertrationale Kriterien zur Diskussion gestellt und kommunikativ verhandelt, d.h. die VOD hat nicht nur operatives Anpassungslernen und strategisches Erschließungslernen realisiert, sondern zusätzlich auch normatives Identitätslernen. In diesem Zusammenhang konnte in allen vier Lernebenen und bei allen Beteiligten ein neuer Maßstab des kommunikativen Austauschs etabliert werden. Für die Ebene 'Individuum' bedeutet dies beispielsweise folgende Lernerfahrung: Die Führungskräfte der Ebenen 1 bis 3 haben im Rahmen der Dialoge in den LFK-Foren ein neues Verständnis gewonnen, wie sie ihr Managementhandeln bzgl. der Steuerung der ihnen zugeordneten Mitarbeiter nicht nur operativ und strategisch, sondern zusätzlich normativ ausrichten können. Ähnlich wie der Direktor der VOD (E1) die Führungskräfte der Ebenen 2 und 3 in diesen kommunikativen Aushandlungs- und Entscheidungsprozess einbezogen hat, bietet sich jetzt für die Führungskräfte der Ebene 3 die Möglichkeit, dies in ihren Abteilungen fortzusetzen.

4.6.5. Welche Kommunikationsarchitekturen haben gefehlt?

Im Rahmen der Prozessevaluation haben die Berater von 'Management Consulting' iterativ ihre Interventionen überprüft und neue Interventionsstrategien geplant. Aufgrund von Entscheidungen des Auftraggebers sowie diversen Umsetzungsschwierigkeiten konnten nicht alle Kommunikationsarchitekturen wie geplant durchgeführt werden. Zum Ende des Projekts (Dezember 1998) ist deutlich geworden, dass die Einrichtung der temporären Kommunikationsarchitekturen in Bezug auf folgende Punkte nicht umfassend genug war:

➢ Die kick-off-Veranstaltungen boten den neuen Mitarbeitern innerhalb eines Tages eine umfassende Information über die VOD und gleichzeitig die Möglichkeit, andere neue Kollegen kennen zu lernen. Der entsprechende Erfolg wurde oben beschrieben. Aufgrund des enormen Informationsdefizits (in Bezug auf die neue Struktur) und des massiven Mitarbeiterwechsels wurde von den erfahrenen Mitarbeitern allerdings ebenfalls ein starkes Interesse an dieser bzw. an einer ähnlichen Veranstaltung zurückgemeldet.

➢ Die wöchentliche Veranstaltung 'Stammtisch' wurde am bisherigen Standort sehr gut angenommen, am neuen Standort dagegen sehr schleppend bis gar nicht. Dies hing einerseits mit den Baumaßnahmen am neuen

Standort zusammen, andererseits ist zu beachten, dass jede begleitende Maßnahme bei einer Kontextveränderung kritisch auf ihre weitere Brauchbarkeit zu prüfen ist. Mit anderen Worten: für die Situation der Mitarbeiter bzw. des Systems VOD am Standort der Konzernzentrale war diese Architektur sehr gelungen, für die veränderte Situation am Standort Berlin wäre eine Anpassung erforderlich gewesen.

➢ Für die verschiedenen Führungsebenen und auch zwischen den Ebenen wurden Kommunikationsplattformen für die Diskussion der bestehenden und die Generierung neuer Muster geschaffen. So wurden beispielsweise auf den LFK-Foren die Führungskräfte der Ebenen 1 bis 3 integriert. Allerdings hat die Geschäftsleitung (GL) auf die Einrichtung einer Verbindung zwischen der Ebene 3 und der Ebene 4 verzichtet. Diese 'Lücke' (vgl. dazu den Blitz in Abbildung 19: 'Veranstaltungen im Prozess') ist nur in den Subsystemen geschlossen worden, in denen die Führungskräfte der Ebene 3 selbst Wert auf die Kommunikation mit ihren Mitarbeitern legten. In allen anderen Subsystemen sind die Informationen (insbesondere die Ergebnisse aus den LFK-Foren) nur bedingt mit der Ebene 4 besprochen worden, und dementsprechend ist das weitere Vorgehen innerhalb dieser Subsysteme auch nicht kommuniziert worden, d.h. die in den LFK-Foren generierte Anschlussfähigkeit wurde hier wieder unterbrochen. Hierfür wäre eine weitere Kommunikationsarchitektur notwendig gewesen, die zeitgleich die Entscheidungen aus den LFK-Foren transparent macht und die Kommunikation über die spezifische Bedeutung für die einzelnen Subsysteme innerhalb dieser Subsysteme ermöglicht.

Diese Kommunikationsplattform für die Ebenen 3 und 4 wurde von der GL der VOD nicht gewünscht. Auch hier ist wiederum ein Muster zu erkennen: Die Orientierungslosigkeit der leitenden Führungskräfte sollte erst im eigenen Kreis behoben werden, bevor untergeordnete Führungskräfte und Mitarbeiter mit ins Boot geholt werden. Dieses Vorgehen führt zu einer zeitlichen Verschiebung, die dem ganzen Prozess der Neuausrichtung kontraproduktiv entgegensteht.

➢ Die Kommunikationsarchitektur 'Coaching' wurde lediglich von wenigen Führungskräften nachgefragt. Damit blieb die Möglichkeit, die oben genannten Lernerfahrungen bzgl. eines normativen Managementhandelns in einem individuellen Rahmen für die eigene Situation zu reflektieren, (vorerst) ungenutzt.

4.6.6. Welche Kommunikationsarchitekturen waren zuviel?

Im Rahmen der Kommunikationsarchitektur 'LFK-Forum', wurden bei jedem Forum zusätzliche Kommunikationsarchitekturen angelegt, die die Aufgabe hatten, die ganztägige Veranstaltung aufzulockern. Hier sollte neben der stark sachlichen Ausrichtung (Präsentationen und Diskussionen bzgl. Rollen,

Mustern, Erwartungen, etc.) auch die emotionale Seite der Führungskräfte zur Kommunikation angeregt werden. So wurde beispielsweise in Anlehnung an das (bei Umzug) noch nicht vollständig fertig gestellte Gebäude der VOD in Berlin am Veranstaltungsort (Foyer eines Hotels) eine kleine Baustelle errichtet, um die Situation der Führungskräfte in ihren neuen Büroräumen darzustellen. An dieses 'Kommunikationsangebot' wollten die Führungskräfte jedoch nicht anschließen. Ein Grund dafür war sicherlich die als Störung empfundene und deshalb negativ besetzte Baustelle in der VOD. Darüber sprach man zur Genüge während der Arbeit. Ein weiterer Grund war, dass die Baustelle gar nicht als 'gestellte Baustelle' erkannt wurde, d.h. schon nach wenigen Tagen, die sie die Baustellen in den Büros ertragen mussten, hatten die Führungskräfte ein Wahrnehmungsmuster entwickelt, das unsere Baustelle ausselektiert hat.

Ein weiteres Angebot zur emotionalen Kommunikation bestand in der Über-reichung von 48 Puzzleteilen mit den Maßen 50 x 50 cm. Die Führungskräfte bekamen den Auftrag, das Puzzle fertig zu stellen. Einziges Hilfsmittel war die Darstellung des Umrisses von 3 x 4 m. Schnell wurde das Puzzeln als 'Kinderkram' abgetan und die Zeit für andere Gespräche genutzt. Nur wenige Führungskräfte griffen zu den Teilen und versuchten, sie entsprechend zu verbinden. Als 'Belohnung' erhielten sie schließlich ein Bild 'ihres' VOD-Gebäudes.
In beiden Fällen wurde nicht bzw. nur zum Teil an die Kommunikation der Berater angeschlossen, d.h. die Ausgangsinformation ('Baustelle' bzw. 'Puzzle') wurde nicht verstanden bzw. wollte nicht verstanden werden. Die Kommuni-kation brach abrupt ab bzw. wurde nur auf wenige beschränkt. Offensichtlich wurde ein emotionaler Fokus nicht gewünscht.

4.7. Zusammenfassung

Der Prozess der Neuausrichtung der VOD war für die Organisation ein Erfolg. Das System VOD hat durch die von den Beratern zur Verfügung gestellten Kommunikationsarchitekturen Möglichkeiten zur Veränderung bekommen und genutzt. Aufgrund der gegenseitigen Zurverfügungstellung der etablierten Muster und Routinen sowie der gegenseitigen Erwartungen konnte das System verstehen und damit Anschlussfähigkeit sicherstellen. In diesem Zusammen-hang konnte Lernen sowohl in Bezug auf alle vier *Lernebenen*
  ➢ *Individuum*
  ➢ *Gruppe*
  ➢ *Wissensgemeinschaft*
  ➢ *Organisation*

als auch bzgl. der drei *Lernparadigmen*
  ➢ *operatives Anpassungslernen*

> ➢ *strategisches Erschließungslernen*
> ➢ *normatives Identitätslernen*

realisiert werden.

Das System VOD hat nicht alle Muster reflektiert und durch neue bzw. veränderte Muster ersetzt. So sind beispielsweise manche direkten Führungsbeziehungen z.T. noch von einer alten Denkweise geprägt: 'Das haben wir schon immer so gemacht, das machen wir auch weiterhin so'. Diese Muster der Führung bzw. des Führungsverständnisses sind allerdings im Rahmen des Auftrags bzw. der Kommunikationen nie thematisiert worden. Sie waren nicht im Fokus des Projekts der Neuausrichtung der VOD. Wenn der Auftrag an die Berater entsprechend ausgeweitet worden wäre, hätten andere Kommunikationsarchitekturen angelegt werden müssen.

Im folgenden Kapitel 'Systemisches Lernen' werden die theoretischen Grundlagen aus den Kapiteln 'Konstruktivismus' und 'Systemtheorie' mit den hier vorgestellten praktischen Erfahrungen verknüpft.

5. Systemisches Lernen

5.1. Einleitung

Die Verarbeitung von Informationen erfolgt bei Subjekten in Form eines konstruktiven Prozesses, d.h. die etablierten Annahmen und Muster selektieren die aktuellen Beobachtungen und gestalten damit die Wahrnehmung der jeweiligen Wirklichkeit. Diese Form der Informationsverarbeitung finden wir auch bei sozialen Systemen bzw. Organisationen: Der Begriff 'Betriebsblindheit' signalisiert, dass sich 'blinde Flecken' als Muster etabliert haben, die die Selektion der Wahrnehmung übernehmen. Diese Überlegungen wurden in den Kapiteln 2. 'Konstruktivismus' und 3. 'Systemtheorie' detailliert beschrieben. Im 4. Kapitel wurde ein Fallbeispiel vorgestellt, bei dem Manager in ihrem Veränderungsprozess mit den Beobachtungskategorien der beiden Theoriekapitel beobachtet wurden. Außerdem wurden die selbstgestalteten Veränderungen der Organisation als ein Lernprozess dargestellt.

Im Folgenden geht es nun um die Aufbereitung dieser theoretischen Grundlagen und der praktischen Erfahrungen zu einer neuen Vorstellung von Lernprozessen in Systemen. Entscheidend hierfür sind die zu etablierenden Kommunikationsarchitekturen, d.h. Strukturen, in denen innovative Kommunikationen ermöglicht werden.

Im Vorfeld zu einer detaillierten Darstellung des 'Systemischen Lernens' inklusive der erforderlichen Rahmenbedingungen wird hier unser Grundverständnis zum Lernen beschrieben.

5.2. Lernen

Der Begriff 'Lernen' hat nach der kognitiven Wende (um 1960) seinen Stellenwert verloren (vgl. HOLZKAMP, 1995, Seite 118f.). Stand er bei den behavouristischen Theorien noch in den Titeln ('Reiz-Reaktions-Lernen', 'Instrumentelles Lernen'), wurde er innerhalb der Theorien der kognitiven Organisation durch Begriffe wie Informationsverarbeitung, Wissen(-serwerb), Gedächtnis, Handeln und Problemlösen ersetzt. Gleichzeitig wurde der Mensch als aktiv handelndes, selbstbestimmtes und reflexives Subjekt zunehmend in den Vordergrund gerückt. Die kognitive Wende vollzog sich demnach sowohl auf der inhaltlichen Ebene (von Verhaltenstheorien zu Handlungstheorien) als auch in einem Wechsel des Menschenbildes (von einem mechanistisch-deterministischen Menschenbild zu der Auffassung vom Menschen als selbstbestimmt-reflexiven Subjekt). Erst durch die Ideen der 'Organisationsentwicklung' (vgl. beispielhaft die Ausführungen von TREBESCH, 1995) wurde der Begriff 'Lernen' wieder präsent, diesmal allerdings in Kombination mit dem abstrakten Gebilde 'Organisation' zu dem Begriff 'Lernende Organisation'. Dieser neue Begriff führte zu Irritationen, da Lernen bisher auf Individuen bzw. Subjekte beschränkt war. Wir versuchen in dieser Arbeit die bisherige Dichotomie aufzulösen, indem wir mit dem Begriff 'System' eine Kategorie einführen, die sowohl Individuum als auch Organisation sein kann. Mit anderen Worten: Wir gehen davon aus, dass es Möglichkeiten zu individuellen bzw. organisationalen Veränderungen im Sinne einer Selbsttransformation gibt, die als Lernprozesse eines Individuums bzw. einer Organisation bestimmt werden können. Diese Schlussfolgerung ergibt sich aus der Verknüpfung der neueren Systemtheorie mit der Parallelitätsthese nach SCHULZ VON THUN (vgl. das Kapitel 3. 'Systemtheorie', insbesondere das Kapitel 3.5. 'Psychische Systeme').

In dieser Arbeit verwenden wir den Begriff Lernen als „Kennzeichnung von Änderungen" (GUDJONS, 1997, Seite 216), die aufgrund von eigenständigem Handeln und Problemlösen entstanden sind. Mit diesen Begriffen folgen wir bei der Unterscheidung verschiedener Lernformen der Einteilung von GAGNÉ (1980) und EDELMANN (2000): „Der Mensch wird als selbstbestimmtes (autonomes) Subjekt gesehen, das sich selbst Ziele setzt. Handlungen sind ein Mittel zur Erreichung dieser Ziele. Sie werden willentlich und absichtlich eingesetzt. Sie sind grundsätzlich wählbar, d.h. es bestehen Handlungsalternativen, über die Entscheidungen getroffen werden müssen. [...] Die einzelnen Phasen einer Handlung werden mit einem relativ hohen Ausmaß an Bewusstheit durchlaufen. [...] Die Durchführung der eigentlichen Handlung wird durch diesen Plan gesteuert. Die Handlungsfolgen werden rückgemeldet, d.h. der Handelnde erwirbt Wissen über die Welt und über erfolgreiche und nicht erfolgreiche Handlungspläne" (EDELMANN, 2000, Seite 194). Die aufgrund der erfolgreichen (oder auch nicht erfolgreichen) Durchführung der Handlungspläne gemachten Erfahrungen fließen ein in die personenspezifischen Handlungsschemata bzw. Handlungskompetenzen. Damit sind kognitive Strukturen gemeint, die das Subjekt bei der Planung und Durchführung neuer Handlungen (z.B. durch das gespeicherte Wissen) unterstützen.

„Problemlösen", so EDELMANN, „ist ein Sonderfall des Handelns, der dadurch gekennzeichnet ist, dass wegen eines Hindernisses das Ziel nicht auf direktem Wege erreichbar ist" (2000, Seite 209). Je nach Merkmalen und Komplexität eines Problems gibt es unterschiedliche Vorgehensweisen, das Problem zu lösen: „Es werden 5 Formen des problemlösenden Denkens unterschieden:
> *Problemlösen durch Versuch und Irrtum;*
> *Problemlösen durch Umstrukturieren;*
> *Problemlösen durch Anwendung von Strategien;*
> *Problemlösen durch Kreativität;*
> *Problemlösen durch Systemdenken"* (EDELMANN, 2000, Seite 211).
Wir werden darauf im weiteren Verlauf zurückkommen.

GAGNÉ definiert Lernen als „eine Veränderung in einer menschlichen Disposition oder Fähigkeit, die über einen bestimmten Zeitraum erhalten bleibt, und nicht einfach durch Wachstumsprozesse zu erklären ist" (1980, Seite 14). Das Ergebnis des Lernens sind überdauernde Dispositionen, „die unterschiedliche Eigenschaften und Strukturen aufweisen und die entsprechend unterschiedliche Lernbedingungen erfordern. Ich bezeichne diese erlernten Dispositionen generell als Leistungsfähigkeiten. Ihre fünf Hauptarten nenne ich

> *intellektuelle Fertigkeiten;*
> *kognitive Strategien;*
> *verbale Information;*
> *motorische Fertigkeiten und*
> *Einstellungen"* (GAGNÉ, 1980, Seite 9).

Kognitive Strategien wiederum beschreibt GAGNÉ als „Fertigkeiten, mit denen Lernende ihre eigenen internen Prozesse des Aufmerkens, Lernens, Erinnerns und Denkens regulieren" (1980, Seite 44). Er geht demzufolge ebenfalls von einem autonomen Subjekt aus, das entsprechende Fertigkeiten lernt, indem es mit seiner Umwelt interagiert und die dabei generierten Erfahrungen in neue Situationen einbringt. Die kognitiven Strukturen sind dann als ein internes Repertoire zu verstehen, mit denen der Lernende auf verschiedene Situationen reagieren kann. So beschreibt GAGNÉ Problemlösen als einen Prozess, „in dem der Lernende eine Kombination zuvor erlernter Regeln entdeckt, die geeignet ist, eine Lösung für eine neuartige Situation zu erreichen" (1980, Seite 152). Wir werden zeigen, dass die in einem Prozess des systemischen Lernens zu etablierenden Kommunikationsarchitekturen genau dies ermöglichen: eine Veränderung der Wahrnehmung, um neue Kombinationen zu entdecken. Bevor wir nun vom Lernen von Individuen zum Lernen von Systemen wechseln, wollen wir darstellen, welche Gemeinsamkeiten bei psychischen und sozialen Systemen (vgl. Kapitel 3. 'Systemtheorie') bestehen.

5.3. Die Gemeinsamkeiten von sozialen und psychischen Systemen

Soziale und psychische Systeme sind Begriffe der neueren Systemtheorie mit denen kommunikative Zusammenhänge (also Gruppen und Organisationen) bzw. logische Zusammenhänge (das Bewusstsein von Individuen) bezeichnet werden. Diese Systeme sind komplexe Einheiten, die sich von einer Umwelt abgrenzen und sich durch ihre beobachtungsleitenden Unterscheidungen von anderen Systemen differenzieren. Sie variieren die Komplexität der Welt mit Hilfe ihrer Operationsweisen Kommunikation (soziale Systeme) bzw. Denken (psychische Systeme). Aufgrund unserer Überlegungen im Kapitel 3.5. 'Psychische Systeme' und im anschließenden Exkurs *'Die Parallelitätsthese nach SCHULZ V. THUN'* bezeichnen wir psychische Systeme als 'innere' soziale Systeme. Die Operationsweise des Denkens ist demnach ein innerer Dialog zwischen den beteiligten Rollenträgern bzw. inneren Teammitgliedern des psychischen Systems; im Beispiel von SCHULZ V.THUN sind dies der Habgierige, der Schüchterne, der Euphorische, usw. Dieser innere Dialog kann auch nach außen getragen werden, z.B. im Rahmen von gestalttherapeutischen Sitzungen (vgl. PERLS, 1999), in denen eine Person nacheinander ihre inneren Rollenträger bzw. Teammitglieder 'zu Wort kommen' lässt. GEISSLER beschreibt diesen Vorgang als „Prozess des lauten Denkens" (1995a, Seite 225). Dann operiert das psychische System ebenfalls mit der Operationsweise des sozialen Systems: Kommunikation; und die Operationsweise des psychischen Systems (Denken = innerer Dialog) wird äquivalent zur Operationsweise des sozialen Systems (Kommunikation).

Im Folgenden wird demzufolge generell von Systemen mit der Operationsweise Kommunikation gesprochen. Damit sind psychische und soziale Systeme gleichermaßen gemeint. Schon hier sei darauf hingewiesen, dass diese Subsumierung sich nicht auf den Prozess des Lernens auswirkt, sondern lediglich auf die das Lernen initiierenden Kommunikationsarchitekturen, d.h. dass für soziale Systeme andere Kommunikationsarchitekturen entwickelt werden als für psychische Systeme. Sofern sich die zu entwickelnden Architekturen auf die Ebene psychischer Systeme beziehen, d.h. dass die 'inneren Teammitglieder' (vgl. Kapitel 3.5. 'Psychische Systeme') die Gelegenheit haben, sich ihre jeweiligen Beobachtungen und Unterscheidungen gegenseitig darzustellen, besteht die Möglichkeit von Lernprozessen innerhalb des psychischen Systems in Form eines „intrapsychischen Dialogs" (GEISSLER, 2000, Seite 252). Wenn die Architekturen sich dagegen auf die Ebene sozialer Systeme beziehen, dann besteht die Möglichkeit von Lernprozessen in sozialen Systemen, d.h. in Gruppen und Organisationen.

Entscheidend ist, dass sowohl bei Lernprozessen innerhalb von psychischen Systemen als auch bei Lernprozessen innerhalb von sozialen Systemen immer beide Operationsweisen ('Denken' bzw. 'Kommunikation') aktiv sind. Aufgrund unserer Ausführungen in Kapitel 3.5. 'Psychische Systeme' und der dort beschriebenen Parallelitätsthese nach SCHULZ V.THUN lässt sich innerhalb der Lernprozesse auf der Ebene psychischer Systeme nicht zwischen den Operationsweisen des 'Denkens' und des 'Kommunizierens' unterscheiden. Ähnliches gilt für die Lernprozesse auf der Ebene sozialer Systeme: Die Zurverfügungstellung der den Kommunikationen zugrunde liegenden Beobachtungsmuster und Erwartungen ist eine Offenlegung der bisher unausgesprochenen Grundannahmen und Beweggründe, d.h. der bisher nicht veröffentlichten Spielregeln des jeweiligen Systems.

Innerhalb von Systemen (und hier sind jetzt sowohl soziale als auch psychische Systeme gemeint) ist jede Information „eine Selektion aus einem Horizont von Möglichkeiten – es ist möglich, nicht diese, sondern eine andere Information zu kommunizieren" (KNEER / NASSEHI, 1993, Seite 81). Kommunikation wiederum ist ein dreistelliger Selektionsprozess bestehend aus Information, Mitteilung und

Verstehen. Erst bei einer Synthese aller drei Selektionsleistungen kann von Kommunikation gesprochen werden. Jede Anschlusskommunikation signalisiert das Verstehen der vorangegangenen Kommunikation (vgl. das Kapitel 3.7. 'Kommunikation' und das Kapitel 4. 'Fallbeispiel'). Aufgrund der spezifischen beobachtungsleitenden Unterscheidungen bildet jedes System Kommunikationsmuster und daraus resultierend Erwartungen, die ein systemübergreifendes Verstehen nur bedingt ermöglichen. Ein Lernen des Systems kann deshalb nur über das Verständnis für die jeweiligen Muster und Erwartungen, einer Reflexion sowie einer Veränderung derselben erfolgen.

5.4. Definition des Begriffs 'Systemisches Lernen'

'Systemisches Lernen' ist das Lernen *von* Systemen. Damit ist gemeint, dass die Fortentwicklung der Systemidentität aufgrund der Selbst- und Fremdbeschreibung des Systems und seiner Reflexion, d.h. der Beobachtung der Wirkungen der Identität und der Rückwirkungen ins System im Vergleich zu anderen Systemen, erfolgreich verläuft. Systeme sind nach unserer Definition (vgl. dazu das Kapitel 3. 'Systemtheorie') Gruppen bzw. Organisationen (soziale Systeme) bzw. Gruppen von internen Rollenträgern (psychische Systeme). Sie sind außerdem durch eine Mehrzahl beteiligter Sub- bzw. Teilsysteme gekennzeichnet: Soziale Systeme beinhalten psychische Systeme und evtl. weitere soziale Systeme; psychische Systeme beinhalten als Subsysteme die inneren Rollen bzw. Teammitglieder (vgl. Kapitel 3.5. 'Psychische Systeme').

Sofern die verschiedenen Subsysteme gegenseitig ihren Sinn und ihre Erwartungen und Erwartungserwartungen kommunizieren, wird das Erkennen der jeweils zugrunde liegenden Muster (vgl. die Kapitel 2.5. 'Beobachtungsmuster' und 2.6. 'Kommunikationsmuster') ermöglicht. Durch diese gegenseitige Zurverfügungstellung (Prozess der Interpenetration) der jeweiligen Beobachtungs- und Kommunikationsmuster wird die Wahrscheinlichkeit des Verstehens, d.h. des Anschließens an Bisheriges, erhöht und damit die Wahrscheinlichkeit einer gelingenden Kommunikation gesteigert.

'Systemisches Lernen' ist die Reflexion der doppeltkontingenten Situation innerhalb eines Systems. Diese Situation ist dadurch gekennzeichnet, dass bei allen Beteiligten die gegenseitigen Erwartungen und Erwartungserwartungen (und darüber hinaus die zugrunde liegenden Muster und Unterscheidungskriterien) unbekannt bzw. uneindeutig sind. Durch die selbst- und fremdreferentielle Beschreibung und Reflexion der Erwartungen und Erwartungserwartungen besteht die Möglichkeit, die jeweils vorhandenen Muster zu erkennen und zu verändern. Erst wenn diese Muster und damit ebenfalls die bestehenden Grenzen der Wahrnehmung und der Kommunikation sichtbar und besprechbar gemacht werden, wird das bisher Unsichtbare und Nicht-Besprechbare transparent und veränderbar.

Dabei geht es nicht um eine temporäre Zustimmung zu dem einen oder anderen Muster im Sinne der Überbrückung einer konfliktären Situation, sondern um ein Verständnis für die verschiedenen Positionen der beteiligten Systeme, sowie die Weiterentwicklung der jeweiligen Ausgangspunkte zu einer emergenten Position im Sinne des verfolgten Ziels. Emergenz bezeichnet jene Eigenschaften eines Systems, die aus den Eigenschaften seiner Elemente nicht erklärbar sind (vgl. WILLKE, 1991, Seite 191). So wurden beispielsweise bei der Kommunikationsarchitektur 'LFK-Forum' (vgl. Kapitel 4. 'Fallbeispiel') Handlungsoptionen kreiert, die vorher undenkbar gewesen sind, z.b. Budgetverantwortung bis zur untersten Hierarchieebene. Diese Möglichkeit ergab sich erst aus der gemeinsamen Bearbeitung der jeweiligen Muster und der kooperativen Suche nach besseren Entscheidungen.

'Systemisches Lernen' ist ein konstruktivistisches und generatives Lernen, d.h. es ist kein Prozess der Wissensaneignung von vorgefertigten Lerninhalten, sondern ein Veränderungsprozess, dessen Ziel und Entwicklung von den beteiligten Systemen beeinflusst wird. 'Systemisches Lernen' ist die Veränderung des systemischen Wissens im Sinne des Überlebens des Systems. Erst das Erreichen des Ziels, d.h. die Fortsetzung der Autopoiesis des Systems, verdeutlicht den Prozess des Lernens.

'Systemisches Lernen' ist mehr als ein Lernen im Sinne einer Reifung. Dieses Lernen hätte allenfalls evolutiven Charakter. Evolution findet fortwährend statt, Systeme entwickeln sich weiter oder sterben ab. Lernen kann ein System allerdings erst dann, wenn es sich bewusst mit den eigenen und den fremden Beschreibungen auseinandersetzt. Diese Auseinandersetzung mit der Umwelt und mit sich selbst erfolgt beim 'Systemischen Lernen' auf einer Ebene, die als „intentionales Organisationslernen" (GEISSLER, 2000, Seite 263) bzw. als „intentionales Lernen" (HOLZKAMP, 1995, Seite 183) bezeichnet werden kann. 'Systemisches Lernen' ist intentionales Lernen in dem Sinne, dass nicht das Lernen, sondern die Weiterentwicklung des Systems beabsichtigt wird. Mit anderen Worten: „Es reicht deshalb nicht aus, sich auf den eigenen Arbeitsgegenstand und seine Bedingungen bzw. Bedingungsmöglichkeiten zu konzentrieren, sondern es ist unerlässlich, sich auch mit den eigenen Arbeitsaktivitäten und ihren psychischen Bedingungen und ihren Bedingungsmöglichkeiten auseinander zu setzen und in diesem Zusammenhang auch das implizite Wissen, das den eigenen Arbeitsaktivitäten zugrunde liegt, explizit und damit intentional veränderbar zu machen" (GEISSLER, 1998, Seite 174). Erst die gewollte und zielgerichtete (z.B. auf Effizienz angelegte) Veränderung des Systems ist als 'systemisches Lernen' zu bezeichnen.

Der Unterschied liegt in der bewussten und zielgerichteten Gestaltung der Veränderung. „Von Lernen in diesem Sinne kann aber nur dann sinnvoll gesprochen werden, wenn in der Lernintention die Gewinnung einer die jeweilige Situation überschreitenden Permanenz und Kumulation des Gelernten mitintendiert ist, d.h. das Erworbene nicht sofort wieder verloren geht, sondern

transsituational derart erhalten geblieben ist, dass nun im Weiteren an diesem
neuen Niveau angesetzt werden kann" (HOLZKAMP, 1995, Seite 183). Demzufolge lassen sich Veränderungen von sozialen Systemen erst im Nachhinein
als Lernprozess beschreiben. Entscheidend ist, das sich das System dabei auf
eine emergente Ebene entwickelt. Aufgrund dieser Erweiterung bzw.
Ausdehnung des Systems auf eine andere Ebene bezeichnen wir die Lernprozesse im Rahmen des 'systemischen Lernens' als „expansiv" (HOLZKAMP,
1995, Seite 190ff.) bzw. als „extensional" (TREML, 2000, Seite 74ff.). Die
hierfür erforderlichen Rahmenbedingungen sowie der daraus resultierende
Prozess werden im Folgenden beschrieben.

5.5. Rahmenbedingungen

Systeme (im Sinne der neueren Systemtheorie inklusive unserer Erweiterungen,
vgl. Kapitel 5.3. 'Die Gemeinsamkeiten von sozialen und psychischen
Systemen') bestehen aus Kommunikationen; dies sind ihre letzten, nicht weiter
auflösbaren Elemente. Ein Lernen des Systems kann demzufolge nur in Form
von Kommunikation stattfinden. Welche Kommunikationen bzw. welche
Strukturen zur Ermöglichung von Kommunikation (d.h. welche Kommunikationsarchitekturen) müssen angelegt werden, um systemische Lernprozesse zu
initiieren?
Systemisches Lernen kann nur dann stattfinden, wenn die Sub- bzw. Teilsysteme sich gegenseitig ihr Komplexitätsgefälle (die bisherigen Selektionen
und ihre zugrunde liegenden Annahmen und Erwartungen) und ihre Redun-
danzen (die gegenwärtig möglichen Selektionen) zur Verfügung stellen.
Diese Offenlegung der getroffenen Auswahl und der beobachtungsleitenden
Unterscheidungen inklusive der Operationsmuster und –strukturen (bei sozialen
Systemen: Kommunikationsmuster; bei psychischen Systemen: Denkmuster)
ermöglicht ein Verständnis der jeweiligen Wirklichkeitskonstruktion und ist
damit Basis zur Entstehung einer emergenten Ordnung. „Organisationales oder
institutionelles Wissen steckt in den personenunabhängigen, anonymisierten
Regelsystemen, welche die Operationsweise eines Sozialsystems definieren"
(WILLKE, 1998, Seite 16). Ein System zu verstehen heißt, die Regeln zu
erfassen, die dieses System leiten.
Die Wahrnehmung der differenzierten Wirklichkeitskonstruktionen inklusive
ihrer Historie und die kommunikative Auflösung der damit verbundenen
Grenzen sind die Voraussetzungen zur Entwicklung eines systemischen Lernprozesses. „Lernen und Ver-Lernen ist eine Veränderung von Unterscheidungen" (SIMON, 1998, Seite 363). Sofern die bisherigen Unterscheidungen
aufrechterhalten werden, findet keine Verständigung und damit kein Lernen
statt. „Wenn wir zur Kenntnis nehmen, dass in unserer postmodernen Gesellschaft mit einem hohen Grad an Pluralität und unterschiedlichen Leitdifferenzen
kommuniziert wird, können wir gar nicht anders, als sehr unterschiedliche

Perspektiven von Beschreibungen, Wahrnehmungen und Positionen im jeweiligen System anzuerkennen und nach parallelen Sinnebenen und nach Basisverständigung zu suchen. Hierzu bedarf es einer kompetenten Methode der Verständigung. Wird diese Verständigung nicht geleistet – was häufig der Fall ist -, entstehen sofort Missverständnisse oder grundlegende Kränkungen. Mit Methoden des Discounting, d.i. das bewusste oder unbewusste Ignorieren, Verkennen, Übersehen von Informationen, die für die Lösung eines Problems relevant wären, wertet man die andere Person oder sogar das ganze System ab" (KÖSEL, 1996, Seite 49). Die unterschiedlichen Sichtweisen, d.h. die auf die Grenzen der Systeme zurückgehenden Perspektiven, sind deshalb nicht als Problem oder als prozessverhindernd zu deuten, sondern als unbedingte Erfordernis, um den Lernprozess zu starten. „Ohne diese Grenzen wären wir in einem undifferenzierten Kontinuum von 'Gleichsein' gefangen, ohne die Differenz zum 'Fremden' und 'Nicht-in-das-eigene-Muster-Passende' hätten wir keine Chance zur Veränderung und zum Lernen. Dort, wo das 'Anders-Sein' und 'Anders-Denken' von 'Außenstehenden' mit unseren eigenen Denk- und Handlungsmustern zusammentrifft, ist der Ort potentiellen Wandels" (DEISER, 1995, Seite 314). Dafür ist es notwendig, die bestehenden Grenzen transparent und damit besprechbar zu gestalten.

Systemisches Lernen fokussiert deshalb auf die gegenseitige Zurverfügungstellung der jeweiligen systemspezifischen beobachtungsleitenden Unterscheidungen. Dabei gibt es weder *richtig* oder *falsch*, also auch nicht *die* richtige Lösung für ein erkanntes Problem oder *die* richtige Information für eine erkannte Wissenslücke. Die Wahrheit besteht immer aus mehreren Wahrheiten und lässt sich nicht auf ein Einziges (wie beispielsweise die göttliche Ordnung) reduzieren. Stattdessen gibt es in Systemen Entscheidungen, die getroffen werden müssen, und die aufgrund einer bestimmten Beobachtung getroffen werden. Die Beobachtung wird verständlicher, sofern die zugrunde liegenden Unterscheidungskriterien (die Kategorien des Denkens und Handelns, die Schubladen der psychischen und sozialen Systeme) bekannt sind. Sofern sich die beteiligten Systeme gegenseitig ihre Unterscheidungskriterien vorstellen, ist Erkennen und damit Lernen möglich.

Entscheidend für diesen Lernprozess ist die Fähigkeit, den Standpunkt des Beobachters wechseln zu können, d.h. die Ebenen der Beobachtung und der Kommunikation zu wechseln (vgl. die Abbildung 20).

Das Ziel beim Wechsel der Beobachterperspektive ist, die systemeigenen beobachtungsleitenden Unterscheidungen (das eigene selbstreferentielle System) temporär aufzuheben, um andere beobachtungsleitende Unterscheidungen (des fremdreferentiellen Systems) temporär zu übernehmen. „Der Übergang von direkten Bewältigungshandlungen zu intendierten Lernhandlungen scheint vielmehr eher durch eine (vorübergehende) Suspendierung des für das Bewältigungshandeln charakteristischen Zielbezugs gekennzeichnet zu sein: Ich halte –

Abb. 20: Die Ebenen der Beobachtung

1. Ein Beobachter betrachtet ein Bild (Beobachtung I. Ordnung).
2. Ein zweiter Beobachter beobachtet den ersten Beobachter beim Betrachten eines Bildes (Beobachtung II. Ordnung).
3. Ein dritter Beobachter beobachtet einen Beobachter beim Beobachten eines Beobachters. Diese Beobachtung III. Ordnung ist schließlich wiederum eine Beobachtung II. Ordnung (die Beobachtung eines Beobachters).

da ich bei der Problembewältigung auf direktem Wege nicht weitergekommen bin – quasi erst einmal inne, versuche Überblick und Distanz zu gewinnen, um herausfinden zu können, wodurch Schwierigkeiten entstanden sind und auf welche Weise ich sie lernend überwinden kann" (HOLZKAMP, 1995, Seite 184). Dieser Wechsel zwischen den Beobachtungen der I. und II. Ordnung ermöglicht andere Wahrnehmungen und bietet die Möglichkeit zu neuen Erkenntnissen über die Grenzen des Systems und seiner Subsysteme. Hieraus erwächst die Möglichkeit, in einem gemeinsamen Prozess die selbst- und die fremd-referentiellen Beobachtungen in einer Synthese zusammenzuführen und kommunikativ zu verhandeln. Systemisches Lernen ist die Gestaltung eines Lernprozesses mittels systemspezifischer Kommunikationsarchitekturen, in dem die Kontingenz der beteiligten Subsysteme durch die kommunikative Reflexion der jeweiligen Erwartungen verringert und koordiniertes Handeln möglich wird. „Die Einheit dieses doppelten Anspruchs, d.h. des Spannungsbogens von Reflexion und Handlung ist Lernen" (GEISSLER, 2000, Seite 148). Hierfür ist es notwendig, die eigene determinierende Haltung („Selbst-Trivialisierung" REINHARDT, 1995, Seite 265) aufzugeben, um anderes denkbar und wahrscheinlich zu machen. Dies führt nicht nur zu neuen Kommunikationen, sondern auch zu neuen Grundlagen dieser Kommunikationen. „Wenn die Mitglieder aus verschiedenen ethnischen und beruflichen Kulturen stammen, vertreten sie auf dieser Ebene sehr wahrscheinlich unterschiedliche Prämissen. [...] Wenn sich die Mitglieder näher kennenlernen, entwickeln sie auf dieser grundsätzlichen Ebene allmählich gemeinsame Annahmen, die sich letzten Endes nicht mehr ganz mit den ursprünglichen Prämissen der einzelnen Mitglieder decken" (SCHEIN, 1995, Seite 93), d.h. auch die beobachtungsleitenden Unterscheidungen haben sich verändert.

Die Erkenntnis über die eigenen und fremden Erwartungen inklusive ihrer zugrunde liegenden Muster sowie ihre kommunikative Auflösung führen zu einer Veränderung der Perspektive. Systemisches Lernen ist der Ausweg aus der zweiwertigen Logik der beobachtungsleitenden Unterscheidungen. Da es weder 'richtig' noch 'falsch' gibt, ist systemisches Lernen der Umgang mit der Unsteuerbarkeit und Unsicherheit, d.h. Orientierung auf unbekannten Wegen. Die Herauskristallisierung neuer, gemeinsam vereinbarter Erwartungen und Erwartungserwartungen verdeutlicht die Entwicklung einer emergenten Systemidentität und damit einen Prozess des Lernens.

5.6. Kommunikationsarchitekturen

Die Koordination von Handlungen erfolgt über Strukturen, die die verschiedenen Einzelhandlungen innerhalb eines Systems aufeinander abstimmen. Diese Strukturen werden in Anlehnung an TICHY als „Sozialarchitektur(en)" (1995, Seite 85ff.) bezeichnet. Die einzelnen Handlungen der Organisationsbzw. Teammitglieder werden über Entscheidungen, d.h. über Kommunikationen, koordiniert (vgl. hierzu die Kapitel 3.4. 'Soziale Systeme', 3.7. 'Kommunikation' und 3.9. 'Entscheidung'). Der Begriff 'Architektur' verweist im Gegensatz zum Begriff der 'Struktur' auf die Möglichkeit der Gestaltung von Kommunikationen in einem festen Bezugsrahmen (vgl. dazu KÖNIGSWIESER / EXNER, 1998).

Demzufolge ist die Sozialarchitektur des Systems gleichzeitig eine Kommunikationsarchitektur bzw. die Summe der verschiedenen Kommunikationsarchitekturen des Systems. Dies sind die Strukturen und Instrumente, mit denen beispielsweise eine Organisation die Koordination der Handlungen gewährleistet, z.B. Projektstrukturen, Abteilungsbesprechungen, Controllingprozesse, Klausurtagungen, Teamentwicklungen, Rundschreiben, Entscheidungsgremien, etc. Dazu gehören aber auch die unzähligen informellen Strukturen, wie z.B. die Raucherecke oder freie Netzwerke. Mit der Anlage und Nutzung dieser verschiedenen Kommunikationsarchitekturen werden in Systemen parallel zur Koordination der einzelnen Handlungen zusätzlich Botschaften vermittelt, die sich als Muster in den Handlungsabläufen etablieren. Diese Botschaften beinhalten die Spielregeln der Umsetzung der jeweiligen Kommunikationsarchitektur.

Beispielsweise beinhaltet die Struktur einer Linienorganisation andere Kommunikationsprozesse als die von Matrix- oder Projektorganisationen (vgl. dazu das Kapitel 4.4.2. 'Die neue Struktur'). Eine Abteilungsbesprechung, die regelmäßig durchgeführt wird, ermöglicht andere Kommunikationen als individuelle Interaktionen zwischen Abteilungsleiter und Mitarbeitern und diese wiederum andere als formelle Rundschreiben. Ebenso führt die Einrichtung von Abteilungen zu spezifischem Abteilungsverhalten, bei denen die Organisationsmitglieder aus Nachbarbereichen auf die Grenze dazwischen bzw. auf ihre Kompetenzen verwiesen werden. Diese Erfahrung ist vor allem bei Projektmitarbeitern verbreitet, die zwischen den verschiedenen Verantwortlichen (Linie, Projekt) stehen.

Die Form der Organisation ist demzufolge auch gleichzeitig der Inhalt. Die Kommunikationsarchitekturen transportieren Botschaften, d.h. zur jeweiligen Kommunikationsarchitektur gehört immer ein entsprechender Rahmen, der den Mitarbeitern die Spielregeln oder die gewünschten Verhaltensweisen vermittelt. Es ist ein Unterschied, ob eine Teambesprechung einmal pro Woche oder einmal pro Monat stattfindet. Ebenso ist es ein Unterschied, ob Mitarbeiter ihre Ziele mit ihren Vorgesetzten vereinbaren oder ob sie diese vorgegeben bekommen. Die jeweiligen Kommunikationswege fördern bestimmte Denk- und Verhaltensmuster, die sich wiederum zu Routinen und Mustern bzw. zu „sozialen Regeln und informellen Kommunikationsstrukturen" (GEISSLER, 1998, Seite 197) etablieren. Mit anderen Worten: Die einzelnen Mitarbeiter lernen, welche Anpassungsleistungen für das eigene Fortkommen in der Organisation förderlich sind und welche nicht. Dabei setzen sich am ehesten die Kommunikationen fort, deren Muster sich in der Vergangenheit am erfolgreichsten etabliert haben. Aus diesen Überlegungen lässt sich Folgendes ableiten: Sozialarchitekturen sind Kommunikationsarchitekturen sind Lernarchitekturen. Die Konsequenz für Lernen heißt dementsprechend: „Das Lernhandeln selbst schließt also eine Veränderung der realen Lernbedingungen notwendig ein" (HOLZKAMP, 1995, Seite 530).

Diese Schlussfolgerung lässt sich beispielhaft an den Kommunikationsmustern in Projekten innerhalb einer Linienorganisation erläutern:
Die Linienorganisation ist eine Sozialarchitektur, die mittels einer bestimmten Entscheidungsstruktur organisiert ist. In den meisten Fällen ist dies die pyramidenförmige Hierarchie, d.h. den einzelnen Gruppen oder Abteilungen von Mitarbeitern sind Führungskräfte übergeordnet, die bei einem Zweifel zwischen Entscheidungsalternativen die Entscheidungsgewalt haben. Diese Struktur ist zugleich die Kommunikationsarchitektur, da die Entscheidungsgewalt nicht bei jeder neuen Entscheidungsfindung aktuell kommuniziert werden muss, sondern durch die verabschiedete Struktur bekannt ist und angewendet wird. Inwieweit dieses Verhalten verinnerlicht wird und sich als Muster etabliert, zeigt sich, wenn die Mitarbeiter aus der Linie sich für die

Mitarbeit in einem Projekt entscheiden. So sind überall dort Konflikte zu erwarten, wo die Mitarbeiter und die Führungskräfte sich nicht auf ihre angestammten Rollen verlassen können. Sofern das erlernte und bisher erfolgreiche Verhalten auch in der neuen Organisationsform fortgesetzt wird, obwohl die Kommunikationsarchitektur im Projekt anders als die bisherige ist, sind Schwierigkeiten vorprogrammiert: So ist es beispielsweise möglich, dass die Rollen der Kollegen plötzlich vertauscht sind. Die Führungskraft einer Abteilung aus der Linie ist plötzlich einem Sachbearbeiter unterstellt, da dieser die Projektleitung übernommen hat. Die Kommunikationen aus der angestammten Rolle sind nicht mehr anschlussfähig. Dasselbe gilt für die erprobten und etablierten Regeln und Grenzen der Aufgabenverteilung und Aufgabenbewältigung.

Die Strukturen der Organisation spiegeln sich in ihren Kommunikationen und Lernmöglichkeiten wider. Da sich Systeme (im Sinne der neueren System-theorie) nur durch ihre Elemente, d.h. durch Kommunikationen, autopoietisch fortsetzen, ist es entscheidend, dass bei Veränderungen oder Lernprozessen jene Kommunikationen beteiligt sind, die einen Einfluss auf eben diese Veränderungen oder Lernprozesse haben. Ähnlich wie in der systemischen Familientherapie (vgl. SELVINI PALAZZOLI, 1977; SIMON, 1988; SATIR, 1990), bei der beispielsweise das soziale System nicht nur aus den Interaktionen zwischen einem magersüchtigen Jugendlichen und der Therapeutin besteht, sondern das System um die Kommunikationen anderer Beteiligter (Eltern, Geschwister, Verwandte, Freunde, etc.) erweitert wird, ist es in allen Systemen ratsam, bei Veränderungs- und Lernprozessen andere Kommunikationen (und damit auch andere Muster) zuzulassen und auf diesem Wege Neues zu ermög-lichen, beispielsweise durch die Ausdehnung des Prozesses auf ganze Organisa-tionseinheiten, wie z.B. Teams oder Abteilungen.

Das System besteht nicht nur aus der Führungskraft, sondern aus dem ganzen Team. Die individuelle Veränderung wird eventuell Auswirkungen auf das Team haben, es ist jedoch erfolgreicher, das gesamte Team an der Veränderung teilhaben bzw. die Veränderung selbst gestalten zu lassen. Ebenso ist es unter Umständen ratsam, nicht nur ein einzelnes Team, sondern die entsprechenden Nachbarbereiche, Geschäftseinheiten, Kunden, Lieferanten, die nächsthöhere Führungsebene, usw. in den Prozess einzubinden. Diese Erkenntnis ergibt sich oft erst im Laufe des Prozesses. Demzufolge sind für das 'Systemische Lernen' Kommunikationsarchitekturen erforderlich, die sowohl die Erwartungen als auch die Erwartungserwartungen relativ flexibel (im Sinne der doppelten Kon-tingenz) gestalten. Jede stabile Form von Erwartungen bzw. Erwartungs-erwartungen würde die für das Lernen notwendige Reflexion verhindern: „Leitbilder und Rezepte können nur auf Kosten von blinden Flecken gebildet werden und blenden damit die Widersprüchlichkeit und Komplexität von Organisationen aus" (KÜHL, 2000, Seite 189).

ARNOLD bezeichnet die Einrichtung einer systemspezifischen Kommunikationsarchitektur als Kontextparallelität der Systeme: „Festgefügte Organisationsstrukturen (z.b. Hierarchien, Dienstwege, Abteilungsgrenzen, etc. werden
ergänzt, überlagert, durchwirkt und abgelöst von systemisch-flexiblen Koopera-
tionsmustern, die sich dabei auch oftmals als die eigentlichen bzw. die eigentlich
bedeutsamen und tragfähigen Strukturmuster erweisen können" (1996, Seite 82).
Entscheidend für das Entwickeln und Einrichten einer systemspezifischen
Kommunikationsarchitektur ist die Vorstellung von Komplexität. „Komplexität
meint die Gesamtheit der möglichen Ereignisse und Zustände: Etwas ist
komplex, wenn es mindestens zwei Zustände annehmen kann" (KNEER /
NASSEHI, 1993, Seite 40). Die Lösung eines Problems geschieht nicht über die
Reduktion der Komplexität, sondern über deren Steigerung. Ein Problem ist
leichter zu lösen, wenn mehrere Lösungsmöglichkeiten zur Auswahl stehen.
Demzufolge ist nicht die Kommunikationsarchitektur förderlich, die möglichst
viel ausspart, d.h. die Komplexität möglichst weit reduziert, sondern
ausgerechnet jene Architektur, die zusätzliche Komplexität ins System herein-
holt (vgl. BAECKER, 1994, 1997). Erst durch die Veränderung der Betrachtungs-
möglichkeiten entdeckt das System andere Optionen und kommt so zu einer
Entscheidung bzw. Lösung. Als Beispiel führen wir hier eine gekürzte Fassung
der Geschichte vom 18. Kamel (vgl. PESESCHKIAN, 1984) an:
Ein Mullah reiste auf seinem Kamel nach Medina. Auf seinem Weg begegnete
er drei Brüdern, die sehr unglücklich waren. Dies lag zum einen an dem Tod
ihres Vaters, zum anderen an seiner Hinterlassenschaft. Der Vater hatte den drei
Brüdern 17 Kamele vererbt mit der Auflage, dass der erste Sohn die Hälfte der
Kamele bekommt, der Zweite ein Drittel und der Jüngste ein Neuntel. Egal, wie
die Brüder rechneten, sie kamen zu keiner befriedigenden Lösung und sind
darüber sehr traurig geworden. „Ist das alles, was euch bekümmert, meine
Freunde?" fragte der Mullah. „Nun, dann nehmt doch für einen Augenblick
mein Kamel, und lasst uns sehen, was passiert." Von den jetzt 18 Kamelen
bekam der Älteste neun Kamele, der Zweite bekam sechs Kamele und der
Jüngste zwei Kamele. Ein Kamel war übrig, es war das Kamel des Mullahs. Er
stieg wieder auf, ritt weiter und winkte den glücklichen Brüdern zum Abschied
lachend zu.
In diesem Beispiel wird deutlich, dass das Problem sich nicht durch Reduktion
auf eine mathematische Aufgabe lösen lässt. Das Gegenteil ist der Fall. Die
Komplexität ist zu steigern, bis Neues denkbar und sichtbar wird. Denn die
„Komplexität ist die Lösung des Problems, dass jede einzelne Vereinfachung
sich auf bestimmte Aspekte stützt und alle anderen unberücksichtigt lässt. Sie ist
die Lösung des Problems, dass jede Vereinfachung notwendig verkennt, was sie
vereinfacht" (BAECKER, 1994, Seite 115).
Systeme reduzieren die Komplexität der Welt auf ein verarbeitbares Maß. Diese
Reduktion dient der Orientierung. „Alle impliziten und expliziten kommunikativen Abstimmungsprozesse vollziehen sich – aufgrund der doppelten

Kontingenz – in höchster Komplexität und Unsicherheit. Dieser Zustand ist für psychische und soziale Systeme aber ein Ausnahmezustand, denn sie tendieren grundsätzlich zu Stabilität und einem überschaubaren Maß an Komplexität" (GEISSLER, 1998, Seite 197). Diese Komplexität von Systemen ist in Bezug auf die Dauer ihrer Existenz eine relativ zeitstabile Größe. Die oben beschriebene Komplexitätserhöhung nutzt die vorhandene Komplexität und baut auf ihr auf. Diese zusätzliche Komplexität kann nur temporären Charakter haben. Sie dient zur Überbrückung einer ausweglos erscheinenden Situation. Obwohl es paradox erscheint, die vorhandene Komplexität, die sowieso schon unlösbar scheint, um weitere Komplexität zu steigern, liegt genau hier der Schlüssel: Durch die Steigerung der Komplexität (ein weiteres Kamel, das verteilt werden muss), d.h. durch eine andere Möglichkeit der Betrachtung, wird deutlich, dass der Vater ein anspruchsvolles Erbe hinterlassen hat.

5.7. Prozess des Lernens

Lernen ist ein Veränderungsprozess, um das eigene Fortbestehen zu sichern. In diesem Sinne schließen wir uns GEISSLER an, der Lernen als einen Prozess beschreibt, „in dem das Steuerungspotential eines Lernsystems (d.h. eines einzelnen Individuums, einer Gruppe, einer Organisation oder eines Gesellschaftssystems) sich im Umgang mit seinem Kontext und mit sich selbst verändert" (1995, Seite 11). Die Möglichkeit der Erkenntnisgewinnung liegt in der Differenz von Selbst- und Fremdreferenz begründet.

Die jeweiligen Wirklichkeitskonstruktionen der Subsysteme sind aufgrund der systemspezifischen beobachtungsleitenden Unterscheidungen sehr verschieden. Erst durch eine kommunikative Beschreibung der Differenz von System und Umwelt sowie ihrer Grenzen wird der Lernprozess des systemischen Lernens gestartet. Beispielsweise gibt es in größeren funktional organisierten Unternehmen einzelne Abteilungen für Forschung, Entwicklung, Einkauf, Produktion, Vertrieb und Controlling, die alle an der Herstellung und Distribution derselben Produkte beteiligt sind. Allerdings ist die Wahrnehmung der Produkte und der Kundschaft aufgrund ihrer abteilungsspezifischen Beobachtungen und der ihnen zugrunde liegenden Unterscheidungen verschieden: „Abteilungskulturen innerhalb einer gesamten Unternehmenskultur sind oft schwer aufeinander abzustimmen, weil durch ihre jeweilige Selbstreferenz in Bezug auf eigene Sinnstrukturen, eigene Identitäten und Erfolge ihr Kern so stark geworden ist, dass kaum oder nur wenige neue Elemente z.B. aus der Gesamt-Unternehmens-Umwelt selektiert und integriert werden" (KÖSEL, 1996, Seite 33). Mit anderen Worten: Die Entwickler unterscheiden in Bezug auf die technische Durchführbarkeit, der Einkauf in Bezug auf den Preis, die Produktion in Bezug auf die Montage, der Vertrieb in Bezug auf die Vorstellungen der Kunden und das Controlling in Bezug auf die Gesamtkosten. Welche der genannten Unterscheidung ist für das Unternehmen bzw. für die Unternehmensleitung relevant, um die Effizienz und Qualität der Produkte zu gewährleisten?

Diese Ausgangsbedingung der ungewissen Erwartungs- und Entscheidungslagen wird als doppelte Kontingenz (vgl. Kapitel 3.13. 'Kontingenz') bezeichnet. Damit ist gemeint, dass sich die beteiligten Systeme in einer Situation befinden, in der die gegenseitigen Erwartungen (und damit auch die jeweiligen Erwartungserwartungen) unklar und (noch) nicht aufeinander abgestimmt sind. Ausgehend von der gegenseitigen Betrachtung der Wirklichkeitskonstruktionen der Subsysteme hat das Gesamtsystem nun die Option, sich mittels seiner eigenen Elemente (Kommunikationen) eine neue Realität zu schaffen.
Sofern sich das Gesamtsystem inklusive der Subsysteme in einer doppelt-kontingenten Situation befindet, besteht die Möglichkeit, dass sich die einzelnen Systeme ihre jeweiligen Muster und Strukturen zur Verfügung stellen und übertragbar gestalten, d.h. für andere Systeme kommunikativ erfahrbar machen. Dieser Prozess wird als *strukturelle Kopplung* bzw. als *Interpenetration* bezeichnet (vgl. das Kapitel 3.14. 'Strukturelle Kopplung und Interpenetration'). Dabei geht es darum, die eigenen Beobachtungs- und Kommunikationsmuster temporär aufzuheben, um die jeweils anderen Muster in ihrer spezifischen Historizität wahrnehmen und erkennen zu können sowie schließlich zur eigenen Weiterentwicklung nutzen zu können. Erst wenn die auf die getroffenen Unterscheidungen zurückgehenden Grenzen der Wahrnehmung und der Kommunikation sichtbar und besprechbar sind, ist ein Anschließen im Sinne des Verstehens möglich.

Die Anschlussfähigkeit der Kommunikation ist nur gewährleistet, wenn diese doppelte Kontingenz immer wieder mit berücksichtigt wird. Sofern die gegenseitigen (vermuteten oder abgestimmten) Erwartungen und Erwartungserwartungen nicht permanent realisiert werden, droht die Kommunikation aufgrund des mangelnden Verstehens abzubrechen. Verstehen meint hier, die Grenzen des Anderen (aufgrund der spezifischen beobachtungsleitenden Unterscheidungen) zu erkennen, diese in einem zweiten Schritt zu reflektieren und schließlich die weiteren Kommunikationen diesen Erkenntnissen anzugleichen. Schließlich sollen die eigenen Anschlüsse bzw. Kommunikationen ja verstanden werden.
Diese Assimilationsleistung im Sinne der Selbst- und Fremdreferenz, d.h. dem anderen System ähnlich komplexe Strukturen zu unterstellen wie dem eigenen System, bewirkt eine Erschließung der gegenseitigen Grenzen und darüber hinaus die Veränderung (bzw. Auflösung und Neusetzung) derselben. „Anpassung wird als Prozess der Gegenseitigkeit erlebbar. Die Logik der Werte, die jeden Einzelnen und das soziale System als Ganzes in seinen Handlungen leiten, wird deutlich und kann auf ihre Sinnhaftigkeit überprüft werden" (SIMON, 1998, Seite 57). Die bisher getroffenen Unterscheidungen und Beobachtungsmuster

werden hinterfragt und im Sinne der Fortentwicklung des Gesamtsystems
verändert.

Aufgrund der intransparenten Situation durch die zugrunde liegenden
Annahmen und Erwartungen sowie der Komplexität durch die Beteiligung von
Gesamtsystem und Subsystemen empfiehlt EDELMANN das „Problemlösen durch
Systemdenken" (vgl. Kapitel 5.2. 'Lernen') bzw. ein Denken in nicht-linearen
Strukturen: „Bei solchen Systemen, die komplex, teilweise intransparent,
vernetzt, eigendynamisch, offen und polythelisch sind, ist ein komplexes
Denken in Netzen nötig" (2000, Seite 221). Außerdem erscheint es sinnvoll, das
alltägliche Systemgeschehen durch die von HOLZKAMP (1995) erwähnte Distanz
(vgl. Kapitel 5.5. 'Rahmenbedingungen') temporär zu unterbinden. Dies
entspricht der Phase 'Exploration' bei dem von EDELMANN vorgeschlagenem
Weg des Problemlösens durch Kreativität. Innerhalb der sechs Phasen der
kreativen Problemlösung:

> ➤ *1. Problematisierung*
> ➤ *2. Exploration*
> ➤ *3. Inkubation*
> ➤ *4. heuristische Regression*
> ➤ *5. Elaboration*
> ➤ *6. Diffusion*

sind besonders die Phasen 2 und 3 hervorzuheben:

Bei der Exploration „wird das Problemfeld von verschiedenen Punkten aus
erforscht. So können Erfahrungen, Informationen und Wissensbestände um-
strukturiert und organisiert werden. Diese explorative Phase endet nicht mit
Entscheidungen. Vielmehr bleiben alternative und sogar widersprüchliche
Betrachtungsweisen und Erklärungsversuche gleichberechtigt nebeneinander
bestehen. [Die Inkubation] ist der bisher noch am wenigsten erforschte Ab-
schnitt eines kreativen Prozessablaufs. In dieser Phase kommt es scheinbar zu
einem von emotionaler Entspannung begleiteten Vergessen des Problems. Dabei
vollzieht sich eine nicht in Sprache übersetzte, sondern anschauliche oder
symbolhafte Neuorganisation von Erfahrungen und Versuchen" (EDELMANN,
2000, Seite 217). Entscheidend ist, dass durch die gewonnene Distanz ein
anderer Blick auf das Bekannte geworfen werden kann, um anders anschließen
zu können.

Aufgrund der kommunikativen Auseinandersetzung des Gesamtsystems und der
beteiligten Subsysteme mit den jeweiligen Wirklichkeitskonstruktionen führt die
Fortsetzung der Autopoiesis zu einer qualitativ anderen Ebene der Kommunikation. Diese emergente Ebene ist eine eigenständige Leistung des Systems. Sie
ist in keinster Weise durch Individuen bzw. hierarchische Steuerung zu realisieren. Die Leistung ist dadurch gekennzeichnet, dass sich das Gesamtsystem

und auch jedes Subsystem durch die Zurverfügungstellung der jeweiligen Muster neue Muster generiert, die allen Systemen (und auch dem Gesamtsystem) die Fortsetzung ihrer jeweiligen Autopoiesis ermöglicht. Mit anderen Worten: die Denk- und Kommunikationsblockaden der beteiligten Subsysteme, verursacht durch ihre bisherigen Unterscheidungsgrenzen, lösen sich auf. Die bisherigen „Regeln" (GAGNÉ, 1980, S. 152) sind für die aktuellen Fragen und Themen nicht mehr ausreichend. Notwendig sind entweder neue Regeln oder aber neue Kombinationen bereits vorhandener Regeln. Beides bezeichnet GAGNÉ als „Prozess des Neulernens" (1980, Seite 152). Nur durch die dem System zur Verfügung stehenden Elemente, d.h. durch systeminterne und systemexterne (aus der Umwelt stammende) Kommunikationen ist dieser Erfolg erreichbar. Die bisherigen Erwartungen und Muster haben dann ihre Gültigkeit verloren, die neuen Strukturen und damit auch die neuen Grenzen werden durch die sich fortsetzende Kommunikation im Laufe der Zeit etabliert. Damit hat eine Veränderung der „übergeordneten Strukturen, also der Wahrnehmungs-, Deutungs-, Planungs- und Handlungsmuster" (GEISSLER, 1995, Seite 229) bzw. der „Einstellungen" (GAGNÉ, 1980, Seite 219) stattgefunden. Das System setzt seine Kommunikation fort, d.h. gleichzeitig ist eine qualitative Veränderung des System- bzw. Identitätswissens erfolgt. Damit hat das System die von GEISSLER genannten Parameter des Lernens, d.h.

➢ *Wissen*
➢ *Können*
➢ *Wollen*
➢ *Glauben*

in einem Prozess verknüpft (vgl. GEISSLER, 1995, Seite 166f.). Im Detail bedeutet das, dass beim 'Systemischen Lernen'

➢ neues *Wissen* generiert wird, z.B. durch die Darstellung der Selbst- und Fremdreferenz, d.h. durch das Zurverfügungstellen der jeweiligen Muster und gegenseitigen Erwartungen. Außerdem werden neue Muster und Spielregeln gemeinsam verabschiedet, d.h. es gibt ein neues Handlungswissen im Umgang miteinander;

➢ *Können* realisiert wird; z.B. werden durch die direkte aktionsorientierte Kommunikation abgestimmte Handlungsoptionen generiert, die eine sofortige Anschlussfähigkeit sicherstellen;

➢ *Wollen* unterstützt wird; z.B. wird durch die Offenheit und die gemeinsame Vorgehensweise ein hohes Maß an Orientierung und commitment erreicht, das sich auf alle Beteiligten motivierend auswirkt;

➢ *Glauben* etabliert wird; z.B. werden durch die gemeinsame Entscheidung für neue Muster und Erwartungen Verbindlichkeiten geschaffen, die Vertrauen und Zuversicht bewirken.

Die Verknüpfung dieser vier Parameter in einem Prozess des Lernens ist auf die systemspezifisch angelegten Kommunikationsarchitekturen zurückzuführen. Erst die detaillierte Kenntnis des Systems sowie die Zurverfügungstellung der aktuell nicht vorhandenen Kommunikationsmöglichkeiten eröffnet Optionen, die neben dem Wissen und Können auch die Parameter Wollen und Glauben kommunizierbar und damit anschlussfähig gestalten. Sofern das System an die bisherigen Kommunikationen anschließen kann, hat Verstehen stattgefunden. Verstehen ist (neben Information und Mitteilung) die dritte Selektionsleistung, um Kommunikation entstehen zu lassen und zu etablieren (vgl. Kapitel 3.7 'Kommunikation'). Der Begriff 'Verstehen' meint nicht nur das logische Nachvollziehen, sondern explizit das Anschließen an das Bisherige. Dies schließt das logische Nachvollziehen ein, und meint darüber hinaus auch das Fortsetzen in der jeweils spezifischen Form, d.h. das Aufgreifen des jeweiligen Musters in der anschließenden Kommunikation. „Verstehen ist eine nicht endende Tätigkeit, durch die wir Wirklichkeit, in ständigem Abwandeln und Verändern, begreifen und uns mit ihr versöhnen, das heißt, durch die wir versuchen, in der Welt zu Hause zu sein" (ARENDT, 1996, Seite 14). Das gegenseitige Zurverfügungstellen der jeweiligen Operationsmodi ('Denken' oder 'Kommunikation') inklusive der zugrunde liegenden Erwartungen und Annahmen und Muster ermöglicht ein angemessenes Anschlusshandeln. Wenn ich weiß, wie mein Gegenüber denkt, kann ich seine Denkprozesse nachvollziehen und weiter-denken. Ebenso ist es möglich, die Kommunikationen eines sozialen Systems zu verstehen und weiterzuführen, wenn die zugrunde liegenden Erwartungen und Annahmen bekannt sind.

'Systemisches Lernen' bedeutet nicht das Lernen neuer oder veränderter Verhaltensmuster im Sinne einer Aneignung oder Auswechslung, sondern die Darstellung der vorhandenen Muster und Routinen aus verschiedenen Perspektiven (Selbstreferenz und Fremdreferenz) sowie die gemeinsame Weiterentwicklung dieser Muster in Bezug auf die Aufgabe und die Überlebensfähigkeit (Viabilität) des Systems. Erst diese gemeinsame Generierung und die daraus resultierende Fortsetzung der autopoietischen Reproduktion des Systems ist als Lernen des Systems zu bezeichnen: „Lernen ist Äußerung einer strukturellen Spezifikation, mit der das System seine Autopoiesis handhabt" (LUHMANN, 1985, Seite 418). 'Systemisches Lernen' ist demzufolge generatives Lernen; es hängt von der Konstruktion des Systems bzw. seiner Subsysteme ab, welche Informationen aus der Umwelt aufgegriffen werden und, daran anschließend, welche Erfahrungen fortgeführt werden bzw. welche als nicht überlebensfähig bewertet und deshalb neu gestaltet werden. 'Systemisches Lernen' ist ein grundsätzlich konstruktiver Prozess. Es gibt keine vordefinierte Ausgangsbasis und keinen vordefinierten Endzustand. Das System entscheidet, wann es genug gelernt hat. Hierfür ist es erforderlich, dass alle relevanten Elemente des Systems, d.h. die Kommunikationen des Systems, inklusive der beteiligten Subsysteme vollständig in diesen Prozess einbezogen sind. Die für das jeweilige System zu entwerfende systemspezifische Kommunikationsarchitektur ermöglicht dann einen Prozess des systemischen Lernens. Die dabei zu erwartenden Lernergebnisse beziehen sich auf verschiedene Ebenen, die schon in Kapitel 4. 'Fallbeispiel' vorgestellt wurden:

> *Organisation*
> *Wissensgemeinschaft*
> *Gruppe*
> *Individuum.*

Diese Ebenen bezeichnen die verschiedenen beteiligten sozialen und psychischen Systeme. Inwieweit es auf diesen Ebenen zu Lernergebnissen kommt, ist abhängig davon, ob auf diesen Ebenen eine kommunikative Reflexion der bestehenden Muster und Erwartungen stattfindet bzw. ob neue Muster und Regeln gemeinsam definiert und entschieden werden. Sofern die im Rahmen eines Lern- bzw. Veränderungsprozesses angelegten Kommunikationsarchitekturen entsprechend genutzt werden, ist Lernen im Sinne des 'Systemischen Lernens' mit den Ergebnissen auf den genannten Ebenen möglich.

5.8. Gemeinsamkeiten und Unterschiede zu bisherigen Konzepten des organisationalen Lernens

Unsere Ausführungen zum systemischen Lernen lassen sich einreihen in die Literatur zum Themenfeld 'Lernende Organisation'. Beim Vergleich mit diesen bisher veröffentlichten Konzepten (vgl. MARCH ET AL., 1963, 1976, 1988; DUNCAN / WEISS, 1979; ARGYRIS / SCHÖN, 1974, 1978, 1997, 1999; HEDBERG, 1981; REINHARDT, 1995; GEISSLER, 1995b, 1996b, 2000; etc.) fällt auf, dass sowohl Gemeinsamkeiten als auch Unterschiede existieren. Die wesentlichen Unterschiede basieren auf den Punkten:

> *Veränderung des Lernverständnisses*
> *Paradigmenwechsel des Begriffs Kommunikation*
> *Verhältnis von System (bzw. Organisation) und Umwelt.*

Bevor wir im weiteren Verlauf diese Unterschiede konkretisieren, sollen vorher die verschiedenen Ansätze im Rahmen einer kritischen Würdigung kurz präsentiert und die Gemeinsamkeiten herausgearbeitet werden. Die hier vorgestellten Konzepte sind eine exemplarische Auswahl aus einer Vielzahl an Veröffentlichungen zur Thematik der lernenden Organisation. Wir fokussieren dabei auf die Konzepte, bei denen eine große Überschneidung zu unserem Konzept des 'Systemischen Lernens' zu erkennen ist. Dies erscheint uns im Sinne einer erfolgreichen Fortsetzung der Kommunikation zum Themenfeld 'Lernende Organisation' am effektivsten.

5.8.1. MARCH ET AL.

Die Autoren (wir fassen die verschiedenen Ansätze von CYERT / MARCH, 1963; MARCH / OLSEN, 1976 und LEVITT / MARCH, 1988 an dieser Stelle zusammen) vertreten die Auffassung, dass Organisationen nicht aus Menschen oder Maschinen, sondern aus Handlungen bestehen. Demzufolge werden Organisationen als koordinierte Handlungssysteme bzw. als System koordinierter Handlungen beschrieben und die Organisationsmitglieder der Umwelt zugerechnet. Diese Überlegungen stimmen mit den systemtheoretischen Ausführungen in Kapitel 3. 'Systemtheorie' überein: Handlungen sind nach LUHMANN (1993) Kommunikationen bzw. Entscheidungen, die auf Personen zugerechnet werden können. Die Mitglieder sind ebenfalls nicht Teil des Systems, sondern gehören zur Umwelt des Systems. Außerdem werden bei MARCH ET AL. die Handlungen als vergangenheitsabhängig („history-dependent") und auf Routinen basierend beschrieben. Diese Vorstellungen der vergangenheitsgeprägten Wahrnehmungen und Entscheidungen finden sich in unseren konstruktivistischen Grundlagen im Kapitel 2. 'Konstruktivismus'.

Der Prozess organisationalen Lernens ist eine Veränderung bzw. Anpassung der 'organizational rules' oder der 'standard operating procedures', d.h. organisationales Lernen äußert sich nicht in einem vermehrten Wissen der Organisationsmitglieder, sondern in der personenunabhängigen zunehmenden Handlungsfähigkeit der Organisation. WIEGAND kritisiert, dass das Lernphänomen nur auf der Makroebene der Organisation angesiedelt ist: „die Problematik des Übergangs von individuellem zu organisationalem Lernen wird völlig ausgeklammert. [...] Der eigentliche Lernprozess, die Entstehung der 'standard operating procedures', wird nicht konzeptualisiert, sondern eher postuliert" (1996, Seite 186).

Die Autoren halten es für wahrscheinlich, dass verschiedene Interpretationsmuster parallel in der gleichen Organisation existieren. Dies verweist auf die von uns benannten Abteilungsmuster. Ein Lernen der Organisation findet dann nicht durch Bearbeitung oder Reflexion eines einzigen Musters statt, sondern es besteht die Möglichkeit, dass innerhalb einer Organisation verschiedene Lernprozesse aufgrund unterschiedlicher Erfahrungen stattfinden.

5.8.2. DUNCAN / WEISS

Die beiden Autoren vertreten die Auffassung, dass für die Erledigung der innerhalb einer Organisation anfallenden Aufgaben ein spezifisches Wissen erforderlich ist. Sofern für eine bestimmte Aufgabe das vorhandene Wissen nicht ausreicht, ergibt sich (bei dem betreffenden Organisationsmitglied) infolge dieser Wissenslücke ein organisationell vordefinierter Wissensbedarf. Sobald das Organisationsmitglied das entsprechende Wissen 'bekommen' hat, hat Organisationslernen stattgefunden. Die Autoren unterscheiden dabei zwischen

> *kleinem Organisationslernen*: Das erforderliche Wissen existiert bereits in
  der Organisation. Es wird anderen Organisationsmitgliedern angeboten
  und von ihnen angenommen.
> *großem Organisationslernen*: Neues Wissen wird von den Organisations-
  mitgliedern geschaffen oder von außen eingeführt.

GEISSLER interpretiert diesen Ansatz des organisationalen Lernens deshalb als
„konzeptionell abgeleitete Kategorie. Denn die Veranlassung für Organisationslernen, d.h. der sich auftuende Wissensbedarf, entwickelt sich nicht im Rahmen
dieses Lernens bzw. als Lernaufgabe, sondern wird von außen vorgegeben"
(1995, Seite 31).
Die Autoren beschreiben darüber hinaus die Veränderung von Organisationsstrukturen als organisationsdidaktische Impulse, die Organisationslernen
initiieren. Obwohl in der Aneignung einer neuen Struktur eine Lernaufgabe zu
erkennen ist (vgl. dazu auch das Kapitel 4. 'Fallbeispiel'), geben die Autoren
keine Auskunft über den damit zusammenhängenden Prozess des Lernens.
Während es bei dem Konzept von March et al. mehrere Überschneidungen mit
unserem Konzept gibt, z.B. bzgl. der theoretischen Grundlagen, ist hier lediglich
eine geringe Gemeinsamkeit auszumachen.

5.8.3. ARGYRIS / SCHÖN
Der zentrale Begriff in den Ausführungen von Argyris und Schön ist die
„Untersuchung (inquiry)" bzw. „organisationale Untersuchung". Organisationen
sind, so die Autoren, „Antworten auf verschiedene Fragen oder Lösungen für
verschiedene Probleme" (1999, S. 28), d.h. es sind Instrumente für Ziele und
Zwecke bzw. zur Durchführung schwieriger Aufgaben. Organisationen sind
dementsprechend gestaltbar, je nachdem, wie sich die Ziele und Zwecke
verändern. Sie bestehen aus Organisationsmitgliedern, die unablässig versuchen,
sich ein Bild (image) von der handlungsleitenden Theorie („theory-in-use") der
Organisation zu machen. Dieses Bild wird der Planung des eigenen Verhaltens
zugrunde gelegt, mit dem in der Realität etwas bewirkt werden soll. Führt dieses
Verhalten zu den erwarteten Folgen, ist das eine Bestätigung, d.h. Validierung
des zugrunde gelegten Realitätsbildes. Treten jedoch unerwartete Folgen ein,
muss dieser Misserfolg zum Anlass werden, jenes Realitätsbild noch einmal zu
überprüfen und ggf. zu korrigieren oder zu erweitern. „Organisationales Lernen
findet statt, wenn einzelne in einer Organisation eine problematische Situation
erleben und sie im Namen der Organisation untersuchen. Sie erleben eine
überraschende Nichtübereinstimmung zwischen erwarteten und tatsächlichen
Aktionsergebnissen und reagieren darauf mit einem Prozess von Gedanken und
weiteren Handlungen; dieser bringt sie dazu, ihre Vorstellungen von der
Organisation oder ihr Verständnis organisationaler Phänomene abzuändern und
ihre Aktivitäten neu zu ordnen, damit Ergebnisse und Erwartungen übereinstimmen, womit sie die handlungsleitende Theorie von Organisationen ändern.

Um organisational zu werden, muss das Lernen, das sich aus Untersuchungen in der Organisation ergibt, in den Bildern der Organisation verankert werden, die in den Köpfen ihrer Mitglieder und/oder den erkenntnistheoretischen Artefakten existieren (den Diagrammen, Speichern und Programmen), die im organisationalen Umfeld angesiedelt sind" (ARGYRIS / SCHÖN, 1999, Seite 31f.).

Lernen ist im Sinne der Autoren also eine Verknüpfung von Denken und Handeln, das sich direkt auf die handlungsleitende Theorie der Organisation auswirkt. Je nach Intensität der Lösungsorientierung ist das Ergebnis ein Lernprozess im Sinne des 'single-loop learning' bzw. des 'double-loop learning'. Diese Feedback-Schleifen sind der wesentliche Bestandteil des Lernens. Sie leiten sich aus der handlungstheoretischen Vorannahme ab, dass jede Handlung drei Kategorien beinhaltet:

➢ *norms* (Ziele und Intentionen des Handelnden),
➢ *strategies* (Maßnahmen, Verfahren und Strategien, mittels derer interveniert wird),
➢ *assumptions* (Annahmen und Kenntnisse über Wirkungszusammenhänge in der Welt).

Die engere Schleife (single-loop) verbindet die 'assumptions' mit den 'strategies'. Im Rahmen des Feedbacks (so die Vermutung der Autoren) wird iterativ überprüft, welche Prozesse die selbst ergriffenen Mittel und Maßnahmen im Rahmen der Welt, mit der man zu tun hat, auslösen und auf welche Wirkungszusammenhänge man dabei schließen kann.
Die umfassendere Schleife (double-loop) ist nahezu identisch, beinhaltet jedoch zusätzlich zur ersten Schleife die 'norms', d.h. die den Handlungen zugrunde liegenden Ziele und Intentionen.

Zu kritisieren ist die in den frühen Arbeiten vertretene Auffassung organisationalen Lernens: „Noch 1974 argumentieren ARGYRIS / SCHÖN zur Konzeptualisierung Organisationalen Lernens ausschließlich über individuelle Handlungstheorien und vertreten damit eine unhaltbar reduktionistische Sichtweise, bei der Organisationales Lernen (nur) als individuelles Lernen in Organisationen konzipiert wird" (WIEGAND, 1996, Seite 208).
Eine Überschneidung gibt es in Bezug auf die Ausführungen von ARGYRIS / SCHÖN, aber auch von HEDBERG: Sie betrifft die den Handlungen zugrunde liegenden „Wahrnehmungsmuster" (HEDBERG, 1981) bzw. die „in den Handlungstheorien verankerten Annahmen und Wertvorstellungen" (ARGYRIS / SCHÖN, 1990). Während HEDBERG und ARGYRIS / SCHÖN diese Muster und Annahmen allerdings den Organisationsmitgliedern, d.h. Individuen, zuschreiben (WIEGAND beschreibt den Ansatz von ARGYRIS / SCHÖN als individuumsorientiert", 1996, Seite 201), unterstellen wir allen Systemen durch Muster determinierte Handlungen.

Eine weitere Übereinstimmung betrifft das Ergebnis organisationalen Lernens: bei ARGYRIS / SCHÖN (1978) bzw. ARGYRIS (1990) ist das Ergebnis „actionable knowledge", bei REINHARDT (1995) ist es die „Aufrechterhaltung seiner autopoietischen Organisation". In dem Konzept 'Systemischen Lernens' ist es die Fortsetzung der Kommunikation des Systems, d.h. ein handlungsorientiertes Wissen, um weitere Kommunikationen bzw. Entscheidungen anschließen zu können.

5.8.4. HEDBERG

Nach Ansicht von Hedberg sind Organisationen Systeme, die durch Organisationsmitglieder konstituiert werden und das Handeln derselben beeinflussen. Dies geschieht vorrangig mit Hilfe der 'theories of action', d.h. den kognitiven Informationsverarbeitungsprogrammen bzw. den kognitiven Organisationssystemen. Diese Regeln und Entscheidungsstrukturen der Organisation bestimmen demzufolge auch die Lernprozesse und die Lern-ergebnisse der Organisation: „Learning takes place when organizations interact with their environments: organizations increase their understanding of reality by observing the results of their acts" (HEDBERG, 1981, Seite 3). Das Lernen der Organisation kann in drei Lernformen erfolgen:

> ➢ *adjustment learning*: „Adjustment of parameters or rules. Selection from responses repertoires. Negotiate or manipulate the environment" (HEDBERG, 1981, Seite 10). Die vorliegenden materialen Elemente einer Organisation, allem voran das kognitive Wissen in den Köpfen der Organisationsmitglieder und das schriftliche Wissen in den Akten und Dokumenten der Organisation, ändern sich im Zuge der Auseinander-setzung der Organisation mit ihrem Umfeld; sie passen sich ihm an.

> ➢ *turnover learning*: „Unlearning and replacement by new behaviour" (HEDBERG, 1981, Seite 10). 'Unlearning' ist die notwendige Vorbe-reitungsphase für 'relearning'. Das Organisationsgedächtnis besteht zum einen aus den materialen Elementen des organisationsinternen Kontextes (also dem vorhandenen Wissen einerseits in den Köpfen der Organisationsmitglieder und andererseits in den schriftlichen Akten und Dokumenten der Organisation, den Belohnungen und Bestrafungen, dem Grad der Entscheidungs- und Verhaltensfreiheit, den Ressourcen für die Erkundung und Anwendung von Neuem), zum anderen aus dem Beziehungsgefüge zwischen diesen Elementen. 'Turnover learning' ist eine Veränderung des Beziehungsgefüges dieser materialen Elemente und damit ein Anpassungslernen der einzelnen Organisationsmitglieder an einen veränderten organisationsinternen Kontext, wobei diese Anpassung entweder zu einem 'turnaround learning' oder zu einem 'adjustment learning' führen kann.

> ➢ *turnaround learning*: „Changing theory of action or part thereof" (HEDBERG, 1981, Seite 10). In Organisationen gibt es eine praktisch un-

trennbare Beziehung zwischen der kognitiven 'theory of action' und ihrer materialen Konkretisierung in Form organisationeller Entscheidungs- regelungen und Informationsverarbeitungsverfahren. Metalevel learning im Sinne von turnaround learning muss deshalb immer zweierlei sein: Die Veränderung kollektiver kognitiver Strukturen und eine korrespon- dierende Veränderung organisatorisch-materialer Strukturen im weiteren Sinne. Organisationslernen ist dementsprechend ein selbstreferentieller Prozess in der Form, dass die materialen Strukturen des inneren Organisationskontextes sowohl die Ausgangslage für Organisations- lernen, also für die Entwicklung der organisationellen 'theory of action' definieren, wie andererseits auch ihr Produkt sind.

Ausgelöst werden die Lernprozesse durch Probleme, durch Gelegenheiten und durch Individuen. Organisationales Verlernen sei dann notwendig, wenn alte Reaktions-, Interpretationsmuster und die organisationale Handlungstheorie aufgrund von Umweltveränderungen nicht mehr passen.

5.8.5. Reinhardt
Der Autor entwirft auf „der Basis der beiden Theorien autopoietischer Systeme bzw. autopoietischer Sozialsysteme [...] ein Modell organisationaler Lern- fähigkeit", in dem Parallelen zu unseren Ausführungen zu erkennen sind, z.B. in der „Fähigkeit zur Selbsttransformation" (REINHARDT / SCHWEIKER, 1995, Seite 272) und in der Wichtigkeit der Aufrechterhaltung der „autopoietischen Organisation" (REINHARDT, 1995, Seite 201) von Systemen.
Im Wesentlichen fokussiert der Autor auf zwei Punkte, die für lernfähige Organisationen zwingend notwendig sind. Einerseits ist dies die Fähigkeit zur Reflexion: „Die Erzeugung von lernfähigen Organisationen kann durch gemeinsame Reflexionsprozesse initiiert werden, die sich an einer gemeinsamen Definition der Führungsrealität und/oder ihrer Symbole orientiert" (REINHARDT, 1995, Seite 308). Der zweite Punkt liegt in der dem Systembegriff zugrunde liegende Ganzheitlichkeit der Herangehensweise: „Das bedeutet wiederum, dass die in der Organisations- und Managementtheorie bislang vorgenommene analytische Trennung zwischen Strategie, Struktur, Kultur und Führung vor dem Hintergrund des Konzepts der organisationalen Lernfähigkeit nicht aufrecht- erhalten werden kann: Das bedeutet, dass isolierte Veränderungen von Organisationen, das heißt Veränderungen, die sich nur auf einen dieser vier Aspekte beziehen, nur dann sinnvoll eingeleitet werden können, wenn die entsprechenden Voraussetzungen und Konsequenzen bei den jeweils anderen Komponenten angemessen berücksichtigt werden. Das bedeutet konkret, dass die Implementierung organisationaler Lernfähigkeit weder durch isolierte Diagnosen, noch durch isolierte Interventionen erreicht werden kann" (REINHARDT, 1995, Seite 321). Kommunikation scheint ein Schlüssel für die Generierung organisationaler Lernfähigkeit zu sein; der Autor liefert dafür den

Hinweis, dass sein Konzept ein „normatives Meta-Konzept" sei, in dem vorgegeben wird, „wie in Organisationen kommuniziert werden soll" (1995, Seite 308).
Zu kritisieren ist, dass er letztlich 'lediglich' eine verbesserte Einbindung der Organisationsmitglieder fordert: „Daraus folgt, dass die Erreichung organisationaler Lernfähigkeit als extensiv-partizipativer Ansatz konzipiert werden muss: Je mehr Organisationsmitglieder in die entsprechenden Kommunikations- und somit Realitätsdefinitionsprozesse eingebunden werden können, desto größer ist die Erfolgswahrscheinlichkeit der entsprechenden Interventionen" (REINHARDT, 1995, Seite 328). Die Einrichtung dieser Prozesse und somit die Aufgabe der Implementierung organisationalen Lernens verortet REINHARDT eindeutig bei den Führungskräften: Die oben genannte Aufhebung der Trennung von Strategie, Struktur, Kultur und Führung ist letztlich nicht von den Mitarbeitern zu realisieren.

5.8.6. Geißler

Der Pädagoge HARALD GEISSLER vertritt einen humanistischen Ansatz des organisationalen Lernens. Ausgehend von drei Modellen, die sich dem Management von Organisationen als Handlungsmöglichkeiten bieten, entwickelt er drei Lernebenen bzw. drei Lernparadigmen, die den Handlungsmodellen korrespondierend zugeordnet sind (vgl. die Abbildung 21).
In dieser Übersicht wird deutlich, dass GEISSLER zusätzlich zu der auch in den anderen oben genannten Ansätzen zum organisationalen Lernen beschriebenen Zweckrationalität des (organisationalen) Lernens eine weitere Rationalität ergänzend anführt: „Neben dieser zweckrationalen steht die wertrationale Betrachtung, die notwendig ist, weil im Rahmen von Zweckrationalität die obersten Ziele nicht begründet werden können. Sie machen eine Selbstbesinnung auf diejenigen Werte bzw. Wertquellen notwendig, die für den Einzelnen und für die Gemeinschaft von Bedeutung sind, also übergeordnete Werte und Normen, zwischenmenschliche Bindungen, ästhetisches Erleben und Kritik. Diese Werte haben nicht – und das ist entscheidend – den Status einer Ursache, die als Wirkung eine bestimmte Zielorientierung nach sich zieht. Denn Werte sind Ausdruck einer Freiheit, die den Menschen aus dem Reich des naturhaft Notwendigen herauszuführen vermag" (2000, Seite 52). Organisationslernen und Managementtheorie bzw. Managementbildung sind für GEISSLER zwei Seiten einer Medaille. Demzufolge definiert er organisationales Lernen als „sich selbst aufklärende Entwicklung von Organisationen" (2000, Seite 7). Eine wesentliche Voraussetzung für diese Form des organisationalen Lernens ist das oben genannte Mitverantwortungs-Modell, d.h. der herrschaftsfreie Diskurs bzw. der machtegalisierende Dialog: „Der Wertrationalität zur Entfaltung bringende Diskurs charakterisiert sich in diesem Sinne durch unbedingte Offenheit, durch Herrschaftsfreiheit sowohl im Inneren wie auch gegenüber seinem sozialen Kontext" (1998, Seite 191).

Handlungsmodell	Lernebene / Lernparadigma
Handwerker-Modell: ➢ konsequent zweckrationale Struktur des Managementhandelns, ➢ mechanistisch, ➢ eindeutige Ursache-Wirkungs-Ketten, ➢ lineare Kausalität,	Operatives Anpassungslernen: ➢ Erwerb von Qualifikationen, um bestimmte Aufgaben und Probleme bewältigen zu können, ➢ Lernen ist auf bestimmte Ziele bezogen und ein Mittel zur Erreichung dieser Ziele, ➢ zweckrational orientiert,
Gärtner-Modell: ➢ die Umwelt und damit auch die Organisation wird zunehmend komplexer und dynamischer, ➢ Vernetzung führt zu nicht-eindeutigen Ursache-Wirkungs-Ketten, ➢ zirkuläre Kausalität,	Strategisches Erschließungslernen: ➢ Erwerb von multifunktionalen Schlüsselqualifikationen, um auf Zukunftsungewissheiten flexibel reagieren zu können, ➢ Lernen als Erschließung alternativer Optionen,
Mitverantwortungs-Modell: ➢ Frage nach der wirkungsvollen und verantwortlichen Steuerung von Veränderungen, ➢ verantwortliches Handeln nur durch Selbstbestimmung der Individuen möglich, ➢ konstituierendes Merkmal: Dialog	Normatives Identitätslernen: ➢ Reflexion über die Inhalte, die gelernt werden (sollen), ➢ Entwicklung normativer Sinnhorizonte, ➢ wertrational orientiert,

Abb. 21: Lernebenen und Lernparadigmen beim organisationalen Lernen
Quelle: vgl. GEISSLER (1995b, 1996b, 2000)

Kommunikation wird damit bei GEISSLER zu einem zentralen Begriff: Nach seinem Verständnis vollzieht sich organisationales Lernen in Form kommunikativer Abstimmung zwischen den Organisationsmitgliedern. Dieser Diskurs dient allerdings in erster Linie nicht organisationalen Optimierungszwecken (wie dies z.b. bei ARGYRIS / SCHÖN der Fall ist), sondern umfasst ebenfalls das Lernparadigma des normativen Identitätslernens. Demzufolge „sind Kommunikation und Lernen also nicht zwei getrennte Praxissphären, sondern organisationales Lernen vollzieht sich immer im Medium von Kommunikation, wie umgekehrt jede Kommunikation – so oder so – immer auch organisational-normatives Identitätslernen ist. Diese für unser Verständnis dessen, was eine Organisation eigentlich ist, grundlegende Verbindung von Kommunikation und

Lernen lässt sich in dem Begriff der *'communicatio discens'* (d.h. der
Kommunikation, die sich durch Lernen begründet) als organisations-
theoretischem Gegenstück zum Menschenbild des 'homo discens' verdichten"
(2000, Seite 262).
Bzgl. der Umsetzung der genannten kommunikativen Abstimmung argumentiert
GEISSLER systemtheoretisch: Organisationen bzw. „Erkundungsgemeinschaften"
(2000, Seite 47) haben die Aufgabe, sich mit den immer wieder auftretenden
doppeltkontingenten Situationen auseinander zu setzen, d.h. die jeweiligen
Selbst- und Fremdreferenzen im Sinne einer „hermeneutischen Selbstreferentialität" (2000, Seite 123) zum Thema der gemeinsamen Kommunikation
zu machen. Sofern diese gemeinsame Erkenntnissuche im Sinne eines
herrschaftsfreien Diskurses erfolgt, haben die Organisationsmitglieder die Möglichkeit, die Bedingungen ihrer Organisation zu verbessern, d.h. organisationales
Lernen zu etablieren.

5.8.7. Unterschiede
Auffallend ist, dass die dargestellten Ansätze z.T. auf denselben Grundlagen
basieren, auf denen unser Konzept des 'Systemischen Lernens' aufgebaut ist: der
Systemtheorie und dem Konstruktivismus. Allerdings wird deutlich, dass nur die
deutschen Vertreter (REINHARDT und GEISSLER) diese Theorien entsprechend
namentlich benennen, während die amerikanischen Autoren (MARCH ET AL.,
DUNCAN / WEISS, ARGYRIS / SCHÖN, HEDBERG) sie nicht erwähnen. Besonders
deutlich wird dies bei dem Begriff 'Kommunikation', der im Sinne der
Übermittlung von Wissen bzw. der Abstimmung im Rahmen der gemeinsamen
Erkundung für alle Ansätze wesentlich ist. Bzgl. der zugrunde liegenden
Kommunikationstheorie lässt sich aufgrund mangelnder Belege nur vermuten,
dass die amerikanischen Autoren sich auf die Kommunikationstheorien von
SHANNON / WEAVER (1969) bzw. WATZLAWICK / BEAVIN / JACKSON (1996)
beziehen.
Aufgrund unserer Ausführungen zur Kommunikation (vgl. Kapitel 3.7.
'Kommunikation') und der darin beschriebenen Selektionsleistung 'Verstehen' ist
Kommunikation ein Prozess mit diversen Unwahrscheinlichkeiten. Während
beim Kommunikationsmodell von SHANNON / WEAVER (Kommunikation ist die
Übertragung von Informationen von einem Sender zu einem Empfänger) die
Unwahrscheinlichkeit der Kommunikation nicht thematisiert wird, wird sie in
den Ausführungen von WATZLAWICK / BEAVIN / JACKSON im 2. Axiom
eindeutig benannt: „Wenn man untersucht, was jede Mitteilung enthält, so
erweist sich ihr Inhalt vor allem als Information. Dabei ist es gleichgültig, ob
diese Information wahr oder falsch, gültig oder ungültig oder unentscheidbar ist.
Gleichzeitig aber enthält jede Mitteilung einen weiteren Aspekt, der viel
weniger augenfällig, doch ebenso wichtig ist – nämlich einen Hinweis darauf,
wie ihr Sender sie vom Empfänger verstanden haben möchte. Sie definiert also,
wie der Sender die Beziehung zwischen sich und dem Empfänger sieht, und ist

in diesem Sinn seine persönliche Stellungnahme zum anderen. Wir finden somit in jeder Kommunikation einen Inhalts- und einen Beziehungsaspekt" (1996, Seite 53).

SCHULZ VON THUN (1981) hat die genannten 2 Aspekte in seinem Vier-Ohren-Modell auf 4 Aspekte erweitert. Gleichwohl verdeutlichen aus dem Kreis der amerikanischen Autoren allein ARGYRIS / SCHÖN mit der „Leiter der Schlussfolgerungen bzw. Abstraktion" (1990, Seite 88f.; vgl. dazu auch SENGE, 1996b, Seite 279f. sowie das Kapitel 6.3.10. 'Methoden und Instrumente'), dass die Wahrnehmungen eines 'Empfängers' unter Umständen nicht den ursprünglich ausgesendeten Daten entsprechen und demzufolge zu irrigen Überzeugungen führen. Die Historizität des Systems sowie der aktuelle Sinn formen eine Nicht-Trivialität, die mit dem Übertragungsmodell nicht zu erfassen ist. Hierfür ist ein anderes Verständnis von Kommunikation, beispielsweise das hier vorgestellt systemtheoretische Verständnis, erforderlich.

Im Folgenden werden nun die eingangs erwähnten wesentlichen Unterschiede vorgestellt:

Das *Lernverständnis* des 'Systemischen Lernens' entspricht dem Konzept der Ermöglichungsdidaktik nach ARNOLD (1996). Lernen kann demzufolge nur ermöglicht, jedoch nicht geplant oder gesteuert werden. Der zentrale Unterschied in Bezug auf das Lernverständnis liegt in dem didaktischen Ansatz: Lernen beschränkt sich demnach nicht länger auf das Vermitteln von Lerninhalten oder die Übertragung von Wissen. Vielmehr bezeichnet Lernen die Selektion der für das System richtigen, d.h. überlebensfähigen, Informationen aus der Umwelt, die Aufbereitung dieser Informationen und die Folgerung und Vollstreckung von Konsequenzen aufgrund dieser Informationen.

Diese Abgrenzung trifft auch GEISSLER mit seiner Frage, wie das System bzw. die Organisationsmitglieder „durch gemeinsame Erkenntnissuche die Bedingungen ihrer Organisation verbessern können" (2000, Seite 45). Lernen wird demzufolge nicht extern, d.h. außerhalb des Lernsystems, initiiert, sondern intern verhandelt und entschieden. Mit anderen Worten: Lernen ist nicht mit Input-Output-Modellen zu erfassen. Lernen ist 'mit-teilen', d.h. das Kommunizieren der vier oben genannten Parameter des Lernens: Wissen, Können, Wollen, Glauben. Anders formuliert: Lernen nach unserem Verständnis ist die Ermöglichung der Weiterentwicklung des Systems durch das vertrauensvolle Zurverfügungstellen des Bewährten, z.B. der erfolgreichen Entscheidungen. Es ist nicht das Anhäufen von Informationen, sondern die Kommunikation der Anhäufung. 'Systemisches Lernen' hat nichts mit einem Wissen zu tun, das in irgendeiner Form verinnerlicht werden kann. Ähnlich argumentiert auch V.FOERSTER: „Wissen lässt sich nicht vermitteln, es lässt sich nicht als eine Art Gegenstand, eine Sache oder ein Ding begreifen, das man – wie Zucker, Zigaretten, Kaffee – von A nach B transferieren kann, um in einem Organismus eine bestimmte Wirkung zu erzeugen. [...] Eine Frage ist dann, so

möchte ich definieren, illegitim, wenn ihre Antwort bereits bekannt ist. [...]
Legitime Fragen sind dagegen echte Fragen" (v.FOERSTER / PÖRKSEN, 1998,
Seite 70ff.). Wissen ist demzufolge keine Materie, die weitergegeben werden
kann, sondern (speziell in Organisationen) ein Handlungswissen, das in
bestimmten Kontexten in spezifischer Form erfolgreich ist.
'Systemisches Lernen' erfolgt nicht über den Austausch von Kommunikationen
oder Personen, d.h. weder ein Wechsel der Inhalte noch ein Wechsel der
Vermittler führt notwendigerweise zu einer Veränderung, die als Lernen nach
unserem Verständnis bezeichnet werden kann. Dies führt lediglich zu dem von
SIMON am Beispiel der Schule beschriebenen Chronifizierungsmodus:
„Dadurch, dass immer wieder neue Schüler nachgeliefert werden, brauchen
weder die Lehrer noch die Schule als Institution zu lernen. Es ist das Modell des
Durchlauferhitzers" (SIMON, 1998, Seite 71). Erst die Einführung einer
Beobachtung II. Ordnung inklusive der Darstellung der jeweils verwendeten
Beobachtungs- und Kommunikationsmuster und der damit verbundenen
Erwartungsstrukturen führt zu einem Veränderungsprozess, in dem Verstehen,
und damit die Fortsetzung des Systems, sichergestellt werden kann.
'Systemisches Lernen' verknüpft die Vorerfahrungen des Systems mit den
aktuell notwendigen Veränderungen. Nur so können systementsprechende
Fortsetzungen der Kommunikation erreicht werden. 'Systemisches Lernen' ist
demzufolge nicht die Agglomeration der vier Parameter (Wissen, Können,
Wollen, Glauben), sondern die eigenständige Erarbeitung der überlebensfähigen
und überlebenssichernden Elemente. Sofern dabei neues Wissen entsteht, ist
dieses Wissen neu in dem Sinne, dass es speziell dieses Wissen innerhalb des
jeweiligen Systems vorher nicht gab. 'Systemisches Lernen' ist die Weiterentwicklung des Wissens eines Systems in Bezug auf seine Überlebensfähigkeit.

Die entscheidende Veränderung vom 'Lernen' zum 'Systemischen Lernen' liegt
in dem *Paradigmenwechsel des Begriffs 'Kommunikation'*. Kommunikation ist
(im Sinne der neueren Systemtheorie) ein Element sozialer Systeme (vgl. das
Kapitel 3.7. 'Kommunikation'), d.h. Kommunikation ist nicht Information und
ebenfalls nicht Informationsübermittlung, sondern ein dreistelliger Selektionsprozess, bestehend aus den Einzelselektionen 'Information', 'Mitteilung' und
'Verstehen'. Eine Information wird demzufolge nicht vom Sender zum
Empfänger übertragen, in dem Sinne, dass der Sender etwas hergibt und der
Empfänger anschließend mehr hat. Dieses verkürzte Kommunikations-
verständnis geht auf das mathematische Modell von SHANNON / WEAVER (1969)
zurück, demzufolge Kommunikation und Information identisch sind und sowohl
'Sender' als auch 'Empfänger' mit trivialen Systemen (eindeutige Input-Output-
Relation, vgl. Kapitel 2.4. 'Triviale und nicht-triviale Systeme') vergleichbar
sind.
Kommunikation nach unserem Verständnis bedeutet nicht Mitteilung von
Wissen, sondern Eruierung von Nicht-Wissen (vgl. LUHMANN, 1997, Seite 39f.,

BAECKER, 1999, Seite 19). Informationen sind demnach Konstruktionen des jeweiligen Systems. Sie entstehen und entwickeln sich in dem jeweiligen System in einer systemspezifischen Weise. „Das Paradox des unmöglichen Informationsaustausches lässt sich durch das komplementäre Paradox kollektiven Lernens auflösen. Wir sehen nun, dass kollektives Lernen in den Formen der Sozialisation und der Kombination nur gelingen kann, wenn ein gemeinsamer Erfahrungskontext, eine 'community of practice' dafür sorgt, dass sich die Kriterien der Bewertung von Daten, also die Prozeduren der Konstruktion von Informationen, in einer gemeinsamen Praxis so annähern, dass eine annähernde oder hinreichende 'Passung' von Informationen resultiert. Informationsaustausch wird dann möglich, wenn er in den noch anspruchsvolleren Kontext gemeinsamen Lernens eingebettet ist. Wer auf der Ebene des isolierten Informations'austausches' bleibt, läuft gegen eine unüberwindbare Mauer der Nichtkompatibilität" (WILLKE, 1998, Seite 17). Informationen lassen sich demzufolge nicht austauschen, sondern nur im Rahmen einer gemeinsamen Wirklichkeitsbeschreibung aneinander annähern: Informationen sind Selektionsvorschläge, die aufgrund der spezifischen Erfahrungen aus der Menge aller Informationen ausgewählt werden. Informationen können mitgeteilt und verstanden werden, aber nicht von einer Person auf eine andere oder von einem System auf ein anderes übertragen werden. Lernen durch kommunikative Akte, d.h. durch die gegenseitige Zurverfügungstellung der zugrunde liegenden Muster und die gemeinsame Reflexion dieser Muster, kann deshalb nur 'Lernen des Systems' bedeuten.

Während in anderen Ansätzen zum organisationalen Lernen (z.B. ARGYRIS / SCHÖN, 1978) die Interaktionen als die Verbindung zwischen der individuellen und der organisationalen Ebene im Sinne der Übertragung betrachtet wird, sind die Kommunikationen innerhalb des systemischen Lernens die zentralen Bestandteile des Lernprozesses. Bei dem Verständnis der Übertragung von Informationen ist das Individuum in Bezug auf seine Lernmöglichkeiten an den Überbringer gebunden: „Seine Grenzen sind auch meine Grenzen" (HOLZKAMP, 1995, Seite 506). Erst durch den Prozess der Kommunikation und dem Abgleich der selbst- und fremdreferentiellen Beobachtungen werden Grenzen überschritten und systemisches Lernen initiiert. Dabei wird nicht nacheinander oder voneinander gelernt, sondern gemeinsam an der Beschreibung, Durchdringung und Bearbeitung eines Sachverhalts, z.B. einer Aufgabe. In diesem Sinne ist systemisches Lernen 'intentionales Lernen' (vgl. Kapitel 5.4. 'Definition des Begriffs Systemisches Lernen').

Eine wesentliche Voraussetzung, um Lernprozesse im Sinne des 'systemischen Lernens' zu initiieren und durchzuführen, ist ein Verständnis für das *Verhältnis von System und Umwelt*. Es gibt kein System, das nur System ist. Stattdessen gibt es Systeme, die 'System-in-einer-Umwelt' sind. Nur das System zu betrachten ist wie eine Gitarre ohne Resonanzkörper: Die Saite alleine macht keinen Ton. Die Grenze zur Umwelt, von der sich das System in spezifischer Weise abgrenzt, wird von dem jeweiligen System entschieden und gestaltet. Ein System kann sich nur dann als System behaupten und etablieren, wenn es sich durch spezifische Charakteristika von anderem unterscheidet. „Konstitutiv für diesen Systembegriff ist somit die Vorstellung einer Grenze, die eine Differenzierung von Innen und Außen ermöglicht" (KNEER / NASSEHI, 1993, Seite 38). Allerdings ist diese Grenze nur bedingt beobachtbar: „Das Ziehen einer Grenze ist während der Grenzziehung nicht beobachtbar, ein Paradox. Sie ist folglich die unbeobachtbare Einheit des Unterschiedenen (KRAUSE, 1999, Seite 116). Das System unterscheidet sich anhand seiner beobachtungsleitenden Unterscheidungen von seiner Umwelt, d.h. das Innen ist nur durch das Außen möglich. Wenn der Kontext bekannt ist, kennt man auch das darin existierende System: Beispielsweise entwickeln sich Umweltschutzbewegungen dort, wo die Natur als ausbeutbares Gut betrachtet wird. Diese Einheit der Differenz von System und Umwelt ist für das Verstehen der beobachtungsleitenden Unterscheidungen von Bedeutung. Aufgrund der unterschiedlichen zugrunde liegenden systemspezifischen Dispositionen gibt es demzufolge nicht nur eine „organizational *theory in use*" (vgl. ARGYRIS / SCHÖN, 1999), sondern viele unterschiedliche handlungsleitende Beobachtungs- und Kommunikationsmuster. Jedes Subsystem, das eine spezifische beobachtungsleitende Unterscheidung verwendet, generiert diese Muster. Da ein Subsystem auch mehrere Muster etablieren kann, lässt sich die Anzahl der beteiligten Muster in einem Lernprozess nicht rechnerisch ermitteln. Sie ergibt sich im Laufe der Systemdiagnose und Hypothesenbildung.

Die drei beschriebenen Merkmale (*Veränderung des Lernverständnisses, Paradigmenwechsel des Begriffs Kommunikation, Bedeutung der Einheit der Differenz von System und Umwelt*) bilden den konstitutiven Rahmen des systemischen Lernens. Damit grenzt sich das Konzept des 'Systemischen Lernens' von den dargestellten Konzepten zum organisationalen Lernen ab.

5.9. Paradoxe Überwindung von Mustern

Die Beobachtungs- und Kommunikationsmuster, die sich in Systemen ereignen, sind häufig durch paradoxe Handlungen gekennzeichnet. Paradox ist eine Handlung oder eine Aussage, wenn sie einen Widerspruch in sich enthält. Die Aussage 'Alle Deutschen sind Lügner' ist nur sinnvoll, sofern die Aussage von einem Nicht-Deutschen getroffen wird. Andernfalls verfängt man sich in einer paradoxen Schleife: Wenn der Urheber ein Deutscher und damit ebenfalls ein Lügner ist, dann ist seine Aussage auch eine Lüge. Das wiederum bedeutet, dass nicht alle Deutschen Lügner sind, usw. In Bezug auf Systeme stellt sich das paradoxe Verhalten wie folgt dar: Die Fortsetzung des Systems (d.h. der Organisation, der Arbeitsgruppe, oder auch einer Partnerschaft, etc.) ist gefährdet, weil die notwendigen systemerhaltenden Maßnahmen nicht oder zu spät ergriffen werden. Stattdessen werden lediglich lebensverlängernde (und damit leidensverlängernde) Maßnahmen durchgeführt: In der Partnerschaft schenkt man sich beispielweise gegenseitig Blumen, um den Partner nach einem Streit gütlich zu stimmen. Die Kommunikation reduziert sich auf ein Minimum, da ja in solchen Situationen jedes Wort auf die Goldwaage gelegt wird. Eine Konsequenz kann sein, dem Streit aus dem Wege zu gehen und Gras über die Sache wachsen zu lassen. Der Augenblick wird damit gesichert, jegliche Perspektive für Zukünftiges jedoch abgeschnitten.

Die an dieser Stelle entscheidende Hilfe ist durch ein doppeltes Paradox gekennzeichnet:

> *Zukunft entsteht aus Vergangenheit*
> *Beschleunigung entsteht durch Entschleunigung.*

Die Probleme der Gegenwart liegen in der Vergangenheit begründet. Oder anders formuliert: Die Probleme der Gegenwart sind die Lösungen der Vergangenheit (vgl. BAECKER, 1994). Hilfe lässt sich dementsprechend nicht durch eine Überaktivität in der Gegenwart (oder durch eine Verleugnung derselben) realisieren. Auch das ist Kommunikation (vgl. WATZLAWICK / BEAVIN / JACKSON: „Man kann nicht nicht kommunizieren", 1996, Seite 53), d.h. die mitgeteilte Information wird entsprechend interpretiert und beantwortet. 'Verstehen' im Sinne einer Anschlusskommunikation hat seine eigene Dynamik: beispielsweise werden die monatelangen Androhungen einer Scheidung durch den Ehepartner so lange 'überhört', bis der Brief vom Anwalt auf dem Tisch liegt. Erst dann erfolgt ein Verstehen, wie der Partner es schon früher erwartet bzw. gewünscht hat.

Notwendig ist hier die Auseinandersetzung mit den ursächlichen Strukturen und Mustern. Diese in der Vergangenheit etablierten und in der Gegenwart wirkenden mentalen Modelle sind die Ursache für die aktuellen Konflikte, d.h. für die Negation der Gewissheit des jeweils anderen. Die Überaktivität erscheint auf den ersten Blick einfacher, weil man meint, den Partner mit einem Strauß Blumen oder einem guten Essen wieder positiv zu stimmen. Selbst wenn das gelingt, ist die Freude nur von kurzer Dauer, da ein Rückfall in die bisherigen Strukturen aufgrund nicht erfolgter Reflexion wahrscheinlich ist. Stattdessen ist es wirksamer, sich die gegenseitigen Beweggründe inklusive der Erwartungen und Erwartungserwartungen zu erläutern. Dieser 'Rückschritt' in die Vergangenheit bewirkt eine Entschleunigung, die Lösung liegt nicht greifbar, es gibt keine kurzfristigen Erfolge bzw. keine kurzfristig zu erreichende Freude.

Die Auseinandersetzung mit den jeweiligen Beobachtungs- und Kommunikationsmustern und die daraus folgenden Konsequenzen für die gegenseitigen Erwartungsstrukturen ermöglichen jedoch ein Verstehen, d.h. eine Fortsetzung der Kommunikation. Das System entwickelt Zukunftsperspektiven und beschleunigt seine Prozesse. Ein ähnliches Verhalten wird (aufgrund der erfolgten Reflexion) in der Zukunft eher vermieden, da sich neue (gemeinsam vereinbarte) Muster herausbilden. Auf die Entschleunigung folgt die Beschleunigung: Die Vergangenheit (jedenfalls diese eine Form eines Musters) holt einen so schnell nicht mehr ein.

Ähnliche Verhaltensweisen sind in Organisationen beobachtbar. Unterschiedliche Abteilungen oder Teams (in Wirtschaftsorganisationen oft Profit-Center genannt) versuchen, sich gegenseitig die Schuld für Termin- bzw. Qualitätsprobleme zu geben, und übersehen dabei möglicherweise das Wesentliche: Die Probleme lassen sich nicht auf einen internen Kunden oder Lieferanten beschränken, sondern liegen unter Umständen in der Struktur begründet. Hier wäre es dann ebenfalls ratsam, nicht die schnelle Lösung zu fixieren, sondern die Auseinandersetzung der Beteiligten inklusive der zugrunde liegenden Struktur und Entscheidungsprämissen. So wird es eventuell möglich, nicht nur das Problem (auf der jeweils anderen Seite) zu sehen, sondern zusätzlich die 'Lösungen', die zu diesem Problem geführt haben. Dann haben die Beteiligten die Chance, eine gemeinsame Vorgehensweise zu entwickeln.

5.10. Systementwicklung

FREUD formulierte „die Einsicht, dass seine Profession neben Erziehen und Regieren zu den unmöglichen Berufen gehöre" (SIMON, 1998, Seite 13). Nach SIMON können auch Management und Erziehung in dieser Hinsicht verglichen werden: „Beide sind in der Situation, dass ihnen die Verantwortung für etwas zugeschrieben wird, was sie objektiv nicht steuern können" (SIMON, 1998, Seite 140). Mit anderen Worten: Regieren, Erziehen, Therapieren und auch Managen stösst an Grenzen, die den jeweiligen Beruf in gewisser Hinsicht unwahrscheinlich machen.

Diese Unwahrscheinlichkeit basiert auf der unmöglichen Steuerbarkeit des menschlichen Wesens im Sinne einer trivialen Maschine. Nach WILLKE (1997, Seite 4f.) trifft die Unmöglichkeit der Steuerung auch auf soziale Systeme zu. Hier stellt sich die Frage, wie trotzdem Führung und Entwicklung von Systemen möglich ist. Aus unserer Sicht kommt hierfür eine Ermöglichungsdidaktik in Betracht, die keinen Anspruch auf Steuerung erhebt und sich trotzdem von der Zufälligkeit evolutionärer Prozesse abhebt. WILLKE nannte für dieses Modell die Bedingungen 'operative Geschlossenheit' und 'externe Anregung' (1997, Seite 8). Das Konzept des *Systemischen Lernens* erfüllt diese Bedingungen. Systemisches Lernen ist die Form der Steuerung, die Systeme handlungsfähig macht bzw. erhält. Andere Formen der Handlungsgenerierung basieren entweder auf der reinen Steuerung im herkömmlichen Sinne (und führen über kurz oder lang zu entsprechenden reaktiven Verhaltensweisen) oder liegen in der naturwüchsigen Evolution (und damit u.a. den zeitlichen Anforderungen nur bedingt entsprechend) begründet.

Durch die Abbildung des ganzen Systems, d.h. durch die erlebte Möglichkeit der direkten Anschlusskommunikation, werden Kommunikationen möglich, die andernfalls nicht kommunizierbar wären. 'Systemisches Lernen' ist Erkenntnisgewinnung und Systemveränderung in einem. „Unternehmen, Bereiche oder Abteilungen wie auch Fußballmannschaften entwickeln ihre Strukturen dadurch, dass Beobachter sich gegenseitig beim Beobachten beobachten und über ihre Beobachtungen kommunizieren. Je nachdem, was wie beobachtet und wie was kommuniziert wird, verändern sich soziale Strukturen" (SIMON, 1998, Seite 127f.). Diese Form des Lernens hebt die Unterscheidung zwischen 'funktionaler Systembildung' und 'kommunikativer Sinnbildung' (vgl. PANKOKE, 1994, Seite 55) auf. Die künstliche Zweiteilung zwischen der Erstellung einer Struktur und ihrer Umsetzung erfolgt nun in einem Schritt. 'Systemisches Lernen' ist ganzheitliche Systementwicklung, in der die Funktionen, Ziele und Kompetenzen des Systems kommunikativ verhandelt und gemeinsam mit Sinn gefüllt werden. Die sich dabei entwickelnde Systemidentität bezeichnet SCHEIN als Kultur: „Ein Muster gemeinsamer Grundannahmen, das die Gruppe bei der Bewältigung ihrer Probleme externer Anpassung und interner Integration erlernt hat, das sich bewährt hat und somit als bindend gilt" (1995, Seite 25).

Die Auseinandersetzung des Systems mit seinem Sinn, d.h. neben der Berücksichtigung zweckrationaler Aspekte auch die Einbeziehung wertrationaler Kriterien in den Prozess des Lernens, verweist auf eine „dreistufige Steigerung von Rationalität" (GEISSLER, 2000, Seite 50) bzw. auf ein Organisationslernen, das „auf eine vernunftgeleitete gesellschaftlich verantwortete Selbstentwicklung der Organisation" (GEISSLER, 2000, Seite 62) zielt. Hierfür ist es erforderlich, das drei Lernebenen bzw. Lernparadigmen im Prozess des organisationalen Lernens realisiert werden:

> „Nur auf kurze Sicht und mit Bezug auf eng begrenzte soziale Felder ist ein operatives Management möglich, das sich auf klar definierte bzw. operationalisierte Ziele bezieht und dessen Aufgabe darin besteht, die vorliegenden Bedingungen als Ressourcen zu betrachten und sie für die Erreichung jener Ziele zu nutzen. Um sich für diese Aufgabe zu qualifizieren bzw. sich hinsichtlich ihrer Ausführung zu perfektionieren, ist auf Seiten des Einzelnen, der organisationalen Gruppen und der Organisation als Ganzem *operatives Anpassungslernen* notwendig.

> Ein Management, das weiter in die Zukunft greifen will, muss sich dem Problem stellen, dass es unter den Bedingungen der fortgeschrittenen Industriegesellschaft bzw. Risikogesellschaft kaum noch möglich ist, die längerfristigen Folgen organisationaler Entscheidungen sowie die Zukunftsbedingungen der für die Organisation relevanten Kontexte einigermaßen zuverlässig zu kalkulieren. Aus diesem Grunde muss sich Management – als strategisches Management – auf die Entwicklung von Potentialen konzentrieren, auf die unter unterschiedlichen Zukunftsbedingungen in unterschiedlicher Weise flexibel zurückgegriffen werden

kann. Um dieser Aufgabe gewachsen zu sein, ist *organisational-strategisches Erschließungslernen* notwendig.

➤ [...] D.h. das Produkt strategischen Managements mündet in eine Palette verschiedener Potentialsentwicklungen, bzgl. der niemand sicher sagen kann, welche dieser Möglichkeiten sich in Zukunft als die ökonomisch günstigste erweisen wird. In dieser Situation muss eine normative Entscheidung gefällt werden, die nach Möglichkeit nicht dem Zufall überlassen werden, sondern sich weiterhin am Kriterium der Vernunft orientieren sollte. [...] Denn wenn das nicht geschieht, besteht die Gefahr, dass soziale Konflikte provoziert werden und dass diese die Eigenwohl-entfaltung der Organisation behindern. Aus diesem Grunde ist es vernünftig, operatives und strategisches Management in den Rahmen eines normativen Managements zu stellen, das die langfristige Verfolgung des Eigenwohls der Organisation an die Überlegung bindet, dass dabei gleichermaßen auch die Interessen der organisationalen Stake-holder, d.h. derjenigen berücksichtigt werden müssen, die von den organisationalen Entscheidungen kurz- und langfristig bzw. direkt oder indirekt betroffen sind. Eine solche Hinwendung des Managements zu dem sozialen bzw. gesellschaftlichen Kontext der Organisation öffnet den Blick für die Frage, was die Organisation für sich und ihren Kontext sinnvollerweise sein will. Diese Frage wird zum Anlass für *organisational-normatives Identitätslernen*" (GEISSLER, 2000, Seite 85f) (vgl. dazu auch die Kapitel 4.6. 'Der Prozess des Lernens der VOD' und Kapitel 5.8. 'Gemeinsamkeiten und Unterschiede zu bisherigen Konzepten des organisationalen Lernens').

Das Gesamtsystem inklusive seiner Subsysteme, wie z.B. eine Organisation mit seiner funktionalen Struktur, ist ein Artefakt. Erst durch die über mehrere Reflexionsschleifen stattfindende Präsentation und Gestaltung der unterschied-lichen Muster und Strukturen wird ein gemeinsamer Sinn und damit eine neue Systemidentität bzw. eine neue Systemkultur entwickelt. Entscheidend hierfür ist die Auseinandersetzung des Systems nicht nur mit zweckrationalen, sondern zusätzlich mit wertrationalen Kriterien, wie beispielsweise den übergeordneten Werten und Normen.

Aufgrund der aktionsorientierten Struktur der Kommunikationsarchitekturen ist systemisches Lernen die Einheit von Kognition und Verhalten (vgl. SIMON, 1998, Seite 363). Es ist ein Lernen an und in der Praxis. „Lernen im Sinne der Entwicklung und Anwendung innovativer Praxis durch die Begegnung mit 'Fremdem' geschieht nicht in der Isolation von Trainingslabors oder Seminar-hotels. Es geschieht in Form von reflektiertem Alltagshandeln gemeinsam mit den für das Unternehmen [bzw. das System] relevanten Akteuren" (DEISER, 1995, Seite 317). Lernen im Sinne des systemischen Lernens, bedeutet dem-zufolge nicht die Übertragung von Informationen oder die Erweiterung von

Informationsbeständen, sondern den kommunikativen Austausch innerhalb des Systems orientiert an der Zukunft.

Nach einem (wie auch immer gestalteten) Lernprozess gibt es nicht zusätzliche Informationen, die abgefragt werden können, sondern eine emergente Form der Verständigung in einem sich weiterentwickelnden System. „Diejenige Mannschaft wird gewinnen, deren Mitgliedern es gelingt, ihr Verhalten aktuell besser und schneller zu koordinieren. [...] Solch eine Kommunikation ohne große Zeitverluste ist nur dann möglich, wenn auf der Ebene der individuellen Wirklichkeitskonstruktionen der einzelnen Spieler ein hohes Maß an Abstimmung der Bezugsrahmen erreicht wird. [...] Sie sind in der Lage, auch ohne zu kommunizieren, mit hoher Trefferquote die wahrscheinlichen Aktionen und Reaktionen des anderen vorherzusagen. Sie können darauf vertrauen, dass ihre Erwartungen aneinander zu einem hohen Prozentsatz erfüllt werden. [...] Die betroffenen Personen müssen einen Prozess der Koevolution bzw. Koontogenese durchlaufen, bei dem jeder für den anderen die Umwelt bildet und jeder sich so weit an den anderen anpasst, dass die Kommunikation nur noch geringer Signale bedarf, um gegenseitiges Verstehen zu gewährleisten" (SIMON, 1998, Seite 127f.). Die Koordination der Handlungen ist dann erfolgreich, wenn die Kontingenz verringert wurde, d.h. wenn die Kommunikationen inklusive der Erwartungen und Erwartungserwartungen aufeinander abgestimmt sind, d.h. systemisches Lernen realisiert worden ist.

6. Organisationsdidaktik

6.1. Einleitung

'Systemisches Lernen' basiert auf der Erkenntnis von handlungsleitenden Kommunikations- und Verhaltensmustern. Diese „Wahrnehmungs-, Denk-, Urteils- und Handlungsschemata" (KÖSEL, 1997, Seite 57) sind konstruierte Reduzierungen, die sowohl psychischen als auch sozialen Systemen Orientierung geben. Für die Initiierung von Lernprozessen ist es aus unserer Sicht notwendig, diese vorhandenen Schemata und Muster zu unterbrechen und neu zu gestalten. Zentral für die Ermöglichung von 'Systemischem Lernen' ist die Erwartungsklärung und die Musterdurchbrechung, d.h. die zumindest kurzfristige Einsicht in die aufgrund der Vorerfahrungen 'begrenzte' Wahrnehmung, sowie die Erkennung und Tolerierung der wahrgenommenen Grenzen des eigenen sowie des anderen Systems bzw. der anderen Systeme. Erst dann wird eine gemeinsame Gestaltung der Realität (neue Erwartungen, Grenzen und Muster) erfolgreich sein.

Hierfür ist es notwendig, die Elemente der Systeme zu durchdringen, um die verborgenen Muster zu entdecken bzw. „durch die Person [als Mitglieder der Organisation] hindurch auf die hinter der Person wirkenden Kommunikationsstrukturen zu schauen, um erkennen zu können, was vor sich geht" (WILLKE, 1992, Seite 31). Ähnlich der unsichtbaren Kraft im Sonnensystem, die die verschiedenen Planeten auf ihren Bahnen hält, sind es die Muster, die die Systeme und ihre Elemente zusammenhalten. Dies lässt sich nicht auf eine einzelne Kraft oder ein einzelnes Muster reduzieren. Deshalb geht es bei der Mustererkennung und Musterveränderung um ein umfassendes Verständnis des gesamten Systems. Erst dann ist es möglich, in die Umlaufbahn der Elemente einzudringen, die verborgenen Kräfte zu erkennen und einen Unterschied in den Kommunikationen zu realisieren.

Für diese Prozesse des Erkennens und Veränderns (und damit des Lernens) wird im vorliegenden Kapitel ein didaktisches Konzept entwickelt, mit dem das Lernen von Systemen realisiert werden kann. Lernen beschreiben wir in Anlehnung an GEISSLER als Veränderung des Steuerungspotentials eines Lernsystems im Umgang mit seinem Kontext und mit sich selbst (vgl. Kapitel 5.7. 'Prozess des Lernens'). Hierfür sind jeweils systemspezifische Kommunikationsarchitekturen erforderlich, die aufgrund ihrer Anlage und der in ihnen stattfindenden Prozesse schließlich Lernmöglichkeiten entfalten. Lernen kann nach unserem Verständnis nicht gemacht, sondern nur ermöglicht werden: „Das, was eine Organisation sein soll, kann – unter einem pädagogischen Gesichtspunkt betrachtet – nicht von Pädagogik vorgegeben werden, sondern muss von der Organisation auf dem Wege einer gemeinsamen Erkenntnissuche, d.h. durch gemeinsames Lernen selbst erarbeitet werden" (GEISSLER, 2000, Seite 47). Im

Folgenden werden allgemeine Kriterien beschrieben, die für die Anlage dieser Kommunikationsarchitekturen sowie für die Durchführung der Musterunterbrechung und –veränderung notwendig sind. Beschrieben werden systemische Vorgehensweisen, um die wirksamen Muster zumindest temporär ihrer Funktion zu entheben, damit Neues denkbar wird und erprobt werden kann. Unser Anspruch innerhalb dieses Konzepts ist eine Transformation der theoretischen Überlegungen in den Kapiteln 2. 'Konstruktivismus' und 3. 'Systemtheorie' in umsetzungsorientierte Handlungsanweisungen.

Das Kapitel Organisationsdidaktik ist in drei Teile untergliedert:

➢ *Didaktische Grundlagen*
➢ Die *Analyse des Systems* und die *Bildung von Hypothesen* zum System
➢ Die *Einrichtung eines temporären Systems* inklusive der systemspezifischen *Kommunikationsarchitekturen* zur Ermöglichung von Selbst- und Fremdbeschreibung sowie von Reflexion.

6.2. Didaktische Grundlagen

Für die Umsetzung des Konzepts zum systemischen Lernen ist eine Didaktik erforderlich, die die zentralen Gedanken des Konstruktivismus und der Systemtheorie aufgreift und in die Vermittlung einbezieht. Dies lässt sich aus unserer Sicht nicht durch eine Vermittlungsdidaktik mit strukturierten Lernprozessen und planbaren Ergebnissen erreichen, die das vorhandene Wissen nach dem Gießkannenprinzip ausschüttet und die individuellen und systemischen Spezifika nicht berücksichtigt. Dies würde unter anderem voraussetzen, dass das notwendige Wissen vorhanden und die Gültigkeit des Wissens allgemein anerkannt ist.

Für das Konzept des 'Systemischen Lernens' trifft dies jedoch genau nicht zu, da es innerhalb des Gesamtsystems unterschiedlich viele Subsysteme gibt, die aufgrund ihrer spezifischen Wahrnehmungen ihre 'eigenen Wahrheiten' haben. In diesem Fall geht es einerseits um die Präsentation und Anerkennung unterschiedlicher Sichtweisen der jeweils konstruierten Realität, andererseits um die Eruierung des Nicht-Wissens, d.h. des innerhalb des Systems noch nicht etablierten Wissens. Hierfür ist eine Didaktik erforderlich, die, zusätzlich zur „wissenschaftlichen Reflexion von organisierten Lehr- und Lernprozessen" (GUDJONS, 1997, Seite 235), eine Kunst (im Sinne des griechischen Begriffs didaktike techne) ist, „um in einem grundsätzlich nicht beherrschbaren Feld kalkulierbare Wirkungen zu erzielen" (WILLKE, 1992, Seite 38).

Weder psychische noch soziale Systeme sind mit den Vorstellungen einer trivialen Maschine zu vergleichen. Das Gegenteil ist der Fall: Systeme sind 'black boxes', die sich aufgrund ihrer selbstreferentiellen und autopoietischen Reproduktion an sich selbst orientieren und deshalb nicht von außen zu steuern sind: „Wahrnehmende nehmen nur auf, wofür sie ein Schema, eine Anmutung haben, und ignorieren den Rest. Für die Möglichkeit, eine bestimmte Information eher anzunehmen als andere Informationen, sind u.a. die antizipierenden Schemata – Bereitschaften – verantwortlich" (KÖSEL, 1997, Seite 77). Eine Didaktik nach diesem Verständnis muss berücksichtigen, dass Systeme nicht mit Input-Output-Relationen zu erfassen sind.

Aufgrund dieser Überlegungen eignen sich aus unserer Sicht für die Umsetzung des Konzepts zum 'Systemischen Lernen' die Ansätze
➢ der *Ermöglichungsdidaktik* nach ARNOLD (1996),
➢ der *systemisch-konstruktivistischen Didaktik* nach REICH (2000) sowie
➢ der *subjektiven Didaktik* nach KÖSEL (1997).

Nach diesem Verständnis ist Didaktik „nicht mehr eine Theorie der Abbildung, der Erinnerung und der richtigen Rekonstruktion von Wissen und Wahrheit, die nach vorher überlegten und klar geplanten Mustern zu überliefern, anzueignen, anzusozialisieren sind, sondern ein konstruktiver Ort möglichst weitreichender eigener Weltfindung, die für Lerner bzw. Teilnehmer ebenso wie für Lehrer bzw. Pädagogen zu erreichen ist" (REICH, 2000, S. 266). Hierfür werden Lernarchitekturen bzw. „Lernwelten" (KÖSEL, 1997) geschaffen, die es ermöglichen, gemeinsam neues Wissen zu erschließen und somit „die Mitkonstruktion betrieblicher [und auch anderer] Wirklichkeiten erleben und lernen [zu] können" (ARNOLD, 1996, Seite 104). Mit dieser Ermöglichungsperspektive ist gemeint, „dass professionelle Erwachsenenbildnerinnen und Erwachsenenbildner Lernprozesse und Lernerfolge Erwachsener nicht 'machen' – im Sinne von 'zu garantierbaren Ergebnissen führen' – können, sie können lediglich die Voraussetzung dafür schaffen, dass Lernende sich selbst auf den Weg machen" (ARNOLD, 1996, Seite 147). „Eine Didaktik hat dann, wenn sie sinnvoll sein und wirkliches Lernen ermöglichen will, die Aufgabe, als 'Außensystem' strukturelle Anreize zu geben, strukturelle Kopplungen zu ermöglichen und einen konsensuellen Bereich aufzubauen, damit die einzelnen Menschen [und darüber hinaus auch soziale Systeme] als lebende Systeme ihrer Struktur entsprechend Informationen aufnehmen und diese mit Hilfe ihrer Organisation in ihr 'Universum' integrieren können" (KÖSEL, 1997, Seite 59).

Das vorliegende Konzept ist in diesem ermöglichenden und konstruktivistischen Sinne entwickelt worden. Es stellt keine Behauptungen und keine allgemeingültigen Regeln auf, sondern bietet Instrumente an, um Lernmöglichkeiten im Sinne des 'Systemischen Lernens' zu kreieren. Für diese Modellbildung gelten drei Prinzipien, die auch KÖSEL für die subjektive Didaktik postuliert:
➢ „*Das Prinzip der Nicht-Identität*: Modelle, Karten sind nicht identisch mit den Originalen, Territorien.
➢ *Das Prinzip der Nicht-Vollständigkeit*: Das Modell gibt niemals alle Aspekte der Wirklichkeit wieder. Man kann nie alles erfassen und nie

alles beobachten und nie alles optimal erzeugen. Deshalb kann man beim
Modellieren von Unterricht nur auf eine sinnvolle Abgrenzung achten.
➢ *Das Prinzip der Selbst-Reflexivität*: Jede Wirklichkeits-Konstruktion ist in
Bezug auf den Beobachter relativ. Lehrende und Lernende müssen
deshalb ihre jeweiligen Bedingungen bei der Erzeugung von Wissen mit-
konstruieren und sich gegenseitig mitteilen" (1997, Seite 165).

Während KÖSEL (1997) das Konzept der subjektiven Didaktik für die Bereiche
der Unterrichtsplanung und -gestaltung entwirft (und deshalb die Begriffe
'Lernende' und 'Lehrende' verwendet), bezieht sich das vorliegende Konzept auf
das Lernen von Systemen, d.h. von Individuen, Gruppen, Organisationen (vgl.
dazu die Kapitel 2. 'Konstruktivismus' und Kapitel 3. 'Systemtheorie'). Daher
werden im Folgenden die Begriffe 'Unterstützer' bzw. 'Berater' verwendet.
Damit sind die 'Ermöglicher' für einen Prozess des systemischen Lernens
gemeint.

6.3. Die Analyse des Systems

Der erste Schritt zum systemischen Lernen geht über das Kennenlernen des
Systems. Aufgrund der Erkenntnis, dass es gerade die verdeckten Muster sind,
die unser Handeln entscheidend leiten, ist es notwendig, diese Muster und die
ihnen zugrunde liegenden Annahmen, Erwartungen und Erwartungserwartungen
zu ergründen. Erst aufgrund der Kenntnis der etablierten Muster, mit denen das
System seine Autopoiesis gestaltet und damit seinen Fortbestand sichert, werden
Möglichkeiten denkbar, um das System zu irritieren. In Bezug auf 'Systemisches
Lernen' geht es darum, Irritationen zu erzeugen, „die das zu verändernde System
in Distanz zu seiner eigenen Selbstbeschreibung zwingt. Diese Distanz ist
Grundlage für Verstehen, für die Denkmöglichkeit von alternativen Optionen,
und mithin für Veränderung" (WILLKE, 1992, Seite 36).
Die Selbstbeobachtung eines Systems ist hierfür nur bedingt zielführend, da das
System seine beobachtungsleitenden Unterscheidungen nicht berücksichtigen
kann: Aufgrund des blinden Flecks kann das System nicht sehen, was es nicht
sehen kann. Es kann ebenfalls nicht sehen, dass es nicht sehen kann, was es
nicht sehen kann (vgl. Kapitel 3. 'Systemtheorie'). Erst durch die Ergänzung
einer Außenperspektive können die 'blinden Flecken' des Systems erkannt und
benannt werden. Demzufolge ist es erforderlich, externe Beobachter für die
Fremdbeobachtung, d.h. die Beobachtung II. Ordnung, zu engagieren. „Die Aufgabe des außenstehenden Beraters liegt darin, Fragen zu stellen, auf Klärung zu
dringen, Wahrnehmungen zu überprüfen und die Gruppe in ihrem Bemühen zu
unterstützen, sich ein möglichst klares Bild des für ihre täglichen Wahrnehmungen, Gefühle, Gedanken und Verhaltensweisen maßgeblichen Prämissensystems
zu verschaffen" (SCHEIN, 1995, Seite 139). Es ist möglich, dass diese Fremdbeobachtung innerhalb der Organisation von Teilsystemen der Organisation zur

Verfügung gestellt wird. Allerdings könnten in dem Fall Eigeninteressen (z.B. Konkurrenz) handlungsleitend sein, so dass vorrangig externe Berater zu empfehlen sind. Diese haben selbstverständlich wieder Eigeninteressen (und diese sollten kommuniziert werden), stehen aber vermutlich eher unter der Leitdifferenz 'Folgeauftrag bekommen oder nicht bekommen' als unter dem Aspekt der Konkurrenz.

6.3.1. Das Unterstützungssystem

Für die Analyse des Systems und die Umsetzung der Kommunikations-architekturen ist Unterstützung erforderlich. Selbstverständlich können Systeme auch ohne Berater bzw. „change agent" (GEISSLER, 2000, Seite 130) lernen, allerdings benötigen sie für die detaillierte Beobachtung den Blick von 'außen', die Beobachtung II. Ordnung. „Der Anstoß zu organisationaler Veränderung muss deshalb gesucht werden in der Erfahrung von Differenzen und differierenden Optionen der Selbstbeschreibung" (WILLKE, 1992, Seite 36). Darüber hinaus ist es erforderlich, dass die Fremdbeobachtung von einem System durchgeführt wird. Gemäß dem Motto 'Ein Berater ist kein Berater' gewährt erst eine vielfältige und reflektierte Beobachtung durch eine Gruppe von Beobachtern eine nahezu bewertungsneutrale Erkenntnis über das System (vgl. Kapitel 4.3.1. 'Der Beratungsprozess der systemischen Beratung'). „Die Gruppe als Beobachter entwickelt zwangsläufig eine andere Perspektive als jeder Einzelne. Sie kann in der direkten Kommunikation der Teilnehmer Beschreibungen, Bewertungen und Erklärungen liefern, die über die Beobachtungs- und Interessensphäre des individuellen Mitarbeiters hinausgehen. [...] Die große Chance der Gruppe als Beobachter ist aber, dass sie die Komplexität der verschiedenen relevanten Umwelten besser abbilden kann. Sie führt Unschärfe ein, wo der Einzelne zur Entweder-Oder-Vereinfachung der zweiwertigen Logik tendieren würde" (SIMON, 1998, Seite 136). In jedem Fall sollten die Berater sich ihre eigenen 'Brillen', d.h. ihre eigenen blinden Flecken bzw. ihre eigenen begrenzten Wahrnehmungen vergegenwärtigen und reflektieren, um den Anspruch auf eine möglichst weitreichende objektive Realität zu gewährleisten. Hierfür bietet sich wiederum die Beobachtung II. Ordnung an, d.h. die Einbeziehung des Blicks von außen (siehe das folgende Unterkapitel).

6.3.2. Beobachtung II. Ordnung

Die Fremdbeobachtung des Systems ist ein wesentlicher Bestandteil der Systemanalyse. Das System kann sich aufgrund seiner beobachtungsleitenden Unterscheidungen, d.h. aufgrund seines blinden Flecks, nur bedingt selbst beobachten. Die Unterscheidung, mit der etwas beobachtet wird, kann in dem Moment der Beobachtung nicht selbst beobachtet werden. Erst die Beobachtung II. Ordnung, also die Beobachtung der Beobachtung, zeigt auf, mit welchen Unterscheidungen das jeweilige System operiert und welche Unterscheidungen

für das System handlungsleitend sind (vgl. hierzu das Kapitel 2.3. 'Beobachtung
I. und II. Ordnung'). Diese Information ist für das System nur dann relevant,
wenn sie wertneutral mitgeteilt wird.
Erst durch die Zusammenstellung der einzelnen Beobachtungen verfügt das
Beratersystem über genügend Informationen, um eine Analyse des Systems
anzufertigen. In einem ersten Schritt werden die Informationen zu Hypothesen
über das System verdichtet, um dann im zweiten Schritt die Systemarchitektur
zu zeichnen.
Vorher ist es allerdings notwendig, sich über den Umfang des Systems sowie
seines Kontextes (die Umwelt des Systems) klar zu werden und die einzelnen
Komponenten der Muster zu kennen.

6.3.3. Definition des Systems und seiner Subsysteme

Entscheidend für den gesamten Prozess der Musterveränderung und des
'Systemischen Lernens' ist die Abbildung des ganzen Systems. Hierfür wird
auch die Metapher 'Das ganze System in einem Raum' verwendet. Ein System
ist eine Einheit von Elementen und der zwischen den Elementen bestehenden
Relationen innerhalb einer spezifischen Umwelt. Diese Einheit der Differenz
zwischen System und Umwelt gilt es in allen Prozessen des Beobachtens und
Lernens zu berücksichtigen. Der Prozess der Veränderung, und damit der
Prozess des 'Systemischen Lernens', beginnt demnach nicht bei den einzelnen
Elementen oder den einzelnen Relationen, denn diese singuläre Vorgehensweise
würde nur vorübergehend Bestand haben: Die Kommunikationen und
Entscheidungen, die im Prozess des 'Systemischen Lernens' stattfinden,
erschließen sich nur bedingt den anderen Bereichen, die nicht beteiligt sind. Die
Reaktion auf das Neue wird bei anderen Bereichen ohne entsprechende
Einbindung eher Widerstand sein, da diese ihre bisher erfolgreichen Muster in
Frage gestellt sehen. So kann beispielsweise ein initiierter Lernprozess für eine
Abteilung ein Erfolg sein, dieser endet unter Umständen jedoch an den
Schnittstellen zu anderen Abteilungen. Die Optimierung der Prozesse und die
damit verbundene neue Struktur und die neuen Ansprechpartner sind für den
sich verändernden Bereich einsehbar und nachvollziehbar. Die Nachbarbereiche
empfinden dies möglicherweise eher als Konfrontation, da es evtl. mit
Mehrarbeit verbunden ist. Die Optimierung der einen Seite ist die Beharrung der
anderen Seite. Die getroffenen Entscheidungen werden möglicherweise wieder
verworfen, da sie nicht durchsetzungsfähig sind.
Erfolgreicher für alle Beteiligten ist es, wenn das ganze System, d.h. die
einzelnen Elemente inklusive der zwischen ihnen bestehenden Relationen sowie
die entsprechenden Umwelten in den Prozess eingebunden werden. Erst durch
die Betrachtung der Einheit von System und Umwelt ist eine fundamentale
Auseinandersetzung im Sinne einer langfristigen Veränderung möglich. Nur
wenn das ganze System inklusive aller Subsysteme und die jeweiligen
Umwelten präsent sind, kann das System Entscheidungen generieren, die

schnittstellenübergreifend verstanden werden und verbindlich sind. Diese koordinierende und integrierende Wirkung ist nur auf diesem Weg zu erreichen.

6.3.4. Komplexität

Das Thema Komplexität ist zentral für die Erreichung von Zielen, die Erfüllung von Aufgaben oder das Lösen von Problemen. Komplexität ist der „Grad der Vielschichtigkeit, Vernetzung und Folgelastigkeit eines Entscheidungsfeldes in den Systemen" (KÖSEL, 1996, Seite 25), d.h. Komplexität ist gekennzeichnet durch eine Vielzahl von Verknüpfungen einzelner Elemente. Sofern die Anzahl dieser Verknüpfungen ein ver- bzw. bearbeitbares Maß übersteigt, erscheint ein Sachverhalt als komplex; und damit steht dem Ziel oder dem nächsten Schritt etwas im Wege. Was liegt dann näher, als die Ursache für diese Überforderung in der Überzahl der Verknüpfungen zu suchen? In diesem Fall werden die Verknüpfungen auf ein Maß reduziert, das beherrschbar ist. Dahinter steckt die Annahme, dass die Unübersichtlichkeit eines Sachverhalts in direkter Korrelation mit der Anzahl von Verknüpfungen steht: Das Problem heißt Komplexität, die Lösung heißt Reduktion.

Neben diesem traditionellem Verständnis von Komplexitätsverarbeitung präsentiert BAECKER einen zweiten Weg im Umgang mit Komplexität: „Komplexität liegt in der Natur der Dinge" (1997, Seite 21), d.h. Komplexität ist nicht das Problem, sondern die Lösung, dessen Problem erst noch zu finden ist. Wenn man Komplexität als die Lösung betrachtet, gewinnt man die interessante Frageperspektive, für welche Probleme Komplexität die Lösung ist. Sie ist die Lösung des Problems, dass jede einzelne Vereinfachung sich auf bestimmte Aspekte stützt und alle anderen unberücksichtigt lässt. Die Komplexität ist die Lösung des Problems, dass jede Vereinfachung notwendigerweise verkennt, was sie vereinfacht (vgl. Kapitel 5.6. 'Kommunikationsarchitekturen').

Komplexität ist demnach nicht das Maß der Unübersichtlichkeit, das bei einem Sachverhalt quasi von selbst immer größer wird und erst dann wieder beherrschbar wird, wenn die Verknüpfungen getrennt und somit die Komplexität reduziert wird. Das Gegenteil ist der Fall: Wir sind der Auffassung, „dass das Problem seinerseits die Lösung eines anderen Problems ist, das es zunächst einmal kennen zu lernen gilt, will man nicht Gefahr laufen, dass mit der Lösung der Lösung dieses andersartigen Problems das Problem wieder unlösbar wird" (BAECKER, 1997, Seite 22f.). Der systemische Weg ist demnach nicht der simple Reduktion, sondern die Komplexitätssteigerung des Systems.

Zur Verdeutlichung der Paradoxie, dass Komplexität zugleich Problem und Lösung ist, hier ein Beispiel: Ein Projektleiter möchte einen Statusbericht zu seinem Projekt veröffentlichen und will dafür alle seine Teilprojektleiter zu einem gemeinsamen Termin einladen. Die Terminabsprache gestaltet sich schwierig, weil die Teilprojektleiter durch Termine in ihrem Teilprojekt (z.B. mit ihren Projektmitarbeitern) belegt sind. Sofern die Komplexität als Problem betrachtet wird, wird der Projektleiter die Anzahl der Teilprojekte und die Notwendigkeit der Abstimmungen verteufeln. Die Lösung liegt für ihn möglicherweise in der Reduktion der Besprechungen bzw. der Teilnehmer.

Wenn Komplexität allerdings als Lösung betrachtet werden kann, erscheint der Sachverhalt plötzlich als Geschichte: Die Teilprojekte wurden aus triftigen Gründen ins Leben gerufen, die Besprechungen sind wertvolle Plattformen für den Austausch. Die Organisation hat sich die notwendige Komplexität selbst organisiert, und zwar als Lösung vorheriger Probleme. „Das entscheidende Kennzeichen von Komplexität ist vielmehr, dass man es mit der Notwendigkeit zu tun hat, eine Auswahl des Wichtigen zuungunsten des Unwichtigen zu treffen, gleichzeitig jedoch weiß, dass das, was heute unwichtig ist, morgen schon wichtig sein kann. [...] Komplexität heißt Zwang zur Selektion" (BAECKER, 1994, Seite 113f.). Entscheidungen in Zwangssituationen werden operativ getroffen, mit der Tendenz zu einfachen und kurzfristigen Lösungen mittels Reduktion von Komplexität.

Erforderlich ist jedoch nicht eine Lösung im herkömmlichen Sinne, da sie wiederum nur für kurze Zeit Bestand haben wird. „Sondern es muss heißen, das Problem der Komplexität so aufzubauen, das heißt so zu strukturieren, dass es sich selbst laufend löst und wiederaufbaut zugleich. Es geht um den Einbau von strukturellen Spannungen in die Organisation, die es der Organisation gegenüber der eigenen und der Umweltkomplexität ermöglichen, immer wieder andere Reduktionen zu wählen und insofern komplex zu reagieren" (BAECKER, 1997, Seite 23). Für unseren Projektleiter könnte das bedeuten, die hierarchische Steuerung des Projekts und der Teilprojekte auf die einzelnen Projektmitarbeiter zu verlagern. Die Beteiligten sollen selbst entscheiden, welche Information zu welchem Zeitpunkt in welcher Besprechung notwendig und sinnvoll ist, d.h. an welcher Besprechung sie im Sinne des Projektfortschritts teilzunehmen haben. Durch die Hinzufügung neuer Komplexität (Verantwortung) wird die schon vorhandene Komplexität des Systems gesteigert. Dadurch gewinnt man neue Beobachtungsperspektiven und andere Entscheidungsoptionen.

Soziale Systeme können nur dann lernen, wenn sie in der Lage sind, ihre eigene Komplexität (temporär) zu erhöhen, d.h. den Möglichkeitsraum vorübergehend zu vergrößern, um auf der Basis von Reflexionen zu neuen Entscheidungen zu kommen. „Wenn Komplexität über Selektivität bestimmt wird, dann bedeutet dies schließlich auch, dass die Komplexität eines Systems steigerbar ist, indem seine Selektivität gesteigert wird. [...] Ein System steigert seine Selektivität, indem es seine Elemente und die möglichen Beziehungen zwischen diesen Elementen immer weiter spezifiziert. [...] Mit der Selektivität, die eine immer größere Umweltkomplexität zu erfassen erlaubt, steigt jedoch die Komplexität des Systems selbst. Denn jedes neu bestimmte Element, jede neu bestimmte Beziehung macht andere mögliche Elemente und andere mögliche Beziehungen sichtbar" (BAECKER, 1997, Seite 27). Aufgrund der Transparenz dieser

Möglichkeiten sind andere Handlungsoptionen vorstellbar. Das System hat sich einen veränderten Handlungsspielraum erarbeitet. Beratung bzw. Unterstützung von außen bedeutet im Sinne der Organisationsdidaktik, die Eigenkomplexität des Systems zu erfassen und mögliche Komplexitätssteigerungen als Optionen durch entsprechende Kommunikationsarchitekturen zur Verfügung zu stellen. Eine mögliche Kommunikationsarchitektur für den oben genannten Projektleiter ist beispielsweise eine andere Strukturierung von Verantwortung für einen begrenzten Zeitraum. Sofern die Verlagerung der Verantwortung erfolgreich verläuft, besteht die Möglichkeit, die neue Struktur auf Dauer zu etablieren.

6.3.5. Rollen

Die Erkennung und Veränderung von Mustern betrifft die etablierten Rollen, Regeln und Grenzen eines Systems. Die bisherigen Entscheidungen zu den Aufgaben und Kompetenzen des eigenen und des fremden Arbeitsbereiches (in einer Organisation) sowie die (geheimen) Spielregeln im Miteinander bieten Sicherheit und Orientierung. Dies wirkt sich auf die Vorstellungen und Annahmen von Individuen, Gruppen und Organisationen über die Erfüllung von Aufgaben und der Erreichung von Zielen sowie auf die täglichen Kommunikationen und Entscheidungen innerhalb des Systems aus, d.h. welche Aufgaben werden von wem wie wahrgenommen und erfüllt, welche Entscheidungen werden von wem wie kommuniziert? Sofern Rollen neu besetzt, Regeln verändert oder Grenzen neu gezogen werden, ändern sich auch die entsprechenden Kommunikationen, d.h. die bisher erfolgreichen Handlungsschemata werden in Frage gestellt.

Die Notwendigkeit zur Offenlegung des Rollenverständnisses macht DEISER an einer Analogie deutlich. Auf einem Seminar wurden „Spitzenmanager aufgefordert, ihr Rollenverständnis in einer Analogie zu Funktionsbereichen einer Schiffsbesatzung darzulegen. Die in den Antworten vorherrschenden Metaphern waren Steuermann, Kapitän oder – bei besonders operativen Herren – durchaus auch der Griff zum Ruder. Doch was macht heute, bei den immer stürmischeren und unberechenbareren Winden und den immer unsicherer werdenden und auf keiner Seekarte verzeichneten Gewässern den Erfolg des Überlebens eines Schiffes samt Besatzung aus? Sicher ist es wichtig, Instrumente lesen zu können, ein klares Ziel vor Augen zu haben und über eine gut trainierte, motivierte und richtig eingesetzte Mannschaft zu verfügen. Doch alle diese Faktoren nützen wenig, wenn das Design des Schiffes fehlerhaft ist. Die Bauweise und die Architektur geben letztlich den Ausschlag zum Erfolg" (DEISER, 1995, Seite 309f.).
Die Personen innerhalb eines Systems werden in Bezug auf die Erfüllung von Aufgaben in ihren jeweiligen Rollen angesprochen und nachgefragt. Aufgrund der spezifischen Stellenbeschreibungen können die Kollegen voneinander die

Erledigung der Teilaufgaben erwarten. Sofern eine Erwartung nicht erfüllt wird, d.h. eine Entscheidung zwischen den Beteiligten nicht getroffen werden kann, hat in organisierten Sozialsystemen die Hierarchie eine weitere Rolle vorgesehen: die Führungskraft. Sie hat im Zweifelsfall die Entscheidungsvollmacht und wird in dieser Rolle angesprochen.

Die verschiedenen Rollen in einem System sind von den beteiligten Subsystemen mit unterschiedlichen Erwartungen belegt. Für den einen Bereich ist die Nachbarabteilung ein Kunde, für den anderen Bereich ein Lieferant. Ebenso ist es mit den Erwartungen an Kollegen oder Führungskräfte. Diese unterschiedlichen Rollen inklusive der verschiedenen Erwartungen sind offen zu legen, um die dahinter liegenden Muster zu erkennen. Erst dann ist ein Lernprozess im Sinne des 'Systemischen Lernens' möglich.

6.3.6. Regeln

Organisationen sind kooperative Systeme, in denen Individuen arbeitsteilig sich wiederholende Aufgaben erledigen. Rollen, die die Individuen als Mitglieder der Organisation erhalten, koordinieren die Arbeitsteilung. Regeln klären die Verteilung von Macht, die Delegation von Aufgaben, den Ablauf von Entscheidungsprozessen sowie die Mitgliedschaft in der Organisation. Mit zunehmender Bürokratisierung einer Organisation werden Rollen und Regeln explizit und sehr differenziert artikuliert und niedergeschrieben. Dies kann auf Routineabläufe zutreffen, mit denen in der Organisation sich wiederholende Aufgaben erledigt werden. Das Beziehungsgeflecht aus Rollen, Regeln und Routinen bildet gemeinsam mit den Annahmen, auf denen sie beruhen, eine Art organisationale Landkarte, die ihren Ausdruck z.B. in Organigrammen und Prozessbeschreibungen findet.

Das Aufstellen von Regeln ist ein zentrales Element, um die Prozesse innerhalb eines Systems zu organisieren. „Wir sind fast alle Angestellte. Angestellte in kleinen und großen Organisationen, die unter den 'Gesetzen' der Kommunikation leben, wie sie sich in Organisationen eingespielt haben" (BAECKER, 1994, Seite 105). Regeln haben die Aufgabe, bestimmte Verhaltensweisen zuzulassen und andere abzulehnen. Die dabei errichteten Grenzen definieren ein bestimmtes Verhalten als systemkonform oder als nicht-systemkonform. Sofern das ausgegrenzte Verhalten im gesamten System abgelehnt wird (z.B. sexuelle Belästigung), gibt es mit der aufgestellten Regel bzw. den dazugehörenden Grenzen keine Probleme.

Wenn das entsprechende Verhalten jedoch gespalten beurteilt wird (z.B. Rauchen am Arbeitsplatz), werden sich die Raucher eine entsprechende Nische suchen, um ihr gewohntes Verhalten fortzusetzen. Für das Aufstellen von ambivalent erlebten Regeln ist es deshalb erforderlich, die gewünschte Regel durch eine komplementäre Regel zu ergänzen. Ein Beispiel für eine komplementäre Regel bietet der dänische Hörgerätehersteller Oticon: Ein zentraler Satz der Firmenphilosophie lautet: „Jede Sanktion hat ihren Raum".

Aus diesem Grund wurde im Rahmen des im ganzen Gebäude geltenden Rauchverbots ein Büro als Raucherraum ('2bak-room') eingerichtet. Hierdurch wurde den Rauchern die Möglichkeit gegeben, ihr sanktioniertes Verhalten weiterführen und damit die beschlossene Regel des Rauchverbots einhalten zu können.

Regeln sind die verabschiedeten und übernommenen Verhaltensweisen, die das Zusammenwirken in einem System organisieren. Hierbei lassen sich die geschriebenen und die ungeschriebenen Regeln der Organisation unterscheiden. Die ungeschriebenen wirken aufgrund ihrer verdeckten, weil nicht ausgesprochenen, Realität unter Umständen stärker als die offen kommunizierten Regeln. Aufgrund von Regeln lassen sich die Erwartungen, die die Organisationsmitglieder aneinander stellen, kanalisieren: Regeln organisieren die gegenseitigen Erwartungsstrukturen und erreichen durch ihre Etablierung eine eigene Dynamik. „In Organisationen wird deutlich, dass die einzelnen Akteure die Regeln des organisatorischen Spiels nur sehr begrenzt bestimmen. Sind die Regeln erst einmal etabliert, dann ist es immer auch das Spiel, das sich die Mitarbeiter organisiert. Die Universität organisiert sich ihre Professoren und Studenten und Ministerialbürokratien maßgeblich selbst. Aus dieser Perspektive steuert auch die Unternehmensleitung nicht das Unternehmen, sondern das Unternehmen steuert die Mitarbeiter in einer Weise, dass das Unternehmen funktionieren kann (KÜHL, 2000, Seite 119).

6.3.7. Grenzen

Ein System bzw. eine Organisation ist keine Einheit an und für sich, sondern nur eine Einheit in ihrer Differenz zu etwas Anderem. Es ist die Grenze, die über die Zuordnung entscheidet und damit die Einheit von dem Anderem trennt. Demzufolge ist es nicht nur die Einheit, die etwas über die Einheit aussagt, sondern immer auch die Grenze, mit der sich die Einheit von dem Anderen abhebt.

Beispielsweise zeichnet sich ein Sportverein dadurch aus, dass er sich von anderen Aktivitäten abgrenzt; ein Autohändler verkauft keine Computer; das Finanzamt entscheidet nicht über die Stromtarife. Diese Abgrenzungen sind zur Identifikation wichtig. Jedes System wird mit einer bestimmten Tätigkeit bzw. mit einer bestimmten Erwartung verbunden. Im Falle von Kaffeeröstern und Tankstellen, die neben ihrem angestammten Sortiment auch Fertiggerichte und Pyjamas verkaufen, hat sich die Grenze und damit die eindeutige Zuordnung, d.h. die Identität der Einheit, verschoben; allerdings nicht aufgehoben, denn die neue Vielfältigkeit führt zu einer anderen Identität.

Die Grenze definiert das Eingeschlossene. Je deutlicher diese Grenze benannt wird, desto eindeutiger ist die Identifikation und die Zuordnung von Erwartungen. Allerdings bewirkt diese Grenzziehung auch eine Realitätskonstruktion. Ich beschränke mich auf das, was innen liegt, und hierfür bin ich Spezialist. Daher geht der Blick für das Äußere verloren und damit schließlich auch die Möglichkeiten, sich von außen irritieren zu lassen und zu lernen: „Wer innerhalb der etablierten Grenzen seiner Wahrnehmung bleibt, und wer sich ausschließlich im Rahmen bewährter Spielregeln und Verhaltensmuster bewegt, verfügt über keine Arena für Lernerfahrungen" (DEISER, 1995, Seite 313). Die Wirklichkeit wird dann als absolut erlebt, das Fremde, das Andere wird nicht als Chance wahrgenommen. Genau für diese Situation bietet sich der Abgleich zwischen Selbst- und Fremdreferenz an. Während die Selbstreferenz die eigenen Wirklichkeitskonstruktionen fortwährend als die erfolgreichen Konstruktionen etabliert, kann die Fremdreferenz scheinbar Paradoxes leisten: „Man sieht die eigene Blindheit, oder anders: Man sieht, was man bisher (so) nicht gesehen hat. Dazu muss man aber zuerst wahr-nehmen (!) was man stattdessen (statt der bisherigen oder üblichen Auffassungen) tun oder denken könnte" (NEUBERGER, 1994, Seite 17).

6.3.8. Leitdifferenzen, Deutungsmuster, Wirklichkeitskonstruktionen
Das System inklusive seiner verfestigten Muster differenziert sich von seiner Umwelt mittels einer Systemgrenze. Sie dient zur Aufrechterhaltung der inneren Logik des Systems, d.h. an der Grenze entscheidet es sich, welche Kommunikationen ins System aufgenommen und welche in der Umwelt gelassen werden bzw. von welchen Kommunikationen sich das System irritieren oder eben nicht irritieren lässt. Systemgrenzen sind Sinngrenzen. An diesen Grenzen wird der Unterschied zwischen dem Sinn der jeweiligen Systeme deutlich. Ein gewinnorientiertes Unternehmen agiert anders als eine Nonprofit-Organisation: der gewählte Sinn, d.h. die selektierten Kommunikationen führen zu unterschiedlichen Grenzen gegenüber der Umwelt.
Diese selbstgewählten Leitdifferenzen (vgl. Kapitel 3.4.3. 'Beobachtungsleitende Unterscheidung'), unter denen alle weiteren Kommunikationen beobachtet und selektiert werden, führen manchmal zu einer beschränkten Sichtweise. „Grenzen sind deswegen für Lernprozesse so wichtig, weil sie Orte der Begegnung mit anderen Denkweisen und damit mit anderen Wirklichkeiten sind. [...] Ein bewusstes gegenseitiges Abtasten und Überschreiten dieser Grenzen führt zum systematischen Kennenlernen anderer Perspektiven und ermöglicht das Einholen und Integrieren fremder Erfahrungen und Wirklichkeitsmuster in die etablierte Struktur erprobter Praxis. Die didaktisch organisierte Begegnung mit Fremdem, mit anderen kulturellen und strukturellen Mustern erlaubt das Erkennen der Begrenztheit der eigenen Perspektive, und das Erkennen der Brille ist der erste Schritt zu ihrer Relativierung. [...] In jeder Organisation existieren gewollt oder ungewollt unzählige Orte von Differenz. Es gibt die Unterschiede in den Wirklichkeitssichten von einzelnen Mitarbeitern, aber auch von Abteilungen, Funktionsbereichen, hierarchischen Ebenen, Geschäftsfeldern, usw." (DEISER, 1995, Seite 314). Sofern diese Sinngrenzen zwischen den verschiedenen Systemen sichtbar und deutlich gemacht werden, besteht die Möglichkeit, die entdeckten Grenzen und die zugrunde liegenden Muster zu reflektieren und im

Anschluss daran neu zu definieren und zu gestalten. Darüber hinaus ist es möglich, sich mit den 'Nachbarsystemen' gemeinsam auf neue Grenzen und Muster zu verständigen.

6.3.9. Mustererkennung

Das Erkennen der Kommunikationsmuster ist ein zentraler Bestandteil des Lernprozesses. Sofern die Muster nicht erkannt werden, können sie auch nicht bearbeitet bzw. verändert werden. Ebenfalls entscheidend ist die Unterscheidung zwischen den eigenen und den fremden Mustern. In einem Gesamtsystem bedeutet dies die Offenlegung der Muster aller Teilsysteme. Diese Offenlegung bezieht sich (in Wirtschaftsorganisationen) auf das Verständnis des Systems bezüglich seiner Aufgaben, Kompetenzen und Verantwortlichkeiten. Hierbei ist es erforderlich, dass sich die jeweiligen Systeme gegenseitig über ihr Verständnis, über die zu diesem Verständnis führenden Grundlagen sowie über die damit verbundenen Erwartungen und Erwartungserwartungen informieren. Diese Grundlagen bestehen in der Regel aus Annahmen und früheren Entscheidungen bezüglich der Aufteilung der Arbeitsprozesse und der entsprechenden Kompetenzen. „Die funktionsgebundenen Subkulturen bringen eine Vielfalt mit sich, die sich aus dem jeweiligen berufsspezifischen Hintergrund erklärt" (SCHEIN, 1995, Seite 209). Die Muster hängen demzufolge eng mit den beobachtungsleitenden Unterscheidungen zusammen (vgl. das Kapitel 2.7. 'Strukturdeterminiertheit').

Die Erkennung von Mustern erfordert eine Veränderung des Beobachtungsfokus von Personen zu Kommunikationen: Es geht nicht um eine Personifizierung von Problemen. „Stattdessen ist es in systemtheoretischer Perspektive für eine brauchbare Erklärung von Systemverhalten notwendig, von den Personen abstrahierte Kommunikationsstrukturen, Sprachspiele, organisierte Semantiken, letztlich Spezialsprachen und ausdifferenzierte Kommunikationsmedien als grundlegend anzunehmen. [...] Entgegen naiven Vorstellungen von Kommunikation und Handeln kommt es für die Inhalte der systemischen Interaktion nicht auf die Intentionen oder Interessen der beteiligten Individuen an, sondern auf die Gesetzmäßigkeiten der Operationsweise der betroffenen Sozialsysteme. Einen eindrucksvollen Anschauungsunterricht hierfür bieten die bekannten 'PraxisSchocks', denen angehende Lehrer in Schulen, Juristen an Gerichten, Kleriker in Kirchen und eben Mitarbeiter in Unternehmen ausgesetzt sind, die auf sehr handfeste Weise die Intransigenz [Unversöhnlichkeit] und Härte systemischer Realität erfahren müssen" (WILLKE, 1992, Seite 27ff.). An diesem Beispiel wird deutlich, wie sich Systeme mittels ihrer Kommunikation eine eigene Wirklichkeit konstruieren, so dass 'Neulinge' den Eintritt ins System als Grenzüberschreitung erleben.

6.3.10. Methoden und Instrumente

Nachfolgend wird eine Auswahl an Instrumenten vorgestellt, die für die Erkennung der systemspezifischen Rollen, Regeln, Grenzen sowie die den Handlungen zugrunde liegenden Muster geeignet sind. Im Mittelpunkt steht dabei stets die Annahme, dass ein Beobachter erst durch die Personen hindurch schauen muss, um die dahinter liegenden Muster zu erkennen. Die Instrumente zielen demzufolge auf die Kommunikationen bzw. auf die den Kommunikationen zugrunde liegenden Annahmen sowie auf die Annahmen und Erwartungen in Bezug auf das Verhalten anderer. Die Muster sind je nach den systemspezifischen Leitdifferenzen und der Dauer ihrer Existenz unterschiedlich stark etabliert. Für die tiefgründige Mustererkennung wird deshalb die Anwendung mehrerer Instrumente in einer spezifischen Kombination empfohlen.

An dieser Stelle sei nochmals angemerkt, dass wir psychische Systeme in Anlehnung an die Parallelitätsthese nach SCHULZ V. THUN (2000) als 'innere soziale Systeme' (vgl. das Kapitel 3.5. 'Psychische Systeme') verstehen. Die Operationsweise von psychischen Systemen ('Denken') wird durch die Beschreibung als 'innerer Dialog' der Operationsweise von sozialen Systemen ('Kommunikation') zugeordnet. „Wenn wir einmal erkannt haben, dass Gedanken und Handlungen aus demselben Stoff sind, können wir von einer auf die andere Ebene übertragen und transponieren" (PERLS, 1999, Seite 33). Somit wird bei den folgenden Methoden und Instrumenten von Personen bzw. Rollenträgern sowohl in Bezug auf soziale Systeme als auch in Bezug auf psychische Systeme gesprochen. SCHULZ V. THUN verwendet dafür den Begriff der „inneren Teammitglieder" (2000, Seite 31f.), PERLS bezeichnet sie als „Rollen" (1999, Seite 113).

Die hier vorgestellten Instrumente und Methoden basieren auf der Methodologie der qualitativen Sozialforschung, deren Ziel es ist, „die Prozesse der Handelnden zu rekonstruieren, durch die die soziale Wirklichkeit in ihrer sinnhaften Strukturiertheit hergestellt wird" (LAMNEK, 1995, Seite 40). Hierbei unterscheidet sich die qualitative Sozialforschung aufgrund ihrer Ziele und der Beteiligung der Betroffenen von der quantitativen Sozialforschung, die LAMNEK als konventionelle Methodologie bezeichnet. „Zielt die konventionelle Methodologie darauf ab, zu Aussagen über Häufigkeiten, Lage-, Verteilungs- und Steuerungsparameter zu gelangen, Maße für Sicherheit und Stärke von Zusammenhängen zu finden und theoretische Modelle zu überprüfen, so interessiert sich eine qualitative Methodologie primär für das 'Wie' dieser Zusammenhänge und deren innere Struktur vor allem aus der Sicht der Betroffenen" (1995, Seite 4). Die qualitative Methodologie verzichtet bewusst auf den Anspruch an Objektivität. Stattdessen wird die Subjektivität der Beteiligten direkt eingefordert und abgefragt (vgl. dazu Kapitel 4.1. 'Einleitung'). Es geht bei den folgenden Methoden und Instrumenten also nicht um die Erhebung von Zahlen, Daten oder Fakten, sondern um die Eruierung von

Meinungen und Erwartungen sowie den jeweils zugrunde liegenden Annahmen. Folgende Instrumente und Methoden werden vorgestellt:

> *Zirkuläres Fragen*
> *Leiter der Abstraktion*
> *Mitarbeiterbefragungen (FocusGroups)*
> *TPC-Matrix*

Zirkuläres Fragen

Die Methode des zirkulären Fragens ist in der Literatur zur Beratung ausführlich beschrieben (vgl. V.SCHLIPPE / SCHWEITZER, 1997). Trotzdem soll sie an dieser Stelle zumindest kurz vorgestellt werden, da sie als Methode grundlegenden Charakter für die weiteren Instrumente hat.

„Die grundlegende Überlegung dieser Methode ist, dass in einem sozialen System alles gezeigte Verhalten immer (auch) als kommunikatives Angebot verstanden werden kann: Verhaltensweisen, Symptome, aber auch die unterschiedlichen Formen von Gefühlsausdruck sind nicht nur als im Menschen ablaufende Ereignisse zu sehen, sondern sie haben immer auch eine Funktion in den wechselseitigen Beziehungsdefinitionen" (V.SCHLIPPE / SCHWEITZER, 1997, Seite 138). Zirkuläre Fragen fokussieren demnach nicht auf innere Empfindungen, sondern auf das kommunikative Geflecht zwischen den Interaktionspartnern.

Als eine Art 'Metakommunikation' dienen sie in erster Linie dazu, Informationen über zusammenhängende Kommunikationsmuster zu gewinnen, komplexe Handlungsabläufe klarer zu machen und sogenannte rigide Schleifen aufzudecken. „Fragen zu stellen ist nicht nur eine Art der Informationsgewinnung, vielmehr wird immer gleichzeitig auch Information geschaffen, generiert" (V.SCHLIPPE / SCHWEITZER, 1997, Seite 137). Durch die Art der Fragen werden auf der Beziehungsebene unterschiedliche Perspektiven generiert und der Klient wird eingeladen, aus einer Metaposition auf die bestehenden Muster einer Problemkonstruktion zu schauen. „Diese Art der Informationssammlung fragt nach Mustern, nicht nach Dingen. Ein Symptom, ein Problem, eine Krankheit sind keine Dinge, sondern Prozesse, gebildet durch Handlungen und Kommunikationen verschiedener Personen" (V.SCHLIPPE / SCHWEITZER, 1997, Seite 141). Der Effekt zirkulären Fragens besteht darin, dass die Befragten dazu angeregt werden, ihre unterschiedlichen Landkarten über die Interaktionsmuster anderer auszutauschen. „Beziehungsmuster werden deutlich, ohne dass man sich in inhaltliche Auseinandersetzungen verwickelt. Mit jeder zirkulären Frage wird auch ein Angebot zum Einnehmen einer Außenperspektive auf das eigene soziale System gemacht. Das Klientsystem wird damit herausgefordert, die Wirklichkeit nicht in den gewohnten Interpunktionsmustern zu beschreiben" (V.SCHLIPPE / SCHWEITZER, 1997, Seite 142). Die Methode des zirkulären Fragens eignet sich für die Hinterfragung von Beziehungen. Dabei geht es nicht um objektive Wahrheiten, sondern um subjektiv bzw. systemisch geprägte Meinungen und Einstellungen. REICH nennt verschiedene Funktionen der Fragen in ihrer zirkulären Form:

> „Sie knüpfen Kontexte, indem sie Verbindungen in der Beziehungs-kommunikation schaffen;

> Sie verbinden diese Kontexte mit Emotionen, weil und insofern sie nicht bloß kognitiv distanzierend gestellt werden, sondern sich auf Beziehungen und deren widersprüchliches Erleben selbst einlassen;

> Sie helfen insbesondere in den Kontexten Informationen darüber zu gewinnen, welche Unterschiede in den Wahrnehmungen verschiedener Beobachter vorliegen. Sie helfen damit Unterschiede herzustellen bzw. erlauben Unterschiede einzuführen;

> Sie verknüpfen Aspekte miteinander, die so aus der Sicht der Beobachter noch nicht verknüpft waren, so dass vorhandene Muster unterbrochen und neue gesehen werden können;

> Sie entmoralisieren und entlasten von Schuld, weil und insofern sie sich nicht kausal nach Schuld oder Ursachen orientieren, sondern von vornherein eine Beziehung in jeder Kommunikation als wechselseitige Spiegelung und Rückwirkung unterstellen" (2000, Seite 238f.).

Beispielsweise könnte eine zirkuläre Frage an einen Mitarbeiter lauten: Was glauben Sie, welche Meinung die Mehrheit Ihrer Abteilung bzgl. des Themas Führungshandeln vertritt? Eine Führungskraft könnte z.B. Folgendes gefragt werden: Gesetzt den Fall Ihre Mitarbeiter sollen ein Anforderungsprofil für Ihre Führungsposition erstellen, was sind Ihrer Meinung nach die zentralen Punkte dieses Profils?

Hier wird deutlich, dass die zirkulären Fragen öffnende Fragen sind, die dazu einladen, sich in die jeweils andere Position zu versetzen. Das Ergebnis ist vermutlich nicht nur eine Antwort auf die Frage, sondern zusätzlich eine Information über die Beobachtungsmuster der befragten Person.

Leiter der Abstraktion (ladder of inference)
Die Leiter der Abstraktion illustriert einen unbewussten Prozess, der in unseren Gedanken entsteht, wenn wir zu Schlussfolgerungen über unsere Wahrnehmungen und Erfahrungen kommen. Es ist ein Prozess von sich selbst fortpflanzenden Überzeugungen. Sie entstehen (und setzen sich fort) aus Schlussfolgerungen, die wir aus unseren Beobachtungen und Erfahrungen ableiten. Die aus den Überzeugungen resultierenden Handlungen sind nur bedingt durch die real wahrnehmbaren Beobachtungen begründet. Wahrnehmung ist dann die Bestätigung der eigenen Vorerfahrungen und Überzeugungen. „Die Welt wird nicht mit den Augen gesehen, sondern mit den im Gedächtnis gespeicherten Ausdrucks- und Bezeichnungsmöglichkeiten unserer Sprache" (ARNOLD, 1996, Seite 51). Die einzelnen Stufen der Abstraktionsleiter verdeutlichen diesen ständig wiederkehrenden Prozess.

Dieses Instrument ist in der Literatur (vgl. SENGE, U.A., 1996, Seite 279ff. und GEISSLER, 2000, Seite 281f.) detailliert beschrieben. Da es für systemische Lernprozesse unbedingt erforderlich ist, Öffentlichkeit über die bisher getroffenen Annahmen und Entscheidungen herzustellen, d.h. die Annahmen und Glaubensgrundsätze und die daraus entwickelten Erwartungen und Erwartungserwartungen zu den jeweiligen Handlungen in Beziehung zu setzen, ist dieses Instrument eine sinnvolle Ergänzung für das Portfolio der Methoden und Instrumente (vgl. die Abbildung 22).

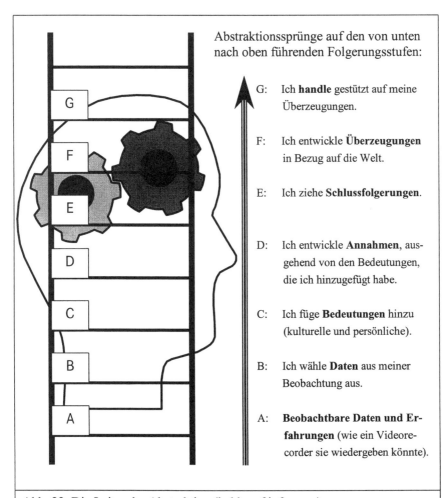

Abstraktionssprünge auf den von unten nach oben führenden Folgerungsstufen:

G: Ich **handle** gestützt auf meine Überzeugungen.

F: Ich entwickle **Überzeugungen** in Bezug auf die Welt.

E: Ich ziehe **Schlussfolgerungen**.

D: Ich entwickle **Annahmen**, ausgehend von den Bedeutungen, die ich hinzugefügt habe.

C: Ich füge **Bedeutungen** hinzu (kulturelle und persönliche).

B: Ich wähle **Daten** aus meiner Beobachtung aus.

A: **Beobachtbare Daten und Erfahrungen** (wie ein Videorecorder sie wiedergeben könnte).

Abb. 22: Die Leiter der Abstraktion (ladder of inference)

Quelle: SENGE / U.A., 1996

Die einzelnen Abstraktionssprünge bzw. die verschiedenen Stufen der Leiter
  a) *Daten wahrnehmen*
  b) *Details auswählen*
  c) *Bedeutungen hinzufügen*
  d) *Annahmen entwickeln*
  e) *Schlussfolgerungen ziehen*
  f) *Überzeugungen entwickeln*
  g) *Handlungen ausführen*

geschehen innerhalb weniger Sekunden und erscheinen vordergründig vernünftig. Allerdings befinden sich alle Leitersprossen ausschließlich innerhalb
des systemischen Prozedere. Die einzig sichtbaren Sprossen sind die direkt
wahrnehmbaren Daten am Fuß der Leiter sowie die Ausführung der sich
innerhalb des Systems entwickelnden Handlung an der Spitze. Die Offenlegung
der verdeckten Stufen ermöglicht einen Austausch über die gegenseitig vorhandenen Muster sowie eine Reflexion derselben. Sofern dies nicht geschieht,
führen die generierten Überzeugungen weiterhin zu einer determinierten
Auswahl der aktuell beobachtbaren Daten.

Die Fähigkeit von Organisationsmitgliedern, die Resultate zu erzielen, die sie
wirklich wollen, wird untergraben, weil sie „glauben
  ➢ dass es sich bei ihren Überzeugungen um die Wahrheit handelt;
  ➢ dass diese Wahrheit offensichtlich ist;
  ➢ dass ihre Überzeugungen auf objektiven Daten beruhen;
  ➢ dass die Daten, die sie auswählen, die objektiv relevanten Daten sind"
(SENGE / U.A., 1996, Seite 279).

Mit Hilfe der Abstraktionsleiter ist es möglich, die Kommunikation in der
Organisation zu verbessern. Vor allem „dient sie dazu,
  ➢ das eigene Denken bewusster zu machen;
  ➢ das eigene Denken und die Schlussfolgerungen sichtbarer für andere zu
     machen;
  ➢ das Denken und die Schlussfolgerungen anderer zu erkunden" (SENGE /
     U.A., 1996, Seite 283).
Damit werden die bisherigen Kommunikationen relativiert und Anschlusskommunikationen erscheinen wieder eher möglich.

Mitarbeiterbefragungen
Die Mitarbeiterbefragung als Instrument zur Erhebung von Daten gliedert sich
in mündliche bzw. schriftliche Verfahren sowie in qualitative bzw. quantitative
Methoden:
Mitarbeiterbefragungen durch Fragebögen sind schriftliche Verfahren, die in der
Regel messbare Daten erheben. Die Mitarbeiterbefragung durch standardisierte

Interviews ist ein mündliches Verfahren mit einem ähnlichen Fokus auf quantitative Ergebnisse. Das Einzelinterview wiederum ist eine hervorragende Methode, um die Sichtweise einer einzelnen Person in Bezug auf das System zu eruieren. Ein System besteht jedoch nicht nur aus einzelnen Elementen, sondern darüber hinaus aus den sie verbindenden Relationen und der spezifischen Differenz zur Umwelt. Diese 'versteckten' Inhalte zu durchleuchten, ist eine zentrale Aufgabe der Mustererkennung, die durch Einzelinterviews nur teilweise erfasst wird.

Aus diesem Grund beschreiben wir im folgenden eine Form der Mitarbeiterbefragung, die den qualitativen Methoden zugerechnet wird: die FocusGroups,

Abb. 23: FocusGroups

eine spezielle Form von Gruppendiskussionen. Diese moderierten Diskussionen werden mündlich mit einer Gruppe von 8 bis 12 Teilnehmern durchgeführt. Der besondere Vorteil gegenüber anderen Formen der Mitarbeiterbefragung liegt in der Größe der Stichprobe: Schon mit 1% der Mitarbeiter können die zentralen Muster eines Systems identifiziert werden (Mindestgröße: 5 Gruppen mit insgesamt ca. 50 Personen).

FocusGroups
> sind Gruppendiskussionen zu bestimmten Themen;
> bestehen aus 8 - 12 TN (gezielte Auswahl);
> bilden das relevante System ab, da die Teilnehmer bereichs- und funktionsübergreifend ausgewählt werden (hierbei ist zu beachten, dass innerhalb der Gruppen keine direkten Führungsbeziehungen existieren);
> werden durch 1 - 2 Diskussionsleiter moderiert;
> dauern ca. 2,5 Stunden;
> werden (handschriftlich) aufgezeichnet und anonym ausgewertet.

Vergleiche zur Methode der FocusGroups MORGAN / KRUEGER (1998) und LAMNEK (1989, Seite 121) sowie die Abbildung 23.
Durch diese Zusammenstellung der Teilnehmer besteht die Möglichkeit, nicht nur die 'offiziellen' Äußerungen zu erfahren, sondern darüber hinaus auch die Meinungen und Einstellungen, die sonst nur im kleinen Kreis ausgetauscht werden. Durch die besondere Dynamik der Diskussion kann eine emergente Ebene des vertrauten Austausches entstehen. Hierfür ist es erforderlich, dass der Diskussionsleiter in der Form direktiv, inhaltlich jedoch zurückhaltend und non-direktiv agiert. FocusGroups sind nicht nur ein Erhebungsinstrument, sondern gleichzeitig auch ein Interventionsinstrument. Aufgrund des diskursiven Austausches werden innerhalb der FocusGroups Informationen und Erfahrungen aus den unterschiedlichen Subsystemen kommuniziert, d.h. neues Wissen generiert. Darüber hinaus werden durch die gezielte Auswahl der Teilnehmer die innerhalb der FocusGroup generierten Erkenntnisse in die jeweiligen Bereiche zurückgespiegelt und wirken dort als erneute Intervention.

Zusammenfassend lässt sich festhalten: FocusGroups
> zielen auf die nicht-öffentliche Meinung;
> führen zu Erkenntnissen über die organisationale Wirklichkeit und den zugrunde liegenden Meinungen und Einstellungen;
> bieten aufgrund ihrer Eigendynamik umfassendere Erkenntnisse als Einzelinterviews;
> werden durch die Auswahl von Meinungsbildnern zu einem Inter-ventionsinstrument;
unterstützen den Prozess, indem sie Neues konstruktiv ermöglichen und schaffen.

TPC-Matrix
Die TPC-Matrix ist ein Instrument zur Erkennung und Abbildung der jeweiligen Systemarchitektur. Durch die Einteilung der Organisation in die neun Felder der

Strategie und Ziele
- Unternehmen/Umfeld
- Vision/Geschäftsfelder
- Strategische Stoßrichtungen
- Kompetenzen

Strukturen & Prozesse
- Funktionen/Rollen
- Abläufe/Regelungen
- Bereiche/Strukturen
- Gremien/Teams

Human Resources
- Kenntnisse/Fähigkeiten
- Einsatz/Entwicklung
- Vergütung/Sozialleistungen

Technische Ebene
- Produkte/Leistungen
- Systeme/Methoden
- Zahlen/Daten/Fakten

Politische Ebene
- Entscheidungsträger
- Macht/Einfluss
- Beziehungen/Netzwerk

Kulturelle Ebene
- Überzeugungen/Werte
- Denk-/Handlungsweisen
- Normen & Spielregeln

Abb. 24: Die TPC-Matrix, Quelle: Tichy, 1983

Matrix bekommt man die Organisation leichter in den Blick. Die Abkürzung TPC steht für die drei Handlungsfelder des Managements: 'Technik' (Sicherstellung von Leistungen, Produkten und Dienstleistungen), 'Politik' (Ressourcenverteilung, Entscheidungsprozesse, Macht, Kontextmanagement) und 'Kultur' (Normen, Werte, Einstellungen, Glauben, Spielregeln). Diesen drei Zeilen der Matrix stehen die drei Spalten 'Strategie', 'Organisation / Prozesse' und 'Human Resources Management' gegenüber (vgl. die Abbildung 24).

Im folgenden werden die Ebenen und Spalten näher erläutert. Wir beginnen mit den drei Ebenen und schließen dann die drei Spalten an.

Die *technische Ebene* beschreibt in Bezug auf die drei Spalten
➢ die Kerngeschäftsfelder eines Unternehmens oder Bereiches, d.h. mit welchen Produkten und Dienstleistungen begibt man sich in welcher Qualität in welchen Märkten zu welchen Kunden;
➢ die konkreten organisatorischen Strukturen und Abläufe;
➢ die Kriterien der Personalgewinnung, -förderung, -qualifizierung.

Die *politische Ebene* beschreibt in Bezug auf die drei Spalten
➢ welche Personen und organisatorische Einheiten über die Strategien und die Verteilung der Ressourcen entscheiden;
➢ wer welche Entscheidungspositionen in der Organisation innehat;
➢ die jeweiligen Förder- und Entlohnungsprinzipien in dieser Unternehmens- oder Organisationseinheit.

Die *kulturelle Ebene* beschreibt in Bezug auf die drei Spalten
➢ die zur Umsetzung der Unternehmensstrategie für alle Organisationsmitglieder verbindlichen Normen, Werte, Einstellungen;
➢ strategieadäquate Managementstile und organisatorische Prinzipien, die Werthaltungen und Kultur des Unternehmens widerspiegeln;
➢ methodisch-didaktische Prinzipien, die allen Qualifizierungsmaßnahmen zugrunde liegen.

Die Spalte *Strategie / Mission* beschreibt in Bezug auf die drei Zeilen
➢ die aus der visionsgeleiteten Unternehmens- und Wettbewerbsstrategie resultierenden Produkte und Dienstleistungen eines Bereiches;
➢ die wichtigen und gewollten Entscheidungsträger und -prozesse;
➢ die für alle Organisationsmitglieder verbindlichen Grundwerte, Normen und Einstellungen.

Die Spalte *Organisation / Prozesse* beschreibt in Bezug auf die drei Zeilen
➢ die konkrete Ablauf- bzw. Aufbauorganisation zur Erstellung der Produkte oder Dienstleistungen;
➢ die Position der Entscheidungsträger innerhalb einer Organisation;
➢ kulturunterstützende organisatorische Prinzipien und Managementstile.

	Strategie und Ziele	Strukturen und Prozesse	Human Resources
Technische Ebene	- Welches sind die Kerngeschäfte, die Märkte und Wettbewerber? - Mit welchen Produkten und Leistungen werden welche Märkte und Kunden bedient?	- Wie müssen die Strukturen und Prozesse gestaltet sein, um die Strategie erfolgreich umzusetzen? - Welche Funktionen und Rollen sind zur Umsetzung der Strategie erforderlich?	- Welches sind die zur Umsetzung der Strategie erforderlichen Kompetenzen? - Welche Instrumente und Methoden werden zur Auswahl, Förderung und Entlohnung eingesetzt?
Politische Ebene	- Welches sind die für die Strategieentscheidung wichtigen Entscheidungsträger? - Welche Netzwerke und Koalitionen müssen gesteuert werden?	- Wie ist der Einfluss und die Verantwortung zwischen Personen, Bereichen, Gremien, etc. verteilt? - Wo sind welche Entscheidungsbefugnisse angesiedelt?	- Nach welchen Kriterien und Regeln wird Personal ausgewählt, gefördert, eingesetzt und entlohnt? - Wo bzw. von wem werden Personalentscheidungen getroffen?
Kulturelle Ebene	- Welche Normen, Werte und Einstellungen müssen verbindlich etabliert werden, um die erfolgreiche Umsetzung der Strategie zu unterstützen?	- Welche Prinzipien und Regeln der Verständigung und Zusammenarbeit entsprechen der angestrebten Kultur? - Welche Managementstile sind (wie) zu entwickeln?	- Welche Maßnahmen des Personalmanagements unterstützen bzw. befördern die angestrebte Kultur?

Abb. 25: Die TPC-Matrix mit Fragen, Quelle: Tichy, 1983

Die Spalte *Personalmanagement / HRM* beschreibt in Bezug auf die drei Zeilen
➢ die zur Erstellung der Produkte und Dienstleistungen notwendigen
Leistungskriterien, Instrumente und Abläufe, mit denen Personal
erfolgreich ausgewählt, trainiert und beurteilt wird;
➢ die Fördermaßnahmen auf der Ebene der Entscheidungsträger;
➢ die Inhalte und Methoden zur Gewährleistung und Implementierung der
kulturellen Werte, Einstellungen und Normen.

Für die Eruierung der Systemarchitektur und zur grundlegenden Systemanalyse
eignen sich die Fragen, die auf die Inhalte der einzelnen Felder zugeschnitten
sind (vgl. die Abbildung 25).

6.4. Hypothesenbildung
Die Bildung von Hypothesen ist ein zentraler Bestandteil zur Initiierung und
Gestaltung von Lernprozessen im Sinne des 'Systemischen Lernens'. Hypothesen sind keine fertigen Wahrheiten oder Lösungen für ein System, sondern
vorläufige Annahmen, ungeprüfte Vermutungen, die fortwährend überarbeitet
werden, um das Gesamtbild des Systems ständig zu optimieren. „Doch die
Grundannahmen können zunächst nur als Ahnungen hinsichtlich der Kultur
verstanden werden und müssen erst zu formalen Hypothesen ausgearbeitet
werden" (SCHEIN, 1995, Seite 146). Eine wirksame Intervention in soziale
Systeme kann nur dann erfolgen, wenn das Unterstützungssystem stetig Hypothesen entwickelt, diese wiederholt auf ihre Wirksamkeit hin überprüft, um sie
schließlich zu verwerfen für den Fall, dass sie keine Lern- und Veränderungs-
schritte auslösen. Der Begriff 'Hypothese' dient zur Erinnerung, die ange-
fertigten Konstrukte über das System während des Prozesses nicht in Lösungen
zu überführen, sondern in andere, bessere Hypothesen. Lösungen im Sinne einer
absoluten Gewissheit sind Sackgassen. Hypothesen dagegen sind fließende
Wirklichkeitskonstruktionen, die mit ihrer phasenspezifischen Relevanz den
Prozessverlauf begleiten und stabilisieren. Sie unterstützen die Enttrivialisierung
und führen von Linearität zu zirkulärem Denken, von offensichtlich manifesten
zu latenten Dimensionen, d.h. von kausalen Zusammenhängen (ein Problem,
eine Lösung) zu flexiblen Wirklichkeitskonstruktionen.

In Bezug auf die Bildung von Hypothesen gibt es folgende Grundregeln:
➢ Hypothesen werden nicht problemorientiert sondern als neue Möglichkeiten der Veränderung konstruiert. Es geht nicht darum, wie die Gegenwart durch die Vergangenheit bestimmt wird (defizit-orientiert), sondern
wie das 'alte' bzw. das bisher erfolgreiche Muster in der Gegenwart
aufrechterhalten wird.
➢ Hypothesen fokussieren die Aufmerksamkeit auf mögliche Zusammenhänge und setzen damit Suchprozesse in Bewegung.

> Hypothesen werden nicht als gegensätzliche Alternativen nebeneinander gestellt, sondern als sich gegenseitig ergänzende Erweiterung eines vernetzten Möglichkeitshorizonts.
> Hypothesen zielen auf die Veränderungsbereitschaft und die Veränderungsmöglichkeiten eines Systems, nicht auf die Umwelt oder andere Systeme.
> Hypothesen sind Spielbälle, die je nach Wahrnehmungsfokus, Beobachterperspektive bzw. Möglichkeitshorizont unterschiedlich eingesetzt und variiert werden können.

KÖNIGSWIESER / EXNER entwerfen eine diametrale Tabelle, um die unterschiedlichen Konstruktionsweisen von Hypothesen zu verdeutlichen. In diesem Zusammenhang weisen die Autoren darauf hin, dass Hypothesen im Rahmen von Beobachtungen fortwährend gebildet werden, d.h. dass bei jedem Kontakt in gewisser Weise automatisch die bestehenden Hypothesen überprüft bzw. neue konstruiert werden. Mit anderen Worten: Es ist nahezu unmöglich, keine Hypothesen zu konstruieren. Es gibt allerdings unterschiedliche Konstruktionsprinzipien, zwischen denen ein Beobachter wählen kann. Sie unterscheiden sich in den konträren Maximen 'Festschreibung' bzw. 'Ermöglichung' (vgl. die Abbildung 26).

WEICK fordert in Anlehnung an DAVIS (1971) für die Bildung und Formulierung von Hypothesen eine Vorgehensweise, die er mit dem Begriff „Kultiviere Interesse" (1998, Seite 77) umschreibt. Sein Vorschlag ist, Hypothesen so zu formulieren, das sie als Irritationen Eingang ins System finden. Ausgehend von der Annahme, dass nur das interessant ist bzw. auf Interesse stößt, was eine Überraschung darstellt, formuliert er: „Die Leute scheinen eine Aussage nicht deshalb interessant zu finden, weil sie ihnen eine Wahrheit verkündet, die sie noch nicht kannten, sondern deshalb, weil sie eine Wahrheit verkündet, von der sie angenommen hatten, sie wüssten, dass sie falsch sei" (WEICK, 1998, Seite 90). Die Hinterfragung der zugrunde liegenden Annahmen bezeichnet er als Umkehrung von Figur-Hintergrund-Konstruktionen. „Der Hintergrund ist die Grundannahme, die als selbstverständlich vorausgesetzt wird. Wenn dieser Hintergrund plötzlich zum Thema wird, dann wird das, was als ganzheitlich erschienen war, tatsächlich individuell, und was als organisiert erschienen war (die ursprüngliche Figur-Hintergrund-Konfiguration), wird desorganisiert. Die Reaktion ist: Das ist interessant" (WEICK, 1998, Seite 89f.). Für die Einordnung von interessanten Aussagen schlägt DAVIS (1971) 12 Kategorien vor, die für Aussagen über Organisationen von Bedeutung sind:

Konstruktionsprinzipien I	Konstruktionsprinzipien II
1. Intrapersonalität: Die Hypothesen beschränken sich meist auf zugeschriebene Eigenschaften eines Akteurs, die innerhalb seiner Hautgrenzen lokalisiert sind.	1. Interpersonalität: Die Hypothesen sollten Aussagen über interpersonelle Relationen machen und möglichst viele der an der Handlung beteiligten Personen und Umstände berücksichtigen.
2. Verursachung: Die Hypothesen geben Erklärungen über das 'Warum' einer Handlung, machen also Aussagen über Ursachen oder Verursachungen von Handlungen.	2. Funktionalität: Die Hypothesen sollten auf das 'Wie' oder 'Wozu' einer Handlung bezogen sein, also Vermutungen über die Gründe einer Handlung aufstellen.
3. Vergangenheitsorientierung: Hypothesen werden meist nach einem Ereignis aufgestellt und sind somit vorwiegend retrospektiv.	3. Zukunftsorientierung: Hypothesen sollten die drei Zeitdimensionen Vergangenheit, Gegenwart und Zukunft miteinander verbinden und insbesondere auf die Zukunft abzielen.
4. Zeitstabilität: Die Hypothesen machen Aussagen über Eigenschaften, von denen dann häufig angenommen wird, dass sie eine lange mentale Halbwertszeit haben, also relativ zeitstabil sind.	4. Zeitinstabilität: Die Hypothesen sollten Vermutungen anstellen, die eine geringe mentale Halbwertszeit haben und damit geringe Zeitstabilität forcieren.
5. Negative Konnotierung: Viele der Hypothesen sind negativ formuliert. Es ist selten, dass über eine nicht anwesende Person positiv geklatscht und getratscht wird.	5. Positive Konnotierung: Hypothesen sollten positiv konnotiert sein und positive oder wohlwollende Unterstellungen beinhalten.
6. Dekontextualisierung: Die meisten Hypothesen sind ihres Kontextes entkleidet, d.h. es wird so getan, als ob die Handlungen in einem neutralen oder irrelevanten äußeren Personen-/Raum-Zeitkontext stattgefunden hätten. Deshalb sind diese Hypothesen dekontextualisiert.	6. Rekontextualisierung: Hypothesen sollten Vermutungen über Verknüpfungen von Handlungen in und mit ihrem speziellen Personen-Raum-Zeit-Kontext aufstellen. Daraus folgt: Diese Hypothesen sind Rekontextualisierungen.
7. Konventionalität: Viele Hypothesen verhaften aufgrund von (derzeit gültigen wissenschaftlichen) psychologischen, soziologischen Theorien und Denkmustern oder einfach alltäglicher Konventionen in allgemeinen sanktionierten Überzeugungen.	7. Unkonventionalität: Hypothesen sind nicht an Übereinstimmungen mit 'normalen' wissenschaftlichen, psychologischen und soziologischen Konventionen, Denkmustern und Glaubenssätzen gebunden. Jede Abweichung ist erlaubt und sogar erwünscht bzw. nützlich.

Abb. 26: Unterschiedliche Konstruktionsprinzipien von Hypothesen
Quelle: KÖNIGSWIESER / EXNER, 1998

1. „*Generalisierung*: Wenn jemand annimmt, eine Erscheinung sei begrenzt, und sie erweist sich als allgemein, oder wenn er annimmt, sie sei allgemein, und sie erweist sich als begrenzt. [...]

2. *Organisation*: Interesse wird sich entwickeln, wenn Leute annehmen, eine Erscheinung sei unorganisiert und unstrukturiert, und dann entdecken, dass sie in Wirklichkeit organisiert ist, oder wenn sie entdecken, dass eine Erscheinung unorganisiert ist, die sie für organisiert gehalten hatten. [...]

3. *Kausalität*: Was in einer Kausalbeziehung als die unabhängige Variable erscheint, erweist sich als die abhängige, oder was das abhängige Phänomen zu sein scheint, ist in Wirklichkeit das unabhängige. [...]

4. *Gegensätzlichkeit*: Phänomene, die als gleichartig erscheinen, sind in Wirklichkeit gegensätzlicher Natur, oder als gegensätzlich angesehene Phänomene sind in Wirklichkeit gleichartig. [...]

5. *Kovariation*: Was als positive Kovariation zwischen Phänomenen erscheint, ist in Wirklichkeit eine negative Kovariation und umgekehrt. [...]

6. *Koexistenz*: Phänomene, von denen man angenommen hatte, sie könnten nicht gemeinsam existieren, können dies in Wirklichkeit. [...]

7. *Korrelation*: Phänomene, die als voneinander unabhängig erschienen waren, stehen in Wirklichkeit in gegenseitiger Abhängigkeit; und Phänomene, die als zusammenhängend und interdependent angesehen worden waren, sind in Wirklichkeit unabhängig. [...]

8. *Funktion*: Hier ist die Annahme, dass ein Phänomen, welches als Mittel zur Erreichung eines Ziels nicht effektiv zu funktionieren scheint, in Wirklichkeit effektiv funktioniert. [...]

9. *Abstraktion*: Was als individuelles Phänomen erscheint, ist in Wirklichkeit ganzheitlich, und was als ganzheitlich erscheint, ist in Wirklichkeit individuell. [...]

10. *Zusammensetzung*: Phänomene, die als heterogen erscheinen, bestehen in Wirklichkeit aus einem einzigen Element; was wie ein einziges Phänomen aussieht, setzt sich in Wirklichkeit aus heterogenen Elementen zusammen. [...]

11. *Evaluation*: Was schlecht zu sein scheint, ist tatsächlich gut, was gut zu sein scheint, ist tatsächlich schlecht. [...]

12. *Stabilisierung*: Was unveränderlich erscheint, verändert sich, was sich zu ändern scheint, bleibt stabil" (WEICK, 1998, Seite 78ff).

Dieser von WEICK vorgeschlagene Weg zur Bildung von Hypothesen ist letztendlich der Ansatz einer systemischen Intervention. Sofern ein System eine Kommunikation aus seiner Umwelt für interessant hält, ist es gelungen, die Systemgrenze zu überschreiten. Die systemexterne Kommunikation hat Eingang gefunden in die systeminterne Kommunikation. Dieser Erfolg sollte nicht unterschätzt werden.

6.5. Abbildung der Systemarchitektur

Die Systemarchitektur ist die Summe der innerhalb eines Systems vorhandenen Kommunikationsarchitekturen. Hierbei handelt es sich keinesfalls um die verabschiedete bzw. verordnete Struktur, nach der das System seine Prozesse strukturiert. Diese Organigramme bieten hilfreiche Informationen zur Erstellung und zum Verständnis der einzelnen Kommunikationsarchitekturen, allerdings existieren innerhalb eines Systems (aufgrund der systemspezifischen Muster) immer mehr Architekturen, als dies in der offiziellen Struktur bezeichnet wird. So werden in der Regel lediglich die dauerhaften Strukturen, jedoch nicht die unterschiedlichen Formen der temporären und der informellen Strukturen in einem Organigramm berücksichtigt.

Durch die genannten Methoden und Instrumente wird seitens der Berater bzw. Unterstützer versucht, die innerhalb des Systems vorhandenen Muster sowie die dafür etablierten Kommunikationsarchitekturen (sofern vorhanden) zu entdecken. Die gebildeten Hypothesen wirken auf diesen Prozess unterstützend, da sie aufgrund der ermöglichenden Maxime den Blick für neue Sichtweisen öffnen. Die Berater stellen sich damit gegenseitig ihre unterschiedlichen Beobachtungen zur Verfügung und ermöglichen dem Beratersystem eine umfassende Betrachtung des Systems.

In einem zweiten Schritt werden die gesammelten Erkenntnisse über das System in einem Bild zusammengefasst. Ähnlich einem Organigramm werden die aktuell vorhandenen Kommunikationsarchitekturen aufgezeichnet, um die vorhandene Komplexität des Systems erfassen zu können. Im Rahmen dieses Prozesses tauchen immer wieder Grenzen auf, an die das System stößt und für die es sich unter Umständen schon Lösungen bzw. Kommunikationsarchitekturen geschaffen hat. So ist es beispielsweise denkbar, dass ein bisher nicht eindeutig definierter Prozess verschiedene Mitarbeiter dazu animiert hat, für sich selbst eine Übergangslösung zu konstruieren. Diese Lösung mag für einige Mitarbeiter hilfreich und unterstützend sein, für andere unter Umständen eher zusätzliche Arbeit. An diesen Stellen hat das Beratersystem die Aufgabe, die vom System genutzten Möglichkeiten im Sinne der Selbsthilfe zu überprüfen. Der Fokus liegt auf der Erweiterung der Handlungsoptionen des gesamten Systems. Darüber hinaus sollten die Berater diverse Möglichkeiten zur Komplexitätssteigerung entwickeln.

Die Abbildung der Systemarchitektur inklusive der genannten Grenzen und der selbstgewählten Lösungen ist eine wesentliche Voraussetzung, um für das System eine temporäre Kommunikationsarchitektur zu entwerfen bzw. ein temporäres System einzurichten.

6.6. Einrichtung eines temporären Systems

Temporäre Systeme sind auf Zeit gestellte Systeme bzw. Kommunikationsarchitekturen (vgl. hierzu den Exkurs 'Temporäre Systeme' im Kapitel 4.5.4.
'Anlage der Kommunikationsarchitekturen'). Die Einrichtung eines temporären
Systems erfolgt aufgrund der analysierten Muster des Systems und der eruierten
Systemarchitektur. Je nach vorhandener Komplexität, Kontingenz und Kommunikationsmöglichkeiten des bestehenden Systems werden entsprechende temporäre Kommunikationsarchitekturen entworfen und eingerichtet. Das System
entscheidet schließlich über die zeitliche Dauer des temporären Systems.
Temporäre Systeme unterscheiden sich von dauerhaften bzw. etablierten Systemen durch verschiedene Diagnose- und Gestaltungsmerkmale (vgl. die
Abbildung 27). Je nach Ausgangssystem werden aus der idealtypischen Übersicht Gestaltungsmerkmale ausgewählt, die für das temporäre System relevant
sein sollen. Mit der Einrichtung eines temporären Systems parallel zur Existenz
des dauerhaften Systems ist eine Verknüpfung der beiden Systeme automatisch
gegeben. Die beiden Systeme sind strukturell gekoppelt (vgl. Kapitel 3.14.
'Strukturelle Kopplung und Interpenetration'), d.h. sie sind aufgrund der
Beteiligung von Organisationsmitgliedern an beiden Systemen miteinander
verbunden. Das bedeutet aber nicht, dass die Erkenntnisse des einen Systems
automatisch in die Kommunikationen des anderen Systems einfließen. Hierfür
ist es erforderlich, dass die Kommunikationen genügend Irritationspotenzial
enthalten, um aufgenommen zu werden, d.h. dass die Berater im Rahmen der
systemspezifischen Kommunikationsarchitekturen hierfür eine 'Brücke' gestalten, um entsprechende Interpenetrationen zu ermöglichen (vgl. Kapitel 6.7.3.
'Interpenetration').

6.7. Kommunikationsarchitekturen als Lernarchitekturen

Lernen ist aus unserer Sicht ein Prozess der Selbstreflexion, dem eine ausführliche Selbstbeobachtung und Selbstbeschreibung sowie die Einholung der
entsprechenden Fremdreferenz vorausgeht (vgl. Kapitel 5. 'Systemisches
Lernen'). Erforderlich ist eine Selbstbeschäftigung, die (aufgrund der fehlenden
kurzfristigen Wertschöpfung) in der Regel nicht dauerhaft, sondern bei Bedarf
eingerichtet wird. Dann werden Kommunikationsarchitekturen implementiert, in
deren Rahmen die genannten Selbstbeobachtungen und –beschreibungen
etabliert werden sollen bzw. können. Sofern diese Rahmenbedingungen eine
Selbstreflexion ermöglichen, haben sich die Kommunikationsarchitekturen zu
Lernarchitekturen gewandelt. Um diesen Prozess hinreichend häufig zu
realisieren, ist Folgendes zu berücksichtigen:
Für die Anlage der Kommunikationsarchitekturen ist es erforderlich zu überprüfen, was die Organisation bzw. das System gut kann und was es weniger gut
kann. Welche Prozesse sind gut organisiert? Wo stimmen die Abläufe? Wo wird
koordiniert im Hinblick auf das gemeinsame Ziel gearbeitet? Und dem-

entsprechend werden auch die Gegensätze herausgearbeitet: Welche Prozesse sind schlecht organisiert? Wo wird gegen das Ziel bzw. auf unterschiedliche Ziele hin gearbeitet? Darüber hinaus wird außerdem eruiert: Welche bestehenden Kommunikationswege gibt es in dem System? Wie werden diese Kommunikationswege genutzt? Welche Themen sind aufgrund fehlender Kommunikationsarchitektur nicht besprechbar? Was sind die Tabuthemen des Systems und wie wird damit umgegangen?

Erst durch die Transparenz der bestehenden systemspezifischen Muster und der entsprechenden Erwartungen und Erwartungserwartungen können die angelegten Kommunikationsarchitekturen Lernprozesse ermöglichen: „Lernen ist die Änderung von Handlungen, um künftige Erwartungsenttäuschungen zu vermeiden. Organisationen sind gekennzeichnet durch die Einrichtung von Institutionen, Programmen, Regeln, Routinen, Rollen, Technologien, Schemata, etc., die sicherstellen sollen, dass 'richtig' gehandelt wird. Weil mehrere Akteure unabhängig voneinander, aber dennoch koordiniert handeln müssen, ist es wichtig, allgemeine Erwartungsschemata einzurichten, auf deren Erfüllung sich jeder Handelnde verlassen kann" (NEUBERGER, 1994, Seite 259). Für die gegenseitige Abstimmung der Erwartungen und Erwartungserwartungen ist es entscheidend, die zugrunde liegenden Muster offen zu kommunizieren und zu reflektieren: „Eine Architektur für Organisationslernen muss Strukturen und Mechanismen bereitstellen, die Wege aus dem Gefängnis gewachsener Wahrnehmungsmuster und selbstverständlicher Alltagsroutinen weist" (DEISER, 1995, Seite 313f.). Die neuen temporären Kommunikationsarchitekturen werden nicht für die Prozesse und Koordinationen eingerichtet, die gut organisiert sind, sondern genau für die Themen, die bisher nicht oder unbefriedigend organisiert sind.

Im folgenden Beispiel wurde im Rahmen eines temporären Systems eine Kommunikationsarchitektur eingeführt, die einen Lernprozess im Sinne des 'Systemischen Lernens' initiiert hat. Damit hat eine organisationsdidaktische Intervention zu einer Selbsttransformation des Systems geführt.

6.7.1. Beispiel für eine temporäre Kommunikationsarchitektur

Das Beispiel beruht auf einer tatsächlichen Veranstaltungsreihe innerhalb eines großen deutschen Industrieunternehmens. Die Ausgangssituation war durch folgende Punkte gekennzeichnet (Auswahl):

> ➢ das Unternehmen inklusive der Führung ist streng hierarchisch organisiert: unterhalb des Vorstands (Ebene 0) gibt es die Führungsebenen Direktoren (E1), Bereichsleiter (E2), Abteilungsleiter (E3) und Teamleiter (E4);
> ➢ die Führungsebenen ab der Ebene 2 abwärts waren von den Entscheidungen des Vorstands in Bezug auf die Produktion und die Ausrichtung des Konzerns enttäuscht;

> der Vorstand war mit der Qualität der Produkte und den Innovationen unzufrieden;
> die Unzufriedenheiten wurden nur ansatzweise kommuniziert.

	Dauerhafte Systeme	**Temporäre Systeme**
Zweck	kollektive / koordinierte Handlung	kollektive / koordinierte Handlung
Ziel	Routinen, Anpassung Stabilisierung	Innovation, Anpassung Flexibilität
Zeit / Dauer	unbestimmt	bewusste Zeitbegrenzung
Inhalt	unbestimmt	bestimmt
Struktur	fremd organisiert, strukturdeterminiert	selbst organisiert
Grenze	eindeutig, plaziert	gestaltbar, beweglich
Hierarchie	Status	Verknüpfung verschiedener Hierarchietypen, Bsp.: Kompetenz, Status, ...
Führung	Regeln	Grenzen
Interaktion	Information	Kommunikation, Kooperation
Orientierung	Struktur Kontinuität Generalisierung	Handlung Diskontinuität Aktion
Kompetenzen	Person Spezialisierung	Team + Person + Organisation Interdisziplinarität
Risiko	niedrig	hoch
Umweltwahrnehmung	statisch	dynamisch
Systemperspektive	Einheit	Differenz
Rollen	eindeutig	Verknüpfung verschiedener Rollen
Prozess	determiniert	reflexiv
Erwartung	sicher, aufgrund feststehender Entscheidungsprämissen	unsicher
Commitment	gering	hoch
Motivation	niedrig	hoch

Abb. 27: Diagnose- und Gestaltungsmerkmale von Systemen

Folgende Systemarchitektur wurde analysiert: Aufgrund der streng hierarchischen Steuerung gab es eine hierarchische Informationspolitik: Der Vorstand informiert die Führungskräfte der Ebene 1, diese informieren die Führungskräfte der Ebene 2, usw. Die oben genannten Unzufriedenheiten ließen darauf schließen, das nicht alles, über das der Vorstand informiert hat, auf der Ebene 2 (sowie den Ebenen 3 und 4) verstanden worden ist. Gleichzeitig war es für die Führungskräfte der Ebene 2 nicht möglich, direkt auf der übernächsten Ebene (Vorstand) nachzufragen. Das System war teilweise gelähmt, da für bestimmte Situationen keine Handlungsoptionen verfügbar waren.

Für dieses Problem wurde ein temporäres System mit einer einfachen und effektiven Kommunikationsarchitektur unter dem Namen 'Vorstand im Dialog' eingerichtet. Während eines halben Jahres wurde der Vorstand in 10 Einzelveranstaltungen mit allen 600 Führungskräften der Ebene 2 in einem direkten Dialog konfrontiert. Jeweils 2 Mitglieder des Vorstands saßen mit ca. 60 Führungskräften der Ebene 2 zusammen. Die Veranstaltungen fanden auf der Vorstandsetage statt und wurden von Moderatoren begleitet.
Damit wurden folgende Muster in Frage gestellt bzw. aufgebrochen:
> Die Führungskräfte der Ebene 1 sind die zentrale Vermittlungsinstanz: Die Führungskräfte der Ebene 1 haben die Hoheitsrechte über die Vermittlung zwischen dem Vorstand und den Führungskräften der Ebene 2.
> Der Vorstand ist ausschließlich Informationsgeber: Der Vorstand trifft Entscheidungen. Danach informiert er die Führungskräfte und die Mitarbeiter. Jegliche Kommunikation (im Sinne der Systemtheorie, vgl. Kapitel 3) ist ausgeschlossen.
> Das Verwaltungshochhaus als Elfenbeinturm: Die oberste Etage im Verwaltungshochhaus war bis dahin die 'heilige Halle' des Konzerns. Dort hatten nur Vorstandsmitglieder und ausgewählte Gäste Zutritt.

Die Einladung der 600 Führungskräfte der Ebene 2 zu einer Dialogveranstaltung mit dem Vorstand im obersten Stock des Hochhauses hat aufgrund der oben genannten Muster im ganzen Konzern enorme Wirkung gezeigt. Das Ergebnis waren spontane und zeitlich versetzte Veränderungen der Muster.
Zu den spontanen Veränderungen zählt die Reflexion der Rollen und Grenzen der Vorstandsmitglieder, als diese in direkter Kommunikation mit den Führungskräften der Ebene 2 konfrontiert wurden. Die Mitglieder des Vorstands sind darauf aufmerksam geworden, dass viele der Unzufriedenheiten aufgrund der bestehenden Informationspolitik hausgemacht sind. Daraufhin wurden Entscheidungen getroffen, die zu neuen Handlungsoptionen führten und somit das System wieder handlungsfähig gemacht haben, z.B. verloren die Führungskräfte der Ebene 1 ihre Funktion als zentrale Vermittlungsinstanz zwischen dem Vorstand und den Führungskräften der Ebene 2.

Eine weitere spontane Wirkung gab es in Bezug auf die Reflexion der Rollen und Grenzen der Ebene 2 sowie bzgl. der Regeln und der etablierten Kommunikationsmuster. Die Führungskräfte der Ebene 2 haben den Vorstand persönlich kennen gelernt und kommunizierten (aufgrund der Unterstützung der Moderatoren) offen und direkt. Aufgrund dieser Erfahrung wurde es für einige Führungskräfte der Ebene 2 selbstverständlich, auch weiterhin offen und direkt mit dem Vorstand in Kommunikation zu treten.
Zu den zeitlich versetzten Veränderungen zählen die Erkenntnisse der Führungskräfte der Ebene 1. Für die Reflexion ihrer Rollen und Grenzen sowie deren möglicher Neugestaltung gab es keine Kommunikationsarchitektur. Aufgrund ihrer Nicht-Einbeziehung in diese Veranstaltung realisierten sie den Sinn und das Ausmaß dieser Veranstaltung sowie deren Konsequenzen erst allmählich.

6.7.2. Irritation, Intervention

Wie kann Systemveränderung geschehen, wenn Systeme geschlossen operieren und sich nicht von außen verändern lassen (vgl. das Kapitel 3. 'Systemtheorie').
Hierfür ist eine Blickveränderung erforderlich, die WILLKE wie folgt beschreibt: „'Pathologie' ist eine Kategorie des Beobachters. Sie muss erst zurückübersetzt werden in die Funktionslogik und Eigendynamik des Systems selbst. Dies geht über die eher selbstverständliche Forderung hinaus, dass Interventionsstrategien nicht aus der Sicht des Beobachters, sondern aus der Sicht des Systems entworfen und implementiert werden müssen: Es ist der autonome Operationsmodus des Systems, welcher über Brauchbarkeit und Erfolg von Interventionen entscheidet" (1992, Seite 37).
Veränderung und Entwicklung geschieht demnach über die adäquate Portion von Widerspruch und Differenz, bzw. über den organisierten Zweifel. Ein System, das primär auf Beharrung und Selbsterhalt ausgerichtet ist, entwickelt nur dann aus sich selbst heraus Veränderungsenergie, wenn die zur Verfügung gestellte Differenz einen Unterschied macht zur bisherigen (Selbst-)Wahrnehmung und gleichzeitig sowohl Erkenntnis als auch Akzeptanz auslöst.
Lerneffekte im Sinne einer Weiterentwicklung des Systems sind immer dann zu erwarten, wenn Beobachter mit Hilfe von Lernarchitekturen nicht das anbieten, was an Repertoire schon vorhanden ist, sondern etwas, das einen Unterschied zum Bisherigen macht und gleichzeitig anschlussfähig ist. „Damit wird deutlich, dass sich Organisationsdidaktik als eine reflexive Pädagogik begründen muss, indem der 'change agent' in der Haltung kritischer Bescheidenheit bzw. auf der Grundlage reflexiven Zweifelns auch sich selbst ständig in Frage stellt und damit das anerkennt und produktiv aufnimmt, was er im Grunde ist, nämlich ein 'homo discens'" (GEISSLER, 2000, Seite 272).
Eine Möglichkeit, das Angebot als etwas Unerwartetes zu gestalten, liegt in der im Folgenden dargestellten Methode der paradoxen Intervention.

Paradoxe Intervention

Paradox ist etwas, das einen Widerspruch beinhaltet. Der sinnwidrige Sachverhalt führt zu einer Verwunderung über das bisher Geglaubte und Erwartete. Paradoxe Aussagen sind Sätze, die auf Anhieb nicht logisch erscheinen, den bisherigen Vorstellungen zuwiderlaufen und damit zum Nachdenken anregen. Die Aussage „reduce to the max" (Werbeslogan der Automarke smart) ist ein solches Paradoxon, da eine Reduzierung in der Regel auf eine Minimierung hinausläuft. Allerdings würde eine solche Aussage („reduce to the minimum") niemanden überraschen und wäre demzufolge keine Irritation (vgl. Kapitel 5.9. 'Paradoxe Überwindung von Mustern').

Paradoxe Aussagen führen zum Innehalten und Nachdenken, die bisherigen Schubladen unserer aristotelischen zweiwertigen Logik ('wahr' oder 'falsch') funktionieren nicht mehr. Die bisher erfolgreiche Ableitung von Schlussfolgerungen (vgl. die Beschreibung des Instruments 'Leiter der Abstraktion' im Kapitel 6.3.10. 'Methoden und Instrumente') ist dann unterbrochen. Das Muster ist nicht mehr hilfreich, neue Einordnungen sind erforderlich.

Jedes System enthält mehr Widersprüche als ihm lieb ist. Hier liegt ein wesentlicher Ansatzpunkt systemischer Intervention: „Organisationen erhalten ihre Offenheit, indem sie vorhandene Widersprüchlichkeiten an die Oberfläche bringen. Diese Widersprüchlichkeiten lassen sich als Motor der Organisation nutzen. Sie können als Antriebskräfte verstanden werden, die die Eindeutigkeit in der Organisation aufheben und sie so zu neuen Möglichkeiten führen" (KÜHL, Seite 195). Nach der Erkenntnis über die eigenen Grenzen kann sich dann die gestaltende Veränderung anschließen. WALGER beschreibt die einer paradoxen Situation zugrunde liegenden Handlungsmuster als pathologische Erscheinung: „Voraussetzung einer paradoxen Intervention ist in der systemischen Theorie das Verständnis des [außenstehenden] Beraters, dass die von außen als pathologisch erscheinenden Verhaltensauffälligkeiten dem System funktional sind und seiner Erhaltung dienen. Die Kommunikations- und Beziehungsmuster sind darauf ausgerichtet, die bestehende Form der Autopoiese, d.h. die pathologische Kommunikationsform aufrechtzuerhalten und das Problem immer wieder zu reproduzieren. Das Paradoxon besteht nun darin, dass der Klient sein Problem loswerden will, es gleichzeitig aber immer wieder reproduziert und daran auch nichts ändern will, er vielmehr so bleiben will, wie er ist" (WALGER, 1995, Seite 309f.). In der Intervention wird dann versucht, das vorhandene Paradoxon durch ein Gegenparadoxon (vgl. SELVINI PALAZZOLI, 1977) zur Erscheinung zu bringen.

Als Beispiel für eine erfolgreiche paradoxe Intervention gilt die Geschichte vom „kaukasischen Kreidekreis" (BRECHT, 1977): Die paradoxe Situation ist dadurch gekennzeichnet, dass zwei Frauen sehr vehement Anspruch auf ein Kind erheben. Der Richter erklärt in der Gerichtsverhandlung, dass die wirkliche Mutter nicht festzustellen sei. Aufgrund seiner Verpflichtung, dem Kind trotzdem eine Mutter auszusuchen, macht er eine Probe (das Gegenparadoxon):

Er stellt das Kind in besagten Kreis zwischen die beiden Frauen und fordert sie auf: „Die richtige Mutter wird die Kraft haben, das Kind aus dem Kreis zu sich zu ziehen" (BRECHT, 1977). Während die eine Frau das Kind plötzlich loslässt, reißt es die andere Frau mit aller Gewalt zu sich. Das Kind wird schließlich der ersten Frau zugesprochen, da einer 'wahren' Mutter solch eine Gewalt nicht zugetraut wird.

6.7.3. Interpenetration

Die im Sinne der Ermöglichungsdidaktik gestaltete Interpenetration ist der Kern jeder Irritation von Systemen. Von Interpenetration spricht man, wenn zwei oder mehrere Systeme sich gegenseitig ihre Komplexität (und damit Unbestimmtheit, Kontingenz und Selektionszwang) zur Verfügung stellen (vgl. dazu Kapitel 3. 'Systemtheorie'). Durch diese Zurverfügungstellung kommt es zur Offenlegung der jeweiligen Selbstreferenzen und damit gleichzeitig zur Verknüpfung der Selbst- und Fremdreferenzen. Diese gegenseitige Zurverfügungstellung kann sich einerseits auf die Relation Klientensystem – Beratersystem beziehen, andererseits, und das ist in der Regel erfolgreicher, auf die intersystemische Relation zwischen den diversen Subsystemen (vgl. dazu Kapitel 4. 'Fall-beispiel').

Diese zweite Form der gegenseitigen Irritation und Anreicherung ist dann keine Intervention von außen in das jeweilige System, sondern eine intersystemische Irritation zwischen den beteiligten Subsystemen, d.h. eine intern-externe Irritation. Sie ist intern-extern, da sie einerseits innerhalb des Gesamtsystems stattfindet, andererseits aber jedes Subsystem zur Umwelt der anderen Subsysteme gehört.

Während eine direkte Intervention von außen aufgrund der spezifischen Operationsweise eines Systems höchstwahrscheinlich abgelehnt werden würde, wird bei der intern-externen Irritation auf ein gemeinsames Ziel für das Gesamt-system fokussiert und damit die Wahrscheinlichkeit der Interpenetration und damit der Fortsetzung der Kommunikation erhöht. Erst durch die gegenseitige Zurverfügungstellung des jeweiligen Komplexitätsgefälles und die Übernahme der 'fremden' Information in das eigene System ist eine Reflexion der Selbstwahrnehmung und schließlich 'Systemisches Lernen' möglich.

6.7.4. Anschlussfähigkeit

Die Zurverfügungstellung der jeweiligen Operationsweisen, Beobachtungsfoki und Kommunikationsmuster ermöglicht einem System, sich selbst im Vergleich zu anderen Systemen zu reflektieren. Reflexion meint nicht nur das Nach-denken, Betrachten und Überlegen des eigenen Selbst, sondern darüber hinaus auch das Reflektieren der eigenen Grenzen als Orte der Begegnung zu anderen Systemen. 'Systemisches Lernen' ist deshalb das Ermöglichen der *gemeinsamen* Auseinandersetzung mit den zugrunde liegenden Beobachtungs- und Kommuni-kationsmustern im Rahmen einer gesamtsystemischen Reflexion. Hierfür ist es erforderlich, dass die Kommunikationsarchitektur zur Reflexion, nämlich das temporäre System, an das bestehende System anschlussfähig ist. Kommunikation (im Sinne der neueren Systemtheorie) ist ein dreistelliger Selektionsprozess bestehend aus den Selektionsleistungen 'Information', 'Mitteilung' und 'Verstehen'. Die Anschlusskommunikation signalisiert das Verstehen der vorangegangenen Kommunikation. Im Verlauf der Kommunikation reduziert sich dadurch die Kontingenz des Systems. Verstehen im Sinne eines Anschließens an Bestehendes ist allerdings nur möglich, wenn der Unterschied zwischen dem System und seinem temporären Pendant nicht zu groß ist. Ansonsten scheitert die Kommunikation und damit ebenfalls die Reflexion bzw. das Lernen.

7. Fazit

Der Mensch sieht das, was er kennt. Seine Erfahrungen leiten ihn in seinen Handlungen. Sie geben ihm Orientierung in der Komplexität der Welt. Allerdings verhindern sie auch neue Erfahrungen, da sich durch die Etablierung von Mustern und Routinen entsprechende 'blinde Flecken' festsetzen. Dies gilt nicht nur für Individuen, sondern auch für Gruppen und ganze Organisationen. Denn auch eine Organisation beobachtet sich selbst und die Umwelt aufgrund der vorher getroffenen Entscheidungen und der daraus resultierenden Erfahrungen. Diese Entscheidungen wirken - erfolgreich oder nicht erfolgreich - selektierend auf die weiteren Entscheidungen. Auf diese Weise pflanzen sich die Routinen und Muster fort und etablieren sich als stabilisierende und prägende Verhaltensweisen. Die Fortsetzung der Muster ist so lange erfolgreich, wie die Organisation mit dieser Vergangenheitsorientierung bzw. 'Betriebsblindheit' ihre Erwartungen und Ziele erreicht. Diese Historizität des Verhaltens von Individuen und Organisationen, d.h. die aus den bisherigen Selektionen und Reduktionen resultierende Strukturdeterminiertheit, ist im Kapitel *'Konstruktivismus'* ausführlich beschrieben worden. Außerdem wurde die Nicht-Trivialität von Menschen und Organisationen thematisiert.

Im Anschluss daran haben wir im Kapitel *'Systemtheorie'* eine Theorie vorgestellt, die aufgrund eines veränderten Kommunikationsbegriffs differenzierte Beobachtungsoptionen in Bezug auf die genannte Strukturdeterminiertheit eröffnet. Kommunikationen sind die Letztelemente von Organisationen bzw. organisierten Sozialsystemen. Kommunikation ist demnach nicht die Übertragung von Informationen zwischen einem Sender und einem Empfänger, sondern ein dreifacher Selektionsprozess (Information – Mitteilung – Verstehen) eines sozialen Gefüges, nämlich sozialer Systeme. Jedes System erhält sich aufgrund der autopoietischen Reproduktion seiner Elemente, d.h. aufgrund der systeminternen Kommunikationen. Das Zustandekommen und die Fortsetzung von Kommunikation ist aufgrund der doppeltkontingenten Situation des Systems unwahrscheinlich. Die differierenden Wirklichkeitskonstruktionen der beteiligten Subsysteme führen dazu, dass diese sich unterschiedlich wahrnehmen und entsprechend unterschiedlich verstehen: Die jeweiligen Erwartungen und Erwartungserwartungen sind noch nicht oder nur bedingt aufeinander abgestimmt. Verstehen im Sinne des Anschließens an Bisheriges ist nur in Ansätzen möglich.

Inwieweit sich aus den bisherigen Ausführungen Veränderungsoptionen (und damit Lernmöglichkeiten) für Systeme bzgl. ihrer etablierten Muster und Routinen ergeben, wurde im Kapitel *'Fallbeispiel'* erläutert. Die Erfahrungen in

dem vorgestellten Veränderungsprozess zeigen, dass Lernprozesse auf den Lernebenen:
> *Individuum*
> *Gruppe*
> *Wissensgemeinschaft* und
> *Organisation*
realisiert werden konnten.

In Bezug auf unsere leitende Frage aus der Einleitung lässt sich aufgrund unserer Beobachtungen resümieren, dass die kommunikativen Rahmenbedingungen die genannten Lernprozesse initiiert und beschleunigt haben. Ermöglicht wurde dies durch eine von den Beratern systemspezifisch angelegte Kommunikationsarchitektur. Eine Kommunikationsarchitektur ist durch die in ihr möglichen Kommunikationen charakterisiert. Die formale Organisation gestaltet aufgrund ihrer Strukturen diverse Kommunikations-architekturen, um die angestrebten Ziele zu erreichen. Da die bestehenden Kommunikationsarchitekturen allerdings die etablierten Muster hervorgebracht haben, sind für eine Veränderung dieser Muster andere Kommunikations-architekturen erforderlich. Da jedes System im Prozess der fortsetzenden Autopoiesis andere Muster kreiert, wurden neue Kommunikationsarchitekturen im Anschluss an eine fundierte Systemanalyse spezifisch für diese Organisation entwickelt. Erst im Rahmen dieser anderen Architektur sind die Beobachtungs- und Kommunikationsmuster des Systems durch das System reflektiert worden und andere Kommunikationen möglich geworden.

Im Rahmen unserer Beobachtungen ist aufgefallen, dass neben zweckrationalen auch wertrationale Kommunikationen stattgefunden haben. Mit anderen Worten: die Kommunikationsarchitekturen haben es den Managern ermöglicht, neben ihrem Basisgeschäft (operative und strategische Themen) auch normative Gesichtspunkte (z.B. Sinn und übergeordnete Werte) zu berücksichtigen. Das bedeutet, dass im Rahmen des Veränderungsprozesses ein dreifaches Lernen realisiert werden konnte:

> *operatives Anpassungslernen*: damit sind Qualifikationen gemeint, um aktuelle Herausforderungen und Ziele zu bewältigen;
> *strategisches Erschließungslernen*: neben der aktuellen Ausrichtung der Organisation auch alternative Optionen zu durchdenken, um auf Umwelt-veränderungen entsprechend flexibel reagieren zu können;
> *normatives Identitätslernen*: die Auseinandersetzung mit den Aufgaben und Zielen der Organisation, d.h. mit dem Sinn, sowie mit den über-geordneten Werten, um diese Aufgaben zu bewältigen und die Ziele zu erreichen.

Kritisch zu hinterfragen ist an dieser Stelle, inwieweit das Lernen der Organi-sation und der Organisationsmitglieder durch den dreifachen Veränderungsprozess (neue Struktur, Umzug von der Zentrale nach Berlin, ca. 400 neue Mitarbeiter) beeinflusst worden ist. Die Auswirkungen von unterschiedlich starken Veränderungen der äußeren Rahmenbedingungen verdeutlicht die Geschichte vom gekochten Frosch: Während ein Frosch, den man in lauwarmes Wasser setzt, dessen Temperatur man ganz allmählich erhöht, überraschenderweise alle Anzeichen des Wohlgefühls von sich gibt und bei lebendigem Leibe gekocht wird, ohne es zu merken, wird ein Frosch, den man in sehr heißes Wasser wirft, versuchen, so schnell wie möglich herauszukommen (vgl. BAECKER, 1994, Seite 51). Mit anderen Worten: Hätten wir bei einem 'einfachen' (im Gegensatz zum dreifachen) Veränderungsprozess (z.B. eine neue Struktur) ähnliche Lernprozesse der Organisation beobachten können?

Ebenfalls kritisch zu hinterfragen sind die Beobachtungen (und damit auch die Ausführungen) des Autors dieser Zeilen:

➢ Mit welchen 'blinden Flecken' habe ich das System und die Kommunikationen beobachtet?

➢ Oder andersherum gefragt: Welche Kommunikationen habe ich nicht beobachtet bzw. nicht beobachten können? Denn natürlich gilt das Prinzip des blinden Flecks („Das System kann nicht sehen, was es nicht sehen kann. Es kann ebenfalls nicht sehen, dass es nicht sehen kann, was es nicht sehen kann.") auch für mich und meine Beobachtungen.

➢ Welche Muster haben mich (als Dipl.-Pädagoge) bei der Beobachtung von Lernprozessen geleitet?

➢ Wie hätte beispielsweise ein Ökonom die Führungskräfte-Foren beobachtet und beurteilt?

➢ Inwieweit war ich mir während der Untersuchung meiner eigenen Muster bewusst und habe diese bei meinen Beobachtungen berücksichtigt?

➢ Inwieweit haben die Interessen des ausgewählten Automobilunternehmens bzw. der internen Beratungseinheit 'Management Consulting' meine Beobachtungen geleitet?

Aufgrund unseres hermeneutischen Forschungsansatzes, der qualitativen Forschungsmethoden und unseres konstruktivistischen Grundverständnisses ist das Ergebnis dieser Untersuchung kein Ergebnis im Sinne einer objektiven Wahrheit. Unter veränderten Bedingungen (z.B. anderer Zeitpunkt, anderer Beobachter, anderes Klientensystem) wären andere Beobachtungen möglich gewesen und auch erfolgt. Mit der Offenlegung der zugrunde liegenden Theorien sowie der gewählten Methoden wurde versucht, eine möglichst objektive Sichtweise auf die Untersuchung zu gewährleisten.

Im Anschluss an das Fallbeispiel haben wir im Kapitel *'Systemisches Lernen'* die theoretischen Grundlagen und die praktischen Erfahrungen in einem Konzept verdichtet, das sowohl individuelle als auch organisationale Lernprozesse umfasst.

Die Grundlage für weiterführende Kommunikationen innerhalb des Systems bildet ein Abgleich zwischen der Selbst- und der Fremdreferenz der beteiligten Subsysteme. Hiermit ist gemeint, dass die verschiedenen Subsysteme sich gegenseitig ihr Komplexitätsgefälle zur Verfügung stellen: Jedes Subsystem beschreibt seine Form der Reduzierung der Komplexität und die entsprechende Konstruktion seiner Realität. Darüber hinaus beschreibt jedes Subsystem die Konstruktionen jedes anderen beteiligten Subsystems aus seiner Perspektive. Der Fokus liegt dabei auf den Wirkungen der Systemidentität des Subsystems und der Rückwirkungen der Identität ins Gesamtsystem. Dieser Abgleich zwischen Selbst- und Fremdreferenz ist notwendig für den Start eines Lernprozesses im Sinne des 'Systemischen Lernens'. Diese gegenseitige Zurverfügungstellung der einzelnen Perspektiven führt zu einem tieferen Verständnis der jeweiligen Wirklichkeitskonstruktionen. Aufgrund der offen gelegten Annahmen und der damit verbundenen Erwartungen lässt sich jetzt nachvollziehen, wie die einzelnen Subsysteme sich ihre 'eigene Welt' konstruieren und ihre Entscheidungen generieren. Die zugrunde liegenden Beobachtungs- und Kommunikationsmuster inklusive der beobachtungsleitenden Unterscheidungen sowie der damit verbundenen Grenzen werden besprechbar. Diese Erkenntnisse machen den Anschluss von weiteren Kommunikationen wahrscheinlicher und ermöglichen damit die Entwicklung von neuen, gemeinsam vereinbarten Mustern des gesamten Systems.

Diese reflektierte Auseinandersetzung mit der doppeltkontingenten Situation ist keine Wissensaneignung, sondern eine konstruktive Form der Wissensgenerierung. Lernen im Sinne des systemischen Lernens kann deshalb nicht gemacht, sondern nur ermöglicht werden. Die Einrichtung von Kommunikationsarchitekturen ist noch kein Garant für einen Lernprozess. Sie bietet lediglich die Möglichkeit, dass die Subsysteme sich mit ihren Wirklichkeitskonstruktionen und Mustern auseinandersetzen und entsprechend etwas Neues generieren. Durch die aktive Bearbeitung der kognitiven Muster und der zeitgleichen Generierung von veränderten Mustern ist diese Form des Lernens eine Verbindung von Denken und Handeln. Die Prozesse der Reflexion und der Verhandlung bzw. Vereinbarung finden parallel statt.

Aufgrund unserer Ausführungen zur Parallelitätsthese haben wir sowohl Organisationen als auch Individuen als soziale Systeme bezeichnet. Die Operationsweise von organisierten Sozialsystemen ('Kommunikation') findet demnach intrapsychisch im Individuum zwischen den verschiedenen internen Rollenträgern bzw. Teammitgliedern im Sinne des 'lauten Denkens' ebenfalls Anwendung. Damit wurden Individuen den sozialen Systemen zugeordnet und die Lernprozesse von sozialen Systemen auf Individuen übertragen.

Abschließend haben wir im Kapitel *'Organisationsdidaktik'* die theoretischen Überlegungen und praktischen Erfahrungen zu Handlungsoptionen verdichtet, mit denen Lernprozesse im Sinne des 'Systemischen Lernens' umgesetzt werden können. In diesem Zusammenhang haben wir unser didaktisches Grundverständnis erläutert und diverse Methoden und Instrumente vorgestellt, um Systeme zu analysieren und schließlich systemspezifische Kommunikationsarchitekturen einzurichten. Mit diesem Anspruch geraten wir jedoch selbst in die paradoxe Situation, die Unmöglichkeit der Steuerung von Systemen und Lernprozessen mit Methoden und Instrumenten steuern zu wollen. Vor diesem Hintergrund sei darauf hingewiesen, dass die Systemtheorie als eine Beobachtungstheorie keine Handlungsanweisungen geben kann und will, sondern lediglich Handwerkszeug ist, um Kommunikation zu beobachten und zu ermöglichen. Die im Rahmen des 'Systemischen Lernens' zu etablierenden Kommunikationsarchitekturen verstehen wir deshalb nicht als Umsetzungsinstrument, sondern als Stellhebel zur Ermöglichung von Lernprozessen. Aus diesem Grund ist es notwendig, das jeweilige System intensiv zu analysieren, um die Kommunikationsarchitekturen systemspezifisch anzupassen. Entscheidend dabei ist das richtige Verhältnis zwischen Irritation und Anschlussfähigkeit. Sofern das System das Angebot einer solchen Kommunikationsarchitektur nutzt, findet ein Prozess statt, der erst im nachhinein als Lernprozess beschrieben werden kann. Das System entscheidet, inwieweit es sich irritieren lässt, ob es lernt und wann es genug gelernt hat.

Ausblick

Aus unserer Sicht wurde mit dem dreifachen Lernen (operatives Anpassungslernen, strategisches Erschließungslernen, normatives Identitätslernen) nicht nur ein Lernprozess der Organisation und der Organisationsmitglieder realisiert, sondern gleichzeitig wurde im Rahmen der wertrationalen Reflexion ein Bildungsprozess auf der Ebene der leitenden Führungskräfte initiiert. Damit haben die systemspezifisch angelegten Kommunikationsarchitekturen dazu beigetragen, ein Lernen im Sinne einer vernunftgeleiteten Selbstentwicklung der Organisation zu etablieren und damit die gesellschaftliche Verantwortung von Organisationen in der Risikogesellschaft (zumindest teilweise) zu thematisieren. Es ist erfreulich, wenn sich organisationales Lernen im Sinne der „Organisationspädagogik" (vgl. GEISSLER, 2000) auch sinnbezogenen Fragen zuwendet. Inwieweit das Konzept des 'Systemischen Lernens' bzw. die vorgestellte Organisationsdidaktik diese Entwicklung in weiteren Veränderungs- und Lernprozessen unterstützen können, wird Gegenstand weiterer Untersuchungen sein.

8. Abbildungsverzeichnis

9. Abkürzungsverzeichnis

Im Folgenden werden die in Kapitel 4 'Fallbeispiel' verwendeten Abkürzungen erläutert.

AC   Andersen Consulting, externer Anbieter von Beratungsleistungen

Auto-AG   Das für die vorgestellte Untersuchung ausgewählte Automobilunternehmen

E"x"   Bezeichnung der Führungsebenen 1 bis 4 in der VOD

GL   Geschäftsleitung der VOD (beinhaltet die Führungsebenen 1 und 2)

LFK   Leitende Führungskräfte (E2 und E3 der VOD)

MC   Management Consulting, interne Beratungseinheit der Auto-AG

NDL   Niederlassungen, ein Vertriebsweg der VOD

TV   Training Vertrieb, interne Trainingsabteilung der VOD

VOD   Vertriebsorganisation Deutschland

VP   Vertragspartner, ein Vertriebsweg der VOD

10. Literaturverzeichnis

ARENDT, HANNAH
Ich will verstehen, 1996, München

ARGYRIS, CHRIS
Wissen in Aktion, 1997, Stuttgart
Overcoming organizational defenses, 1990, Boston

ARGYRIS, CHRIS / SCHÖN, DONALD A.
Die lernende Organisation – Grundlage, Methode, Praxis, 1999, Stuttgart

ARNOLD, ROLF
Theorie und Praxis des systemischen Lernens, 1995a; in: Geißler (1995b)
Betriebliche Weiterbildung. Selbstorganisation, Unternehmenskultur, Schlüsselqualifikatio-
nen, 1995b, Baltmannsweiler
Weiterbildung und Organisation, 1995c, Berlin
Weiterbildung – Ermöglichungsdidaktische Grundlagen, 1996, München
Konstruktivistische Erwachsenenbildung, 1997, Baltmannsweiler

ARNOLD, ROLF / HARTH, THILO
Ermöglichung als Leitparadigma einer Didaktik der Selbstorganisation, 1998; in: Geißler /
Lehnhoff / Petersen, 1998, Seite 305 - 322

BAECKER, DIRK
Theorie als Passion, 1987, Frankfurt/M.
Postheroisches Management, 1994, Berlin
Einfache Komplexität, in: Ahlemeyer / Königswieser, (1997): Komplexität managen
Mit der Hierarchie gegen die Hierarchie, 1998, Universität Witten-Herdecke
Die Theorieform des Systems, 1999, Universität Witten-Herdecke
Die verlernende Organisation, 2000, Universität Witten-Herdecke

BAITSCH, CHRISTOF
Was bewegt Organisationen?, 1993, Frankfurt/M.

BAITSCH, CHRISTOF / JUTZI, KATRIN / DELBROUCK, INES / HASENBEIN, UWE
Organisationales Lernen: eine organisationspsychologische Konzipierung der Entwicklung
von Kompetenz bei Individuen, Gruppen und Organisationen, 1998; in: Geißler / Lehnhoff / Petersen, 1998, Seite 91 - 108

BATESON, GREGORY
Steps to an Ecology of Mind, 1972, New York, Ballantine
Ökologie des Geistes, 1981, Frankfurt/M.
Geist und Natur, 1984, Frankfurt/M.

BERGER, PETER L. / LUCKMANN, THOMAS
Die gesellschaftliche Konstruktion der Wirklichkeit. Eine Theorie der Wissenssoziologie,
1980, Frankfurt/M.

BERNDSEN, THOMAS
Von Handlung zu Kommunikation, 1994, Frankfurt/M.

BERTALANFFY, LUDWIG V.
Systemtheorie, 1972, Berlin
Das biologische Weltbild, 1990, Wien

BLEICHER, KNUT
Das Konzept Integriertes Management, 1992, Frankfurt/M.

BLUMER, HERBERT
Der methodologische Standort des Symbolischen Interaktionismus; in: Arbeitsgruppe Biele-
felder Soziologen (1973): Alltagswissen, Interaktion und gesellsch. Wirklichkeit; Reinbek

BORTZ, JÜRGEN / DÖRING, NICOLA
Forschungsmethoden und Evaluation, 1995, Berlin

BRECHT, BERTOLT
Der kaukasische Kreidekreis, 1977, Frankfurt/M.

BURKART, ROLAND / HÖMBERG, WALTER
Kommunikationstheorien, 1992, Wien

CYERT, R. / MARCH, JAMES G.
A behavioral theory of the firm, 1963, Englewood Cliffs

DEHNBOSTEL, PETER
Lernorte, Lernprozesse und Lernkonzepte im lernenden Unternehmen aus berufpädagogischer
Sicht; in: Dehnbostel, Erbe, Novak, 1998, Seite 175-194

DEHNBOSTEL, PETER / ERBE, HEINZ-H. / NOVAK, HERMANN
Berufliche Bildung im lernenden Unternehmen. Zum Zusammenhang von betrieblicher Reor-
ganisation, neuen Lernkonzepten und Persönlichkeitsentwicklung, 1998, Berlin

DEHNBOSTEL, PETER / HOLZ, HEINZ / NOVAK, HERMANN
Neue Lernorte und Lernortkombinationen – Erfahrungen und Erkenntnisse aus dezentralen
Berufsbildungskonzepten, 1996, Bielefeld

DEISER, ROLAND
Architektur des Wandels – Designprinzipien für lernende Organisationen, 1995; in: Geißler
(1995b), Seite 308-325

DEWEY, JOHN
Demokratie und Erziehung, 1964, Braunschweig
Erziehung durch und für Erfahrung, 1986, Stuttgart
Erfahrung und Natur, 1995, Frankfurt/M.

DOPPLER, KLAUS / LAUTERBURG, CHRISTOPH
Change Management, 1998, Frankfurt/M.

DUNCAN, ROBERT / WEISS, ANDREW
Organizational learning: implications for organizational design, 1979; in: Research in organizational behavior, Vol. 1, Seite 75 - 123

EBERL, PETER
Eine managementbezogene Betrachtung organisationaler Lernprozesse, 1998; in: Geißler / Lehnhoff / Petersen, 1998, Seite 47 - 64

ECKERT, THOMAS / SCHIERSMANN, CHRISTIANE / TIPPELT, RUDOLF
Beratung und Information in der Weiterbildung, 1997, Baltmannsweiler

EDELMANN, WALTER
Lernpsychologie, 2000, Weinheim

EXNER, ALEXANDER / KÖNIGSWIESER, ROSWITA / TITSCHER, STEFAN
Unternehmensberatung – systemisch. Theoretische Annahmen und Interventionen im Vergleich zu anderen Ansätzen; in: Zeitschrift der Gesellschaft für Organisationsentwicklung, ZOE 7(1988)4

FISCHER, HANS-RUDI
Die Wirklichkeit des Konstruktivismus, 1995, Heidelberg

FOERSTER, HEINZ VON
Sicht und Einsicht, 1985, Braunschweig
Abbau und Aufbau, 1988; in: Simon, Fritz B.: Lebende Systeme, 1988
Einführung in den Konstruktivismus, 1992, München
Wissen und Gewissen, 1993, Frankfurt

FOERSTER, HEINZ V. / PÖRKSEN, BERNHARD
Wahrheit ist die Erfindung eines Lügners, 1998, Heidelberg

FREIMUTH, JOACHIM / STREIB, FRITZ
Demokratisierung von Organisationen, 1996, Wiesbaden

FREIRE, PAULO
Pädagogik der Unterdrückten, 1971, Stuttgart

FUCHS, PETER
Niklas Luhmann – beobachtet. Eine Einführung in die Systemtheorie, 1992, Opladen

FUCHS, PETER / PANKOKE, ECKART
Beratungsgesellschaft, 1994, Schwerte

GAGNÉ, ROBERT M.
Die Bedingungen des menschlichen Lernens, 1980, Hannover

GAIRING, FRITZ
Organisationsentwicklung als Lernprozess, 1996, Weinheim

GEISSLER, HARALD
Bildungsmanagement, 1994, Frankfurt/M.
Grundlagen des Organisationslernens, 1995a, Weinheim
Organisationslernen und Weiterbildung, 1995b, Neuwied
Managementbildung und Organisationslernen für die Risikogesellschaft; in: Geißler (1995b),
    Seite 362-384
Arbeit, Lernen und Organisation, 1996a, Weinheim
Die Organisation als lernendes Subjekt – Vorüberlegungen zu einer Bildungstheorie der Or-
    ganisation, 1996b; in: Geißler, 1996a, Seite 253-282
Sinnmodelle des Managements: vom Handwerker- über das Gärtner- zum Mitverantwor-
    tungs-Modell, 1996c; in: Geißler / Krahmann-Baumann / Lehnhoff, 1996, Seite 113-128
Umrisse einer systematischen Theorie des Organisationslernens, 1998; in: Geißler / Lehnhoff
    / Petersen (1998), Seite 163-223
Organisationspädagogik, 2000, München

GEISSLER, HARALD / KRAHMANN-BAUMANN, BEATE / LEHNHOFF, ANDRE
Umdenken im Management – Management des Umdenkens, 1996, Frankfurt/M.

GEISSLER, HARALD / LEHNHOFF, ANDRE / PETERSEN, JENDRIK
Organisationslernen im interdisziplinären Dialog, 1998, Weinheim

GEISSLER, KARLHEINZ A.
Der große Zwang zur kleinen Freiheit, 1998, Stuttgart

GLASERSFELD, ERNST V.
Einführung in den radikalen Konstruktivismus, 1995a; in: Watzlawick (1995)
Die Wurzeln des „Radikalen" am Konstruktivismus, 1995b; in: Fischer (1995)

GLASL, FRIEDRICH / HOUSSAYE, LEOPOLD DE LA
Das Organisationsentwicklungsmodell des NPI, 1975, Stuttgart

GOETHE, JOHANN WOLFGANG V.
Werke in sechs Bänden; Band 3: Faust I + II, 1993, Frankfurt/M.

GÖTZ, KLAUS
Theoretische Zumutungen. Vom Nutzen der systemischen Theorie für die Management-
Praxis, 1994, Heidelberg
Management und Weiterbildung, 1997, Baltmannsweiler

GROCHLA, ERWIN
Grundlagen der organisatorischen Gestaltung, 1995, Stuttgart

GUDJONS, HERBERT
Pädagogisches Grundwissen, 1997, Bad Heilbrunn

HABERMAS, JÜRGEN
Theorie des kommunikativen Handelns, Band 1 + 2, 1997, Frankfurt/M.

HAMMER, MICHAEL / CHAMPY, JAMES
Business Reengineering. Die Radikalkur für das Unternehmen, 1994, Frankfurt/M.

HEDBERG, BO
How organizations learn and unlearn, 1981; in: Nystrom, Paul und Starbuck, William: Hand-
book of organizational design, New York

HEIN, MARION RUTH
Organisationskommunikation und Organisationskultur, 1990, Bonn

HESSE, HERMANN
Gesammelte Werke, Band 7: Der Steppenwolf, u.a., 1970, Frankfurt/M.

HOHM, HANS-JÜRGEN
Soziale Systeme, Kommunikation, Mensch, 2000, Weinheim

HOLZKAMP, KLAUS
Lernen – Subjektwissenschaftliche Grundlegung, 1995, Frankfurt/M.

KARLÖF, BENGT
Unternehmensstrategie, 1991, Frankfurt/M.

KASPER, HELMUT
Die Handhabung des Neuen in organisierten Sozialsystemen, 1990, Berlin

KIESER, ALFRED
Organisationstheorien, 1995, Stuttgart

KIESERLING, ANDRÉ
Kommunikationsfragen: Eine Perspektive für Organisationen, o.J.

KLIMECKI, RÜDIGER / PROBST, GILBERT / EBERL, PETER
Entwicklungsorientiertes Management, 1994, Stuttgart

KNEER, GEORG / NASSEHI, ARMIN
Niklas Luhmanns Theorie sozialer Systeme, 1993, München

KÖNIG, ECKARD / VOLLMER, GERDA
Systemische Organisationsberatung, 1996, Weinheim

KÖNIG, ECKARD / ZEDLER, PETER
Theorien der Erziehungswissenschaft, 2002, Weinheim

KÖNIGSWIESER, ROSWITA / EXNER, ALEXANDER
Systemische Intervention – Architekturen und Designs für Berater und Veränderungsmana-
ger, 1998, Stuttgart

KÖNIGSWIESER, ROSWITA / LUTZ, CHRISTIAN
Das systemisch-evolutionäre Management, 1990, Wien

KÖSEL, EDMUND
Grundzüge einer Theorie der Lernortkombinationen auf systemtheoretischer Grundlage,
1996; in: Dehnbostel / Holz / Novak, (1996), Seite 24 - 59
Die Modellierung von Lernwelten – Ein Handbuch zur subjektiven Didaktik, 1997, Elztal

KRAUSE, DETLEF
Luhmann-Lexikon, Eine Einführung in das Gesamtwerk von Niklas Luhmann, 1999, Stuttgart

KÜHL, STEFAN
Das Regenmacher-Phänomen. Widersprüche und Aberglaube im Konzept der lernenden Organisation, 2000, Frankfurt/M.

KÜPPER, WILLI / ORTMANN, GÜNTHER
Mikropolitik, 1988, Opladen

LAMNEK, SIEGFRIED
Qualitative Sozialforschung – Band I: Methodologie, 1995, Weinheim
Qualitative Sozialforschung – Band II: Methoden und Techniken, 1989, München

LEVITT, B. / MARCH, JAMES G.
Organizational learning; in: Annual Review of Sociology, 14, Seite 319 - 340

LEWIN, KURT
Feldtheorie in den Sozialwissenschaften, 1963, Bern
Feldtheorie (1942); in: Graumann, Carl-Friedr. (1982): Kurt-Lewin-Werksausgabe, Stuttgart

LUHMANN, NIKLAS
Die Autopoiesis des Bewusstseins, in: Soziale Welt 36 (1985), Seite 401-446
Organisation, 1988; in: Küpper/Ortmann: Mikropolitik
Ökologische Kommunikation, 1990, Opladen
Soziale Systeme, 1993, Frankfurt/M.
Soziologische Aufklärung, Bände 1/3/6, 1995, Opladen
Die Gesellschaft der Gesellschaft, 1997, Frankfurt/M.
Liebe als Passion, 1999, Frankfurt/M.

LUHMANN, NIKLAS / FUCHS, PETER
Reden und Schweigen, 1992, Frankfurt/M.

MARCH, JAMES G.
Decisions and organizations, 1988, Oxford

MARCH, JAMES G. / OLSEN, JOHAN P.
Ambiguity and choice in organizations, 1976, Bergen

MATURANA, HUMBERTO
Erkennen. Die Organisation und Verkörperung von Wirklichkeit, 1985, Braunschweig

MATURANA, HUMBERTO / VARELA, FRANCESCO
Der Baum der Erkenntnis – Wie wir die Welt durch unsere Wahrnehmung erschaffen. Die
    biologischen Wurzeln des menschlichen Erkennens, 1987, Bern

MAYRING, PHILIPP
Einführung in die qualitative Sozialforschung. Eine Anleitung zum qualitativen Denken,
    1996, Weinheim
Qualitative Inhaltsanalyse, 1997, Weinheim

MEAD, GEORGE HERBERT
Geist, Identität und Gesellschaft, 1973, Frankfurt/M.

MERTEN, KLAUS
Kommunikation, 1977, Opladen

MEUELER, ERHARD
Die Türen des Käfigs – Wege zum Subjekt in der Erwachsenenbildung, 1993, Stuttgart

MORGAN, DAVID L. / KRUEGER, RICHARD A.
The Focus Group Kit, Bd. 1 – 6, 1998, Thousand Oaks, California

MOSER, HEINZ
Grundlagen der Praxisforschung, 1995, Freiburg/B.
Instrumentenkoffer für den Praxisforscher, 1998, Freiburg/B.

NEUBERGER, OSWALD
Personalentwicklung, 1994, Stuttgart

PANKOKE, ECKART
Beratung von Organisationen. Zur kommunikativen Kultur organisationalen Lernens; in:
Fuchs / Pankoke, 1994, Seite 47-66

PERLS, FRITZ
Grundlagen der Gestalt-Therapie. Einführung und Sitzungsprotokolle, 1999, München

PESESCHKIAN, NOSSRAT
Der Kaufmann und der Papagei. Orientalische Geschichten als Medien in der Psychotherapie,
1984, Frankfurt

PIAGET, JEAN
Intelligenz und Affektivität in der Entwicklung des Kindes, 1995, Frankfurt/M.

RECHTIEN, WOLFGANG
Angewandte Gruppendynamik, 1999, Weinheim

REICH, KERSTEN
Systemisch-konstruktivistische Pädagogik, 2000, Neuwied

REINHARDT, RÜDIGER
Das Modell organisationaler Lernfähigkeit und die Gestaltung lernfähiger Organisationen,
1995, Frankfurt/M.

REINHARDT, RÜDIGER / SCHWEIKER, ULRICH
Lernfähige Organisationen: Systeme ohne Grenzen? Theoretische Rahmenbedingungen und
praktische Konsequenzen; in: Geißler (1995b)

RORTY, RICHARD
Kontingenz, Ironie und Solidarität, 1991, Frankfurt/M.

ROTH, GERHARD
Die Konstruktivität des Gehirns. Der Kenntnisstand der Hirnforschung; in: Fischer (1995)

RÜSCH, JÜRGEN / BATESON, GREGORY
Kommunikation: die soziale Matrix der Psychiatrie, 1995, Heidelberg

SATIR, VIRGINIA
Kommunikation – Selbstwert – Kongruenz, 1990, Paderborn

SCHEIN, EDGAR
Unternehmenskultur – ein Handbuch für Führungskräfte, 1995, Frankfurt/M.

SCHIMANK, UWE
Autopoieten unter sich, 1986, in: ZEP – Zeitschrift für Entwicklungspädagogik, 9(1986)1

SCHLIPPE, ARIST VON / SCHWEITZER, JOCHEN
Lehrbuch der systemischen Therapie und Beratung, 1997, Göttingen

SCHMITZ, CHRISTOF / GESTER, PETER-W. / HEITGER, BARBARA
Managerie - 1. Jahrbuch für systemisches Denken, 1992, Heidelberg

SCHULZ V. THUN, FRIEDEMANN
Miteinander reden I – Störungen und Klärungen, 1981, Reinbek
Miteinander reden II – Stile, Werte und Persönlichkeitsentwicklung, 1989, Reinbek
Miteinander reden III – Das innere Team und situationsgerechte Kommunikation, 2000, Reinbek

SELVINI PALAZZOLI, MARA
Paradoxon und Gegenparadoxon, 1977, Stuttgart
Hinter den Kulissen der Organisation, 1984, Stuttgart

SENGE, PETER M.
Die fünfte Disziplin, 1995, Stuttgart

SENGE, PETER M. / KLEINER, ART / SMITH, BRYAN / ROBERTS, CHARLOTTE / ROSS, RICHARD
Das Fieldbook zur fünften Disziplin, 1996, Stuttgart

SHANNON, CLAUDE / WEAVER, WARREN
Die mathematische Theorie der Kommunikation, 1969

SIEBERT, HORST
Theorien für die Bildungspraxis, 1993, Bad Heilbrunn
Pädagogischer Konstruktivismus, 1999, Neuwied

SIEVERS, BURKHARD
Organisationsentwicklung als Problem, 1977, Stuttgart

SIMON, FRITZ B.
Die Architektur der Komplexität; in: Türk (1967), Seite 94-112
Lebende Systeme – Wirklichkeitskonstruktionen in der systemischen Therapie, 1988, Berlin
Unterschiede, die Unterschiede machen, 1993, Frankfurt/M.
Die Kunst nicht zu lernen, 1998, Heidelberg

SPENCER-BROWN, GEORGE
Wahrscheinlichkeit und Wissenschaft, 1996, Heidelberg

STAEHLE, WOLFGANG H.
Organisation und Führung sozio-technischer Systeme, 1973, Stuttgart

TAYLOR, FREDERICK W.
Die Grundsätze wissenschaftlicher Betriebsführung, 1913, München

THEIS, ANNA MARIA
Organisationskommunikation, 1994, Opladen

TICHY, NOEL M.
Managing strategic change – Technical, political and cultural dynamics, 1983, New York
Regieanweisung für Revolutionäre: Unternehmenswandel in drei Akten, 1995, Frankfurt

TICHY, NOEL M. / SHERMAN, STRATFORD
Control your destiny or someone else will, 1993, New York

TREBESCH, KARSTEN
50 Definitionen der Organisationsentwicklung – und kein Ende; in: Organisationsentwicklung
    (2)1982
Organisationslernen und Organisationsentwicklung, 1995; in: Walger (1995)

TREML, ALFRED K.
Allgemeine Pädagogik. Grundlagen, Handlungsfelder und Perspektiven der Erziehung, 2000,
    Stuttgart

TÜRK, KLAUS
Handlungssysteme, 1967, Opladen

VOGEL, HANS-CHRISTOPH
Werkbuch für Organisationsberater, 1994, Aachen

WAGNER, RAINER H.
Praxis der Veränderung in Organisationen, 1995, Göttingen

WALGER, GERD
Formen der Unternehmensberatung, 1995, Köln

WALKER, WOLFGANG
Abenteuer Kommunikation, 1996, Stuttgart

WATZLAWICK, PAUL
Das Auge des Betrachters. Beitrage zum Konstruktivismus, 1991, München
Wie wirklich ist die Wirklichkeit?, 1993, München
Die erfundene Wirklichkeit, 1995, München

WATZLAWICK, PAUL / BEAVIN, JANET H. / JACKSON, DON D.
Menschliche Kommunikation, 1996, Bern

WEICK, KARL E.
Der Prozess des Organisierens, 1998, Frankfurt/M.

WIEGAND, MARTIN
Prozesse organisationalen Lernens, 1996, Wiesbaden

WILLKE, HELMUT
Strategien der Intervention in autonome Systeme; in: Baecker, Dirk (1987)
Systemtheorie entwickelter Gesellschaften, 1989, Weinheim
Systemtheorie. Eine Einführung in die Grundprobleme der Theorie sozialer Systeme, 1991,
    Stuttgart
Beobachtung, Beratung und Steuerung von Organisationen in systemtheoretischer Sicht; in:
    Wimmer (1992)
Systemtheoretische Strategien des Erkennens; in: Götz, Klaus (1994)
Systemtheorie II: Interventionstheorie, 1994, Stuttgart
Systemtheorie III: Steuerungstheorie, 1998, Stuttgart
Systemisches Wissensmanagement, 1998, Stuttgart

WIMMER, RUDI
Organisationsberatung, 1992, Wiesbaden
Der systemische Ansatz – mehr als eine Modeerscheinung?; in: Schmitz / Gester / Heitger,
    1992

WOLLNIK, MICHAEL
Interventionschancen bei autopoietischen Systemen, in: Götz, 1994

WYGOTSKI, LEW S.
Denken und Sprechen, 1964, Berlin

Bildung und Organisation

Herausgegeben von Harald Geißler und Jendrik Petersen

Band 1 Walter Dürr (Hrsg.): Selbstorganisation verstehen lernen. Komplexität im Umfeld von Wirtschaft und Pädagogik. 1995.

Band 2 Rüdiger Reinhardt: Das Modell Organisationaler Lernfähigkeit und die Gestaltung Lernfähiger Organisationen. 2., veränd. Aufl. 1995.

Band 3 Alfred Lumpe: Pädagogik als Wahrnehmung von Wirklichkeit – Lernorganisation als Entwicklung der Selbstorganisation. Wahrnehmungsformen und Entwicklung pädagogischer Kompetenz. 1995.

Band 4 Jendrik Petersen: Die gebildete Unternehmung. 1997.

Band 5 Andre Lehnhoff: Vom Management Development zur Managementbildung. 1997.

Band 6 Christoph Diensberg: Betriebliche Weiterbildung, Vorschlagswesen und Umweltschutz. Lernprozesse zwischen Mitarbeiter- und Unternehmensentwicklung. 1997.

Band 7 Markus Hodel: Organisationales Lernen und Qualitätsmanagement. Eine Fallstudie zur Erarbeitung und Implementation eines visualisierten Qualitätsleitbildes. 1998.

Band 8 Anna Meyer: Führende und Geführte im Wandel der Führungsparadigmen des 20. Jahrhunderts. Ein Wandel vom Objekt zum selbstverantwortlichen Subjekt? 2000.

Band 9 Rüdiger Rhein: Betriebliche Gruppenarbeit im Kontext der lernenden Organisation. 2002.

Band 10 Jasmin Godemann: Leitbildimplementierung in Organisationen. Chancen und Möglichkeiten einer Bildung für eine nachhaltige Entwicklung in Kindergärten. 2002.

Band 11 Ulrich Spandau: Organisationslernen und Macht. Fallstudie zur Ermöglichung dialogorientierten Managementhandelns in Organisationen. 2002.

Band 12 Anna-Maria Huesmann: Binomische Kommunikation. Aktivierung des Selbsterneuerungspotentials in Veränderungsprozessen am Beispiel wissenschaftlicher Bibliotheken. 2003.

Band 13 Jendrik Petersen: Dialogisches Management. 2003.

Band 14 Mark Ackermann: Systemisches Lernen. Individuelle und organisationale Lernprozesse in Kommunikationsarchitekturen. 2005.

www.peterlang.de